巴蜀神话研究丛书　主编　向宝云

巴蜀神话文献辑纂

周明

编著

四川人民出版社

图书在版编目（CIP）数据

巴蜀神话文献辑纂 / 周明编著. -- 成都：四川人民
出版社，2023.1
ISBN 978-7-220-12730-4

Ⅰ.①巴… Ⅱ.①周… Ⅲ.①神话—文献—汇编—四
川 Ⅳ.①B932.2

中国版本图书馆CIP数据核字（2022）第174914号

巴蜀神话研究丛书

BASHU SHENHUA WENXIAN JIZUAN

巴 蜀 神 话 文 献 辑 纂

周　明/编著

出 版 人	黄立新
项目策划	谢 雪 周 明
统筹执行	邹 近 董 玲
责任编辑	邹 近
版式设计	戴雨虹
封面设计	张 科
责任校对	舒晓利
责任印制	李 剑

出版发行	四川人民出版社（成都市三色路238号）
网　址	http://www.scpph.com
E-mail	scrmcbs@sina.com
新浪微博	@四川人民出版社
微信公众号	四川人民出版社
发行部业务电话	（028）86361653　86361656
防盗版举报电话	（028）86361661
照　排	四川胜翔数码印务设计有限公司
印　刷	四川机投印务有限公司
成品尺寸	170mm×240mm
印　张	24
字　数	325千
版　次	2023年1月第1版
印　次	2023年1月第1次印刷
书　号	ISBN 978-7-220-12730-4
定　价	108.00元

总　序

2022 年 5 月 27 日，习近平总书记在主持中共中央政治局就深化中华文明探源工程进行第三十九次集体学习时指出，"要把中华文明起源研究同中华文明特质和形态等重大问题研究紧密结合起来，深入研究阐释中华文明起源所昭示的中华民族共同体发展路向和中华民族多元一体演进格局"。巴蜀地区是古代长江上游的文明中心，巴蜀文化是中华文明的一个重要发源地和组成部分。研究好巴蜀文化，可以为中华文明的源头、特质和形态以及中华民族多元一体格局演进等重大理论问题提供重要支撑。习总书记这一指示，为巴蜀文化研究提供了明确方向和巨大动力。

巴蜀独特的山川地理、经济生业和发展历史催生了独特的巴蜀文化，其内容包括在巴蜀地区形成的价值观念、语言符号、行为规范、社会关系与组织、物质产品等。巴蜀神话是巴蜀文化中一颗璀璨的明珠，涉及巴蜀文化的方方面面，它以思想、信仰和道德等价值观念为基础，形成了覆盖口头和书面的语言符号系统，并渗透在人们的法律、习俗等行为规范中，协调和凝聚各种社会关系与组织，还呈现于饮食、服饰、建筑、工具、器皿等物质产品中。因此，巴蜀文化的研究必然离不开对巴蜀神话的研究。目前中国和世界都在关注三星堆考古进展，我们看到了越来越多令人惊叹的文物，像鸟足曲身顶尊人像、猪鼻龙形器、四翼神兽等，它们都是古蜀神话的物化形态，蕴藏着古蜀人独特的价值观念和仪式行为，对古蜀社会有着重要的功能意义，也很可能铭刻着古蜀与中华文明其他发源地互动的密码。我们必须对巴蜀上古神话进行深入的研究，才能解读这些文物及古蜀文化。

巴蜀地区是中华神话的渊薮之一，除了三星堆神话，巴蜀地区还孕育和发展了众多本源性神话，为中华民族提供了优秀文化基因和海量文化资源。比如北川、汶川羌族民众中流传的大禹神话，讲述了大禹的出生、婚配、治水的相关事迹，融入中华民族大禹神话的大家庭，对中华民族共同体的凝聚起到了巨大作用；盐亭的嫘祖神话，涉及中华民族母亲神、蚕桑生产和服饰发明、婚嫁礼仪创制等重大文化议题，让盐亭成为全球炎黄子孙寻根祭祖、守望精神家园的文化圣地；梓潼的文昌帝君神话是中国民间和道教尊奉文教之神的源头，对中华民族的勉学重教传统影响巨大，至今仍以文昌祭祀大典的形式促进海峡两岸文化交流。此外，关于女娲、蚕丛、鱼凫、杜宇、柏灌、廪君、二郎等巴蜀神话也成为中国神话的重要元素……巴蜀神话之丰厚瑰丽，其对中华文明影响之深远、对中华民族共同体贡献之巨大，一时难以尽道。由此可见，巴蜀神话研究不仅具有史学、文化学、民族学等方面的学术价值，也具有凝聚全球中华民族精神、铸牢中华民族共同体意识的现实价值。

面对如此深厚的神话资源，前辈学人筚路蓝缕，进行了开拓性研究。民国时期，顾颉刚、冯汉骥、郑德坤、董作宾、常任侠、林名均等一批历史学、考古学、民族学、文学研究者，对巴蜀文化进行了大量探索，其中或多或少地涉及巴蜀神话。1949 年以后，徐中舒、蒙文通、邓少琴、林向、汤炳正、李绍明、萧崇素、洪钟等老一辈四川学者，在研究巴蜀文化的过程中也不同程度地论及巴蜀神话。其中，最早提倡将巴蜀神话作为专题来研究并取得辉煌成就的学者，首推已故著名神话学家、我院研究员袁珂先生。袁先生毕生从事神话研究，对中国神话学贡献卓著，他的《中国古代神话》《中国神话资料萃编》《中国神话史》《中国神话通论》等书都不同程度地涉及巴蜀神话的研究，并提出自己的观点，为后来的巴蜀神话研究奠定了坚实的基础。

我们欣喜地看到，继袁珂先生之后，我省黄剑华、李诚、周明、苏宁、贾雯鹤、李祥林等学者继续进行巴蜀神话的深入研究。尤其是在2019年四川省社会科学院神话研究院成立以后，巴蜀神话研究领域更加活跃。我院将巴蜀神话研究列为重点研究方向之一，神话研究院主办的《神话研究集刊》也每期开辟"巴蜀神话研究"专栏，重点刊发相关研究论文。围绕"巴蜀神话研究"方向，我们聚集了一批省内外高等院校、科研机构的相关专家学者进行专题研究，撰写了一批学术论文，在国内外学界产生了较好的影响。

为了进一步凝聚巴蜀神话研究的人才队伍、营造巴蜀神话研究的良好学术氛围，以及从神话学角度和与神话学相关的角度对巴蜀文化进行系统研究，神话研究院于2021年成立了《巴蜀神话研究丛书》编辑委员会，将《巴蜀神话研究丛书》的编撰纳入科研计划立项，并与四川人民出版社多次磋商，达成了出版共识。

本丛书立足于巴蜀神话研究，以神话研究为切入点，关联若干与神话相关的学科或主题，形成以巴蜀神话资料长编、巴蜀神话与文学、艺术、审美，巴蜀神话与历史、巴蜀神话与考古、巴蜀神话与民俗、巴蜀神话与四川少数民族文化、巴蜀神话与宗教等为主题的系列专题著作，从学术研究的层面多方位地探讨巴蜀神话与巴蜀文化的关系，立足学术，兼及普及。我们争取将本丛书打造为一套有深度、有规模、有影响力的学术研究丛书，做好巴蜀神话研究的人才队伍建设和学科建设，深入挖掘巴蜀文化，进而为阐释中华文明起源、中华民族共同体发展路向和中华民族多元一体演进格局作出应有的贡献。

是为序。

向宝云

2022年9月11日

目 录 ///

巴国编

蜀国编

仙众编

俗神、杂神编

山石编

河川编

草木编

禽兽鱼虫编

前言

秦惠文王以前的巴蜀地区，由于秦岭山脉的阻隔，属于介于西戎和南蛮之间的边鄙之地，其文化的发展具有相当的独立性，也有自己一套独特的有别于中原地区的神话传说系统。

战国中后期，秦惠文王遣张仪、司马错灭蜀，在原巴人蜀人生活的地域上分置巴郡和蜀郡，形成全新的封建制意义上的巴国和蜀国，其文化的发展开始融入中原文化的发展主流并深受中原文化的影响。秦始皇统一六国后，巴蜀地区成为大一统中国的有机组成部分，其文化更是成为整个中华文化中一个不可或缺的有机组成部分。

然而，尽管大势如此，在长期的历史发展过程中，巴蜀地区仍然顽强地保留了很多自身原有的文化因素，从而形成特有的地域文化特色。这种地域文化特色明显地反映在廪君神话、盘瓠神话、巴人神话、蚕丛鱼凫神话等一系列古巴蜀神话遗存中，并影响着一代又一代的巴蜀儿女。

从20世纪三四十年代开始，国内很多学者把目光投向古代巴蜀神话，并进行了大量的研究。如史学家顾颉刚先生在《与钱玄同先生论古史书》一文中着重考察了大禹神话，并提出著名的"层累地构成的中国古史"的理论观点。在川期间，顾颉刚游览了郫县的望帝和丛帝陵、温江的鱼凫城、双流的蚕丛祠和瞿上乡，先后发表了《鲧禹的传说》《古代巴蜀与中原的关系说及其批判》《秦汉时代的四川》《〈蜀王本纪〉与〈华阳国志〉所记蜀国事》等文。

抗战时期，受战局影响，全国一大批文学、历史学、民俗学、宗教学、社会学、民族学学者云集四川，如常任侠、卫惠林、林耀华、李安宅、胡鉴民、冯汉骥等人。他们从各自不同的学科领域关注四川各民族文化，其中有不少论著都涉及巴蜀神话研究，如常任侠《沙坪坝出土之石棺画像研究》、卫惠林《中国古代图腾制度论证》、林耀华《凉山彝家》、李安宅《藏族宗教史之实地研究》、胡鉴民《羌民之信仰与习为》、冯汉骥《岷江上游的石棺葬文化》等。

新中国成立以后的三十年间，徐中舒、任乃强、邓少琴、蒙文通、汤炳正、李绍明、周锡银、王家佑、肖崇素等老一辈本土学者立足四川，从历史学、民族学、文献学、宗教学、民间文学等角度深入地研究巴蜀本土文化，取得了丰硕的成果，如徐中舒《巴蜀文化初论》、任乃强《华阳国志校补图注》、邓少琴《巴蜀史迹探索》、蒙文通《巴蜀古史论述》等，这些著作对巴蜀神话都有探讨。袁珂先生更是从专业神话研究的角度梳理了古代巴蜀神话。他在1980年版《中国古代神话》一书中多处涉及巴蜀神话，并在第七章《鲧和禹治理洪水》中辟专节梳理了蚕丛和鱼凫、鳖灵治理洪水、望帝化鸟、五丁力士、李冰杀蛟、二郎神等古蜀神话。

不过，还是应该看到，在巴蜀文化融入中原文化以后，受中原文化的强大影响，原有的本土文化被不断削弱，反映在文献记载上，是相关历史文献对古代巴蜀神话的记载严重缺乏，今天很多学者在研究巴蜀神话时常常慨叹文献资料的不足，可资参考的文献翻过去复过来往往就只有扬雄《蜀王本纪》、常璩《华阳国志》、李膺《益州记》等为数不多的几本书。因此，如何进行巴蜀古代神话文献的系统梳理就成了巴蜀神话研究中一个亟待解决的问题。

20世纪80年代中期，由袁珂先生主导、我协助完成的《中国神话资料萃编》由四川省社会科学院出版社出版，书中特别列有《古蜀编》一篇，算是做了一些初步的文献梳理工作，但这项工作的深度与广度仍显不足。造成不足的原因主要有两个方面，一是由于体例的限制，二是由于古蜀神话资料本身的限制。体例方面，当时考虑的是以全国层面为主，力图反映整个中国古代神话的资料状况，因此古蜀部分占比很少；古蜀神话资料方面，当时搜集的面也比较窄，仅限于一些较为知名的传世文献，其他不太知名的文献，特别是地方文献，则关注和梳理较少，因此留下了一些遗憾。

近年来，随着成都金沙遗址、广汉三星堆遗址等的深入发掘，包括巴蜀神话在内的巴蜀文化受到国内各界的高度关注，其研究也进入到一个崭新的阶段，同时也对巴蜀历史文献的搜集整理和研究提出了更高的要求。在这种情况下，四川省社会科学院神话研究院携手四川人民出版社共同推出了一套《巴蜀神话研究丛书》，借此机会，我把历年来积累的一些文献资料和新搜集的一些文献资料合并起来，参照《中国神话资料萃编》的体例，编成《巴蜀神话文献辑纂》一书，希望能为巴蜀神话的研究尽一份力，并为学术界提供一些可资参考的文献资料。

在《巴蜀神话文献辑纂》正式出版之际，有一些编纂方面的问题需要向学术界和广大读者作一说明。

第一，巴蜀神话的地理范围问题。本书所说的巴蜀神话，其实是一个宽泛的地域概念，泛指秦以前巴蜀地域上流传的神话，其范围包括并突破了现在四川省、重庆市的行政区域，涉及今陕西、湖北、贵州、云南等省份部分地区流传的神话。这些地区长期以来文化同源、语言相通、生活习性类似，是一个颇具西南文化特色的文化共同体。因此，本次辑纂并未过多考虑现有的行政区划，而是以是否为古代巴蜀地域的神话为标准来进行梳理。其中的"巴国""蜀国"也只是一个约定俗成的地理概念，而不是政治学意义上的"国家"概念。

第二，巴蜀神话的文献遗存问题。在巴蜀文化与中原文化的融合过程中，由于种种历史原因，很多原有的土著神话或原生态神话没有被历史文献完整地保留下来，形成大量的文献空白。现在我们来梳理巴蜀神话的文献存留，只能从有限的经典传世文献或地方文献中寻找蛛丝马迹，并顺藤摸瓜，在只言片语或零星的段落记载中去发现或补充有可能是属于巴蜀神话的部分。这种找寻和甄别尽管困难重重，但仍需有人去做。本次辑纂，只能算是抛砖引玉，其不当之处在所难免，故请读者予以充分的谅解。

第三，文献选择问题。

1. 神话人物的资料选择问题。中国上古时代涉及的神话人物（历史传说人物）的资料众多，特别是巴蜀神话与中原或其他地区神话有交叉的人物，如伏羲女娲、盘古、黄帝、鲧、禹等，在巴蜀地区以外的很多地区都有并有被记载。因此，在选择文献时，本次辑纂只选取其与巴蜀地区有关联的部分，以突出巴蜀地域特色；同一个神话人物，其与巴蜀地区无关的文献则未予收录。

2. 除了上古神话人物（传说人物），在本书的《巴国编》《蜀国编》《仙众编》《俗神、杂神编》《山石编》《河川编》《草木编》《禽兽鱼虫编》中涉及的神性人物和山川草木、禽兽鱼虫等，其文献的收录也以是否与巴蜀地区有关联为前提，与巴蜀地区无关的文献则不予收录。

3. 文献本身的地域问题。如上所述，入选的文献以记载的人物、事物主要以是否与巴蜀地区有关，因此，与文献本身是否属于巴蜀地区的文献或作者是否为巴蜀人士无关。本次辑纂所涉及的文献种类较多，作者并不限于巴蜀范围之内。

4. 仙话资料的收录问题。四川是道教的发源地，信众甚多。在其发展过程中，许多原始神话和神话人物被吸收和改造，成为道家尊神。民间信仰中的很多俗神、杂神身上也带有浓厚的仙气。这一部分与仙众和俗神、杂神相关的仙话，按照袁珂先生"广义神话"的观点，也属于神话研究的范围，从中可以梳理和还原部分原始神话。因此，本次辑纂也收录了一部分相关的道教文献资料。

5. 地方文献的收录问题。过去的神话研究文献多局限在传统的经、史、子、集、丛等经典文献范围内，地方文献的选择和使用较少。本次辑纂，选用了较多的巴蜀地方文献，但多以古代四川的省志、府志、州志、县志或乡土志为主，其目的是全方位地梳理地方文献，从中找出与巴蜀神话相关的部分，以作为传统经典文献的补充。

第四，文献的版本问题。古代文献的版本问题比较复杂，相当一部分文献在长期的流传过程中形成不同的刊刻版本，不同版本之间可能在某些字、词上有差异。本次辑纂所收录的文献仅标明书名，并在附录《主要引用书目》中注明其版本来源，以供读者查证，但并未做相应的版本校勘。

第五，编排顺序的问题。本次辑纂，同一条目下，按文献作者所处的朝代先后为序，如汉早于晋，隋早于唐。同一朝代，不作细分。文献的收录截止时间为清光绪时期，个别条目收录有极少数的民国文献。

做文献辑纂是一件劳神费力的事，特别是古代文献，耙疏抉择绝非易事，个中甘苦，只有过来人才可体会。好在有先师袁珂奠定的《中国神话资料萃编》的基础，有现任院领导的大力支持，有众多同人的鼓励，这本文献集算是完成了。窃以为，这次对历史文献的梳理，加上前不久完成的《中国民间文学大系·神话·四川卷》的编纂，在历史文献和民间口传故事两方面，可以说是初步探了一下巴蜀神话的文献家底，可以为今后的巴蜀神话研究提供一些有益的参考。

至于说本书文献的选择是否科学、全面，编排是否合理等，还有待专家学者的批评指正。对此，我报有深深的期待。

周　明

2022 年 2 月 15 日于成都

1 人皇氏

《洛书》曰："人皇始出，继地皇之后，兄弟九人，分理九州，为九囿。人皇居中州，制八辅。"华阳之壤、梁岷之域，是其一囿。囿中之国，则巴、蜀矣。其分野：舆鬼、东井，其君上世未闻。

—— ［晋］常璩《华阳国志·巴志》

蜀之为国，肇于人皇，与巴同囿。

—— ［晋］常璩《华阳国志·蜀志》

《华阳国志》及《十三州志》云："蜀之先，肇于人皇之际。"

—— ［唐］张守节《史记·五帝本纪》正义

天地初立，有天皇氏十二头，澹泊无所施为而俗自化，木德王，岁起摄提。兄弟十二人，立各一万八千岁。地皇十一头，火德王，姓十一人，兴于熊耳、龙门等山，亦各万八千岁。人皇九头，乘云车，驾六羽，出谷口。兄弟九人，分长九州，各立城邑，凡一百五十世，合四万五千六百年。

—— ［唐］司马贞《补史记·三皇本纪》

人皇氏代地皇，九头。兄弟九人，生于刑马山，出于堤地之口。依山川土地之势财，度为九州，谓之九囿，各居其一而为之长。人皇居中州以制八辅，驾六羽，乘云车，使风雨，兄弟各三百岁。或云各一百岁，一百五十六代，合四万五千六百年，谓之九头纪。或云兄弟各一百六十代。

一云：天皇、地皇、人皇兄弟九人，分长天下。

——［宋］刘恕《资治通鉴外纪》卷一

初人皇氏，人皇九头。当是时也，生类日众，如孩已童，天性既凿，人欲渐萌。披木叶、藉草莱，食果饮水，长幼群居。无爪牙之利，以御猛兽；无官民之分，以制刚虣。强食弱肉，民不堪处，即山川土地之势，财度九州，九头各居其一而为之长。人皇居中，以制八辅，谓之九头纪。

——［宋］杜道坚《玄经原旨发挥》卷上，《道藏·洞神部》辑

《春秋元命苞》云："天地开辟，至春秋鲁哀公蒋十四年，获麟之岁，凡三百二十六万七千年，分为十纪。其一曰九头纪，即人皇氏也。古者谓一人为一头，人皇兄弟九人故也。"

——［明］沈朝阳《通鉴纪事本末前编》卷一

《华阳国志》曰："蜀之为国，肇自人皇。"《洛书》曰："人皇始出，继地皇之后。兄弟九人，分理九州，为九囿。人皇居中州，制八辅。"华阳之壤、梁岷之域，是其一囿矣。

——［明］曹学佺《蜀中广记》卷七十一

人皇氏姓恺，名胡洮，字文生（注：其说出《洞神部》，乃晋人托上清紫微元君伪作者。）。

——［明］王圻《续文献通考》卷二百十四"氏族考"

三皇庙，在温江县东二里，金堂县亦有之。

——［清］许治修、张晋生编《四川通志》卷二十八上

② 五龙氏

自人皇已后，有五龙氏（自注："五龙氏兄弟五人，并乘龙上下，故曰五龙氏也。"）。

——［唐］司马贞《补史记·三皇本纪》

《春秋命历序》云："皇伯、皇仲、皇叔、皇季、皇少，五姓同期，俱驾龙，号曰五龙。"《遁甲开山图》云："五龙见教天皇。"荣氏云："五龙，爰皇后君也。昆弟五人，人面而龙身。"然以五音五行分配为五龙之名，如角龙木仙之类，而以宫龙土仙为父。又言："五龙以降，天皇兄弟十二人，分五方为十二部，法五龙之迹，行无为之化，为十二时神。"是天皇在五龙之后，安矣。郦（道）元《水经（注）》云："父与诸子俱仙，治在五方。"亦见李善《（文选·）游仙诗》注。

——［宋］罗泌《路史·前纪》卷二，罗苹注

摄提纪，以摄提首岁为纪也。五龙氏殁，摄提五十九氏作分画山川，各统一隅，飚动景随而天下治，帝号无传，汉时入祀典。

——［明］沈朝阳《通鉴纪事本末前编》卷一

《名号历劫记》云："人皇之后，五龙氏兴焉。天真皇人降下开明之国，以《灵宝真文》《三皇内经》各十四篇授之。五龙氏得此经，以道治世万二千岁，白日登仙尔。时苍生于中化生，是后运动阴阳，作为五行四微，世欲生死之业于是而起，人乃任性混朴，茹毛饮血，男女无别，夏则巢居，冬则穴处。三十六万岁后，神人氏兴焉。"按：开明氏，蜀古国号也，都南安，今之嘉定州是。国初蜀献王感五龙氏之灵，迎自嘉州，立庙于锦官。《志》云"窦禹钧之五子"者，乃俗说也。《史记》云"黄帝有子五人，号

五龙氏", 而世次则又不同, 当以杜天师所载为正。

——［明］曹学佺《蜀中广记》卷七十一

③ 盘古

广都县有盘古三郎庙, 颇有灵应。民之过门, 稍不致敬, 必加显验。或为人殴击, 或道途颠蹶, 由是远近畏而敬之。县人杨知遇者, 尝受《正一盟威录》。一夕醉甚, 将还其家, 路远月黑, 因庙门过, 大呼曰:"余正一弟子也。酒醉月黑, 无伴还家, 愿得神力, 示以归路。"俄有一炬火自庙门出, 前引之。比至其家二十余里, 虽狭桥细路, 略无蹉跌, 火炬亦无见矣。乡里之人, 尤惊异之。

——［唐］杜光庭《录异记》卷四

代所谓盘古氏者, 神灵, 一日九变, 盖元混之初、陶融造化之主也。《六韬·大明》云:"召公对文王曰:'天道净清, 地德生成, 人事安宁, 戒之勿忘, 忘者不祥。盘古之宗, 不可动也, 动者必凶。'"今赣之会昌有盘古山, 本盘固名。其湘乡有盘古保, 而零都有盘古祠, 盘固之谓也。按《地理坤鉴》云:"龙首人身。"而今成都、淮安、京兆皆有庙祀, 事具徐整《三五历纪》及《丹壶记》。至唐袁天纲推言之《真源赋》, 谓:"元始应世, 万八千年为一甲子。"荆湖南北, 今以十月十六日为盘古氏生日, 以候月之阴晴, 云其显化之所宜, 有以也。《元丰九域志》"广陵有盘古冢庙", 殆亦神假者。《录异记》"成都之庙"有"盘古三郎"之目。

——［宋］罗泌《路史·前纪》卷一, 罗苹注

（成都府广都县有）盘古祠。徐整《三五历记》云:"天地浑沌如鸡子, 盘古生其中, 八万四千岁。天地开辟, 清阳为天, 浊阴为地, 盘古在其中, 一日九变。神于天, 圣于地。天日高一丈, 地日厚一丈, 盘（古）日长一

丈，如此满八万四千岁。天极高，地极深，盘古极长，后乃有三皇。数起于一，立于三，成于五，盛于七，处于九，故天去地九万里也。"

——［宋］乐史《太平寰宇记》卷七十二"益州"

广都县有盘古三郎庙，颇有灵应。民之过门，稍不致敬，多为驱击，或道途颠蹶。

——［宋］李昉《太平广记》卷三百一十三

盘古祠，《元和志》："在成都县东三十里。"徐整《三五历记》云："天地浑沌如鸡子，盘古生其中。八万四千岁，天地开辟。阳清为天，阴浊为地，盘古在其中，一日九变。神于天，圣于地。天日高一丈，地日厚一丈，盘古日长一丈。如此满八万四千岁，天极高，地极深，盘古极长，后乃有三皇。数起于一，立于三，成于五，盛于七，处于九，故天去地九万里也。"

——［宋］祝穆《方舆胜览》卷五十一

（双流县）古迹有盘古祠。徐整《三五历记》云："天地浑沌如鸡子，盘古生其中，八万四千岁。天地开辟，清阳为天，浊阴为地，盘古在其中，一日九变，神于天，圣于地。天日高一丈，地日厚一丈，盘古日长一丈。如此满八万四千岁，天极高，地极深，盘古极长，后乃有三皇。数起于一，立于三，成于五，盛于七，处于九，故天去地九万里也。"此《寰宇记》所引，罗泌《路史》亦云"于广都得盘古之祀"矣。

——［明］曹学佺《蜀中广记》卷五"双流县"

按《地理坤鉴》云："盘古龙首人身。"今成都有庙祀。《路史》曰："吾于广都得盘古之祀焉。"杜光庭《录异记》曰："广都县盘古三郎庙，破著灵异，远近畏而敬之。"……广都，今双流县地。《元和图经》"成都县东三十里盘古祠"，即此。夔门亦有盘古庙，太守王十朋《盘古庙》诗曰："盘古千千古，江头遗像存。伏羲犹后辈，礼殿尽诸孙。不屋昔非陋，有祠今未尊。东邻二郎庙，巫觋醉朝昏。"

———［明］曹学佺《蜀中广记》卷七十一

盘古城，在成都县。《元和志》："在成都县东三十里。"按：《方舆胜览》作"盘古祠"。

———［清］仁宗敕修《大清一统志》卷三百八十五

盘古城，《元和志》在县东三十里，《方舆胜览》在盘古祠。

———［清］许治修、张晋生编《四川通志》卷二十六"华阳县"

盘古祠，在新津县东北。

———［清］许治修、张晋生编《四川通志》卷二十八上

盘古祠在治东，汉广都县。《寰宇记》："广都有盘古祠。"《路史》亦云"于广都得盘古之祀"矣。

———［民国］王德乾修《双流县志》卷一

4 钜灵氏

钜灵氏之在天下也，握大象，持化权，乘太极而跖灏淑。立乎无间，行乎无穷，揣丸变化，而与物相弊铄。出于汾脽，挥五丁之士，驱阴阳，反山川，正流并生，神化大凝，惟无恒处。或云治蜀，盖以其迹躔焉（罗苹注："与元气齐生，为九元真母。"又："李淳风《小卷》云：'元始判气，天皇上帝，镇立名山，各有所属分野。'盖当是时，六合之间，有未融者，故钜灵、女娲之徒，以神通智力，出而赞化也。五丁盖非一，按《世

本》及《蜀纪》《华阳志》《益州记》《十三州志》《成都记》等，皆言五丁事。蜀王开明负力，能徙山通石，则目以五丁矣。又言五丁其时，未有号谥，但以五行方色为主，故庙有赤、黑、黄、白之帝云。"又："传载：钜灵之迹多在蜀，岂别一钜灵邪？薛综以钜灵为河神，盖本《水经》所引，谓《国语》'华岳当河，河神巨灵手荡脚踏，开而为两'言之，今《国语》亦无此文。又《汉武帝内传》：'时东都送一小人长七寸，东方朔谓为钜灵。'异矣。"）。

——［宋］罗泌《路史·前纪》卷三

钜灵号，此世所闻焉者也。《遁甲开山图》云："钜灵与元气齐生，惟始气之先者。"又曰："钜灵胡者，偏得元气之道。造山川，出江河，神化之宜。"岂非《鹖冠子》之所谓"尸气皇"者邪？

——［宋］罗泌《路史·前纪》卷三

纷遂古之开物兮，实钜灵之毓稣；精日月之照烛兮，窍风雷之嘘呀。

——［元］吴莱《叹疾赋》，载《渊类吴先生文集》卷一

钜灵之迹，传载所纪，多在蜀中。《水经》所称"钜灵"，谓河神。

——［明］张萱《疑耀》卷五"钜灵"

寒风齰栗怒天吴，侠客精魂未便枯。旱母也知东海孝，钜灵翻惜北山愚。

——［明］董斯张《绝命词四首》，
载《古今图书集成·明伦汇编》卷九十

《路史》云："钜灵氏之在天下也，握大象，持化权，乘太极而跖灏溆，立乎无间，行乎无穷，揣丸变化，而与物相弊鉴。出于汾雎，挥五丁之士，

驱阴阳，反山川，正流并生，神化天凝，惟无恒处。或云治蜀，盖以其迹蹑焉。"

——［明］曹学佺《蜀中广记》卷七十一

《路史·循蜚记》："钜灵氏之在天下也，掘大象，持化权，乘太极而跖灏淑。立乎无间，行乎无穷，揣丸变化，而与物相弊鉴。出于汾脽，挥五丁之土，驱阴阳，反山川，正流并生，神化大凝，惟无恒处。或曰治蜀，盖以其迹蹑焉。"罗苹注："传载：钜灵之迹多在蜀，岂别一钜灵耶？薛综以钜灵为河神，盖本《水经》所引。案《遁甲开山图》云：'钜灵与元气俱生，为九元真母，治迹在蜀。'"是钜灵在蜀，有明征矣。

——［清］张澍《蜀典》卷三

考《洞神部》三皇，亦谓三灵。天灵名望获，字子润，顾嬴三舌，骧首鳞身。地灵名岳铿，字子元，马蹄妆首。人灵即泰皇，名恺胡洮，字文生，人面、龙身、九头。《遁甲开山图》："钜灵与元气俱生，为九元真母，治迹在蜀。"《山海经》有谯明山、涿光山，治之所。

——［清］张澍《书陈讷斋所藏古帝图后》，载《养素堂文集》卷二十一

祖亭秋寄中岩叟，我来更值晚秋后。谁削青壁抱化城，几尺闲云遮谷口。石阴林爽互参差，掰来应自钜灵手。岩髓泫然渗圣泉，异景宜为异人有。

——［清］李崇阶《秋日游中岩寺》，载乾隆《富顺县志》卷十九

癸酉之冬十一月既望，余感天根，见而成梁，鸠工于古渡江头。□衲子诣，前索余为重建潮江祠碑记，余应曰："苟有达于辞，虽俚语可传也。"爰勒一二言，以志不朽。粤稽庙貌之建潮江神，即钜灵氏，出于汾脽（编者按：汾脽，土丘名，谓汾阴脽也。脽，音绥。）。握大象，持化权，挥五

丁之士，驱阴阳，反山川，居无恒而迹躔于蜀。又云壬癸氏，佐神禹治水有功而祀之。总之，皆上古神也。

——［清］程翔凤《潮江庙碑记》，载乾隆《雅州府志》卷十五

5 盖盈氏（孟盈氏）

南海之内，黑水青水之间，有水名曰若木，若水出焉（郝懿行笺疏："《水经》云：'若水出蜀郡旄牛徼外，东南至故关为若水。'注云：'若木之生，非一所也。黑水之间，厥木所植，水出其下，故水受其称焉。'"），有禹中之国……有九丘，以水络之，名曰陶唐之丘。有叔得之丘、孟盈之丘（吴任臣广注："《路史》作盖盈，古天子号也。"郝懿行笺疏："叔得、孟盈，盖皆人名号也。孟盈，或作盖盈，古天子号。"）、昆吾之丘。

——［先秦］佚名《山海经·海内经》

盖盈氏。若水之间，禹中之地（罗苹注："若水之间，地当川蜀，在西南方。此'禹中'之名所为立。"）。有盖盈之丘、盖盈氏之虚也（罗苹注："《海内朝鲜记》：'南海之内，禹中之国，以去有九丘，有陶唐之丘、叔得之丘、盖盈之丘、昆吾之丘、黑白之丘、神民之丘，以水络'，亦陶唐、昆吾之流也。"）。

——［宋］罗泌《路史·前纪》卷三

《路史·循蜚记》："若水之间，禹中之地，有盖盈之邱，盖盈氏之墟也。"注："若水之间，地当川蜀，在西南方，此'禹中'之名所为立。"《海内经》："南海之外，黑水、青水之间，有木，名若木，若水出焉。有禹中之国，有列襄之国。"案《淮南子》："日臻于衡阳，是谓禺中。"是禹中不在若水也。盖盈，《山海经》作孟盈。

——［清］张澍《蜀典》卷三

6 华胥氏（伏羲母）

（黄帝）昼寝而梦，游于华胥氏之国。华胥氏之国，在弇州之西，台州之北，不之斯（离）齐国几千万里，盖非舟车足力之所及，神游而已。其国无帅长，自然而已；其民无嗜欲，自然而已。不知乐生，不知恶死，故无夭殇；不知亲己，不知疏物，故无所爱憎；不知背逆，不知向顺，故无利害。都无所爱惜，都无所畏忌。入水不溺，入火不热，斫挞无伤痛，指摘无痟痒。乘空如履实，寝虚若处林。云雾不硋其视，雷霆不乱其听，美恶不滑其心，山谷不踬其步，神行而已。

——［战国］列御寇《列子·黄帝篇》

大人迹出雷泽，华胥履之，生伏羲，其相日角，世号太皞，都于陈。

——［汉］王符《潜夫论·五德志》

太皞帝庖牺氏，风姓也，母曰华胥。遂人之世，有大人之迹出于雷泽之中，华胥履之，生庖牺于成纪，蛇身人首，有圣德，为百王先。

——［晋］皇甫谧《帝王世纪》，见［唐］孔颖达《礼记·月令》疏引

春皇者，庖牺之别号。所都之国，有华胥之洲。神母游其上，有青虹绕神母，久而方灭，即觉有娠，历十二年而生庖牺，长头修目，龟齿龙唇，眉有白毫，须垂委地。

——［晋］王嘉《拾遗记》卷一

阆中县郡治，有彭池大泽、名山灵台，见文纬书谶。

——［晋］常璩《华阳国志·巴志》

大迹出雷泽，华胥履之，生宓牺（宋均注："雷泽二名。华胥，伏牺母。"）。

——［宋］李昉《太平御览》卷七十八引《诗含神雾》

《遁甲开山图》曰："仇夷山，四绝孤立，太昊之治，伏羲生处。"

——［宋］李昉《太平御览》卷七十八

（黄）帝游华胥国。此国，神仙国也（原注："伏羲生于此国。伏羲母，此国人。"）。

——［宋］张君房《云笈七签》卷一百《轩辕本纪》

太昊伏戏氏，方牙，一曰苍牙，风姓，是为春皇包羲，亦号天皇、人帝皇雄氏，苍精之君也。母华胥，居于华胥之渚（罗苹注："《〔宝椟〕记》云：'所都国有华胥之渊，盖因华胥居之而名。'乃阆中俞水之地。〔王〕子年以华胥为九江神女，诬。"）尝暨叔嬣，翔于渚之汾。巨迹出焉（罗苹注："《诗含神雾》云：'巨迹出雷泽，华胥履之。'《河图》亦云。《孝经钩命诀》云：'华胥履迹，怪生皇羲。'注云：'灵威仰之迹。'《〔帝王〕世纪》谓迹出于遂人之诗。又云：'遂人没，伏羲代之。'妄也。迹事，详《〔路史·〕高辛纪》'稷'。"），华胥决嬻以蹈之，意有所动，虹且绕之，因孕。十有二岁，以十月四日降神（罗苹注："《帝系谱》云：'人定时生。'《孝经》《河图》云：'伏羲在亥，得人定之应。'张说《大衍文符历序》云：'谨以十六年八月端五，赤光照室之夜，皇雄成纪之辰。'是以为八月五日矣，非也。"）。得亥之应，故谓曰岁（罗苹注："或曰伏羲即木帝，故曰岁，十有二年而生也。木生于亥。十月在亥，复得亥时，其符皆至。《宝椟记》云：'帝女游于华胥之渊，感蛇而孕，十二年生庖羲，长头修目，龟齿龙唇，白髯委地。'或曰岁，岁星，十二年一周也。《说文》云：'古之神圣人，母必感天而生子，故曰天子。'"）。生于仇夷（罗苹注："《遁甲开山图》云：'仇夷山，四面绝立，太昊之治也。'即今仇池，伏羲之生处。地与彭池、成纪皆西土，知雷泽之说妄也。"），长于起城（罗苹注："今秦治成纪县，本秦之小山谷名。《开山图》云：'伏羲生成起，徙治陈仓。'故《舆地广记》以成纪为伏羲生处。起、纪本通用，《诗》'有纪有堂'作'有起'。"）。

——［宋］罗泌《路史·后纪》卷一"太昊"

华胥，伏戏母国，在阆中。《列子》云："华胥氏之国，在弇州之西、台州之北。"

——［宋］罗泌《路史·国名纪》卷己"上世妃后之国"

《寰宇记》云："嘉陵水一名西汉水，又名阆中水。"《周地图》云："水源出秦州嘉陵，因名嘉陵。经阆中，即阆中水。"又云："阆中水亦曰渝水。"谯周《三巴记》云："阆中有渝水，賨（人）锐气喜舞。汉高祖乐其猛锐，数观其舞，使乐人习之，所谓巴渝舞也。"《路史》云："太昊伏羲氏母华胥居于华胥之渚，孕十有二岁而降神生于仇夷，长于起城。"注云："所都国有华胥之渊，乃阆中渝水地也。"《通志》云："宋江，源出汉中府旧廉县，经苍溪县东流入嘉陵。有白水，源出阶州乱山中，至昭化县，北合嘉陵。唐郑谷诗'苍苍白水下嘉陵'是也。"《汉（书）·地里（理）志》（阆中）县有"彭道将池，东西二里，南北约五里"。文纬书谶云："巴西郡，治有彭池大泽。"《四夷述》云："城西南十里有郭池，周约五十亩。"《胜览》云："彭池，即今之南池也；郭池，即鱼池也。"二地与《汉志》相符。《遁甲开山图》注云："仇夷山，四面绝立，与彭池、成纪皆西土，是伏羲生处。"仇夷即仇池，成起即成纪，二字通用。

——［明］曹学佺《蜀中广记》卷二十四"保宁府"

庖牺所都之国，有华胥之洲。神母游其上，有青虹绕身母久而方灭，即觉有身，历十二年而生庖牺。长头修目，龟齿龙唇，眉有白毫，须垂委地。

——［明］陈耀文《天中记》卷十二引《拾遗记》

仇夷山，四绝孤立，太昊之治，伏牺生处。

——［明］陈耀文《天中记》卷十二引《遁甲开山图》

《路史》："伏羲母华胥居于华胥之渚。"罗苹注："《宝椟记》：'伏羲所都国，有华胥之渊。'盖因华胥居之而名，乃阆中俞水之地。王子年以华胥为'九江神女'，误。"案：伏羲氏，母名诸英也。《列子》："华胥氏之国，在弇州之西、台州之北。"或谓华胥在华山之右。胥，相也，为华之相；其渚，后曰雷泽。

——［清］张澍《蜀典》卷三

夫阆中渝水，为华胥之渊，伏羲所都，三巴首导神功也，五丁始通奥区也，山川险闻。

——［清］黎学锦《保宁府志·序》

《增拾遗记》曰："庖牺所都之国，有华胥之洲。神母游其上，有青虹绕神母身，久而方灭，即觉有娠，历十二年而生庖牺。"又《遁甲开山图》曰："仇夷山，四绝孤立，太昊之治，伏羲生处。"

——［清］张英《渊鉴类函》卷四十八

🄻 伏羲、女娲

今峨眉亦有女娲洞，常璩《华阳志》等谓伏羲、女娲之所常游。

——［宋］罗泌《路史·后纪》卷二，罗苹注

伏羲洞、女娲洞，俱峨眉山。

——［明］李光先修《四川总志》卷十五

《汉（书）·地里志》："县有彭道将池，东西二里，南北约五里。"文纬书谶云："巴西郡治有彭池大泽。"《四夷述》云："城西南十里有郭池，周约五十亩。"《（方舆）胜览》云："彭池，即今之南池也；郭池，即鱼池也。二地与《汉志》相符。"《遁甲开山图》注云："仇夷山，四面绝立，与彭池、成纪皆西土，是伏羲生处。"仇夷即仇池，成起即成纪，二字通用。

　　　　　　　　　　　——［明］曹学佺《蜀中广记》卷二十四"阆中县"

《威远志》云："县西十里伏羲洞，石壁上镌有伏羲、神农等像，旁有碑，亦苔蚀，不知何代物。"

　　　　　　　　　　　　　——［明］曹学佺《蜀中广记》卷一百五

过雷洞坪，稍稍憩立，老僧指曰："此下有鬼谷洞，传鬼谷子修真于此。又有伏羲洞、女娲洞，皆人迹所不能到。从来辟谷脱蜕之士，多藏于此，人亦不能见也。"

　　　　　　　　　　　　　　——［明］袁子让《游大峨山记》，
　　　　　　　　　　　　载［明］杜应芳《补续全蜀艺文志》卷五十六

（宋）葛鲁卿有《蓦山溪》一曲，咏天穿节郊射也。宋以前，以正月二十三日为天穿节。相传云：女娲氏以是日补天，俗以煎饼置屋上，名曰补天穿。今其俗废久矣。

　　　　　　　　　　　——［明］杨慎《词品》卷五"蓦山溪"

《路史》（罗苹）注："今峨眉有伏羲女娲洞。"
常璩《华阳（国）志》："蜀，伏羲、女娲之所常游。"（今本无）

　　　　　　　　　　　　　　　——［清］张澍《蜀典》卷三

《菜花石》（原注：石出龙门，上下俱无，亦玉类。）：

漏阁上流，龙门之浒。有石其间，不与众伍。滚藏彩色，微露顽璞。亦温亦坚，内精外粗。乡儿玩亵，鄙薄古董。识者拣拔，管城为友。惧其雕琢，潜于一澳。不逢卞和，孰为之泣。女娲得之，携之天补。

——［清］竹全仁《菜花石》，载清乾隆《雅州府志》卷十六

峨眉山有日月峰，伏羲、女娲、鬼谷诸洞。

——［清］许治修、张晋生编《四川通志》卷二十五

8 巫咸国

巫咸国（郝懿行笺疏："此国亦当在海外。观登备山，在《南荒经》可见。《水经·涑水》注以巫咸山即巫咸国，引此经云云，非矣。《太平御览》七百九十卷引《外国图》曰：'昔殷帝太戊使巫咸祷於山河。巫咸居于此，是为咸氏，去南海万千里。'即此国也。"）在女丑北。右手操青蛇，左手操赤蛇，在登葆山。群巫所从上下也（郭璞注："采药往来。"吴任臣注："《〔路史·〕国名记》：'巫咸国，故巫县，今夔之巫山。'又陕之夏县有巫咸山，计其道里，非此也。《淮南子》云：'巫咸在其北方。'董逌《广川书跋》曰：'巫咸河在女丑北，其神威灵震耀，得在祀典。世图其象：右手掺青蛇，左手掺赤蛇，在保登山，群巫所以上下，故安邑有巫咸祠祀之。'江淹《赤虹赋序》：'自非巫咸采药、群帝上下者，皆敛意焉。'用此。《〔山海经〕图赞》曰：'群有十巫，巫咸所统。经枝是搜，术艺是综。采药灵山，随时登降。'"）。

——［先秦］佚名《山海经·海外西经》

巫，巫咸国，故巫县，今夔之巫山（罗苹注："汉巫咸，隋曰巫山。"）。《淮南子》云："巫咸在轩丘北。"《（山海）经》"在女丑北"。今巫咸山在陕

之夏县。

—— [宋] 罗泌《路史·国名纪》卷己 "三皇之世"

⑨ 夏耕

有人无首，操戈盾立，名曰夏耕之尸（郭璞注："亦形天尸之类。"）。故成汤伐夏桀于章山，克之，斩耕厥前（郭璞注："头亦在前者。"）。耕既立，无首，走厥咎（郭璞注："逃避罪也。"），乃降于巫山（郭璞注："自窜于巫山。巫山，今在建平巫县。"）。汪绂注："耕，盖夏桀臣名。言为汤所斩，而蹶于前矣。乃复立起而无首，因逃罪于巫山也。"郝懿行笺疏："《〔汉书·〕地理志》云：'南郡巫。'应劭注云：'巫山在西南。'郭云'今在建平巫县'者，见《晋书·地理志》。"）。

—— [先秦] 佚名《山海经·大荒西经》

巫山有神，曰夏耕，无首，操戈盾立。《山海经（·大荒西经）》曰："成汤伐桀于章山，克之，斩耕厥前。耕既立，无首，走厥咎，乃降于巫山。"郭璞注曰："夏耕，亦形天尸之类。厥前，头亦在前者；走咎，逃避罪也。降，自窜也。巫山，今建平巫县。"

—— [明] 曹学佺《蜀中广记》卷七十九

⑩ 流黄国

（西南）有国，名曰流黄，辛氏（郭璞注："即丰氏也。"）。其域中方三百里，其出是尘土（郭璞注："言殷盛也。"杨慎补注："言其地清旷无罣埃也。"郝懿行笺疏："谓人物喧阗也。"）。有巴遂山，渑水出焉（吴任臣广注："《水经注》：'大度水经越嶲大莋县入绳，南流分为二。其一东经广柔县注于江，其一南迳旄牛道，至大莋与若水合。自下通谓之绳水矣。'即斯水也。渑，郦氏引经作绳。"汪绂注："巴中有遂宁县，盖取此。"）。

——［先秦］佚名《山海经·海内经》

流黄，丰氏之国，中方三百里（郭璞注："言国城内。"），有涂四方（郭璞注："涂，道。"），中有山（郝懿行笺疏："《海内经》说流黄辛氏有巴遂山，盖即此。"），在后稷葬西（吴任臣注："刘会孟云：'太昊初国于此。'"）。

——［先秦］佚名《山海经·海内西经》

流黄、沃民在其北，方三百里。

——［汉］刘安《淮南子·地形训》

城围三百，连河此戎。动是尘昏，蒸气雾重。焉得游之，以遨以纵。

——［晋］郭璞《山海经图赞》

流黄，辛姓，在三巴之东。《山海经》云："广三百里。"亦见《（淮南）鸿烈》等书。

——［宋］罗泌《路史·国名纪》卷四

流黄国，在海内。辛氏，即丰氏。域中方三百里，有巴遂山。

——［明］吴琯《三才广志》卷一千九十三

🈠 女祭、女戚

女祭、女戚（郝懿行笺疏："女戚，一曰女蔑，见《大荒西经》。"）在其北，居两水间，戚操鱼鳝（郭璞注："鳝，鱼属。"吴任臣广注："《〔周书·〕王会篇》：'瓯人鳝蛇。'即鳝也。《物性志》云：'鳝似蛇，亦善缘树食藤花。

语曰：鳝则似蛇，鳛闻有翼。'"），祭操俎（吴任臣广注："《〔山海经〕图赞》曰：'彼妹者子，谁氏二女。曷为水间，操鱼持俎。厥俪安在，离群逸处。'"）。

——〔先秦〕佚名《山海经·海外西经》

有寒荒之国（毕沅注："此疑即谓韩荒，在蜀也。"）。有二人，女祭、女蔑（郭璞注："或持觯，或持俎。"毕沅注："此似释《海外西经》女祭、女戚也。又：旧本作蔑，非。"郝懿行笺疏："蔑，当为蔑字之讹。《海外西经》云'女祭、女戚'，戚即蔑也。郭云'持觯'，觯亦鳝字之讹也。戚操鱼鳝，亦见《海外西经》。"）。

——〔先秦〕佚名《山海经·大荒西经》

女祭、女戚，在奇服北，居两水间，多怪鸟。

——〔明〕吴琯《三才广志》卷一千九十一

🔢 叔歜国

大荒之中……有叔歜国（毕沅注："《华阳国志》云：'帝喾封其支庶于蜀，世为侯伯。'疑歜亦淖也，读如蜀。"），颛顼之子（吴任臣广注："颛顼之妻娽，生伯儵、卷章、季禺。季禺是生叔歜。古谓其所出者皆为子。"），黍食，使四鸟：虎、豹、熊、罴。

——〔先秦〕佚名《山海经·大荒北经》

（颛顼妃）胜奔氏曰娽（罗苹注："胜奔，即胜溃也。《埤苍》云：'娽，颛帝之妻名。'《世本》《〔汉书·〕人表》皆作女禄，《大戴礼》：'滕奔氏之子，谓之女禄，生老童。'"），生伯称、卷章、季禺三人。称字伯服，与卷章绵产。季禺是生叔歜（罗苹注："《〔山海经·〕大荒西经》叔歜，颛顼之孙。"）。

——［宋］罗泌《路史·后纪》卷八

《山海经》："大荒中叔歜国，有黑虫如熊状，名猎猎。"注或作猰，音夕。

——［明］张自烈《正字通》卷六"猎"

颛顼次妃胜奔氏生子三人：伯称、卷章、季禺。季禺生叔歜。

——［明］陈士元《姓汇》卷二

🉓 安登

炎帝神农氏，姓伊耆，名轨，一曰石年，是为后帝皇君，炎精之君也。母安登，感神于常羊（罗苹注："《春秋元命苞》云：'少典妃安登游于华阳，有神龙首感之于常羊，生神子，人面龙颜好耕，是为神农。'《诗含神雾》云：'龙首，颜似龙也。'此亦后世刘媪潘夫人之事尔。常羊，华阳之常阳也。安登，传多作女登。"），生神农于列山之石室，生而九井出焉。

——［宋］罗泌《路史·后纪》卷三

炎帝神农氏，姓伊耆，名轨，一曰石年，是为炎帝。父少典国君，娶于有侨氏之女曰安登，生子二人。一为黄帝之祖少典氏。一为神农。神农之生也，母安登游于华阳，有神龙感之于常羊，因而有娠，生神农于烈山之石室，因号烈山氏。

——［明］沈朝阳《通鉴纪事本末前编》卷一

《春秋元命苞》："少典妃安登游于华阳，有神童首感之于常羊。"罗泌云："常羊，华阳之常阳也。"

——［清］张澍《蜀典》卷三

14　帝喾

帝喾高辛者，黄帝之曾孙也。高辛父曰蟜极，蟜极父曰玄嚣，玄嚣父曰黄帝。自玄嚣与蟜极，皆不得在位。至高辛即帝位，高辛于颛顼为族子。

——［汉］司马迁《史记·五帝本纪》

黄帝为其子昌意娶蜀山氏之女，生子高阳，是为帝喾。封其支庶于蜀，世为侯伯。

——［晋］常璩《华阳国志·蜀志》

蜀人（之）先，肇于人皇之际。至黄帝子曰昌意，娶蜀山氏女，生帝喾。后封其支庶于蜀，历夏、商，始称王。

——［明］李光先修《四川总志》卷五"古蜀国"

昔黄帝为其子昌意取蜀山氏女，生高阳，是为帝喾。封其支庶于蜀，世为侯伯。

——［明］李光先修《四川总志》卷二十二"初王"

人皇之世九囿，而蜀囿居其一。黄帝之子昌意娶蜀山氏女，生帝喾，封其支庶于蜀，始为蜀国。《尔雅·释山》："蜀者，独也，言不与他相连属也。"

——［明］曹学佺《蜀中广记》卷五十一

蜀自人皇肇辟，帝喾分封，及虞夏间，为梁州之域。嗣是"任土作贡"，世隶侯伯。

——［清］许治修、张晋生编《四川通志》卷二"建置沿革"

李膺《益州记》:"青城山,天皇受帝喾五符文于此山,牧德之台今在。"

—— [清] 张澍《蜀典》卷三

《路史》"蜀氏",帝喾支子封于蜀,为蜀氏。

—— [清] 张澍《蜀典》卷十二

炎帝之妻,赤水之子听訞生炎居。炎居生节并,节并生戏器,戏器生祝融(晋郭璞注:"祝融,高辛氏火正号。")。祝融降处于江水,生共工。共工生术器,术器首方颠(晋郭璞注:"头顶平也。"),是复土穰,以处江水(晋郭璞注:"复祝融之所也。"清郝懿行笺疏:"《竹书》云:'帝颛顼七十八年,术器作乱,辛侯灭之。'即斯人也。然则经言'复土穰以处江水',盖即其作乱之事。穰当为壤,或古字通用。")。

—— [先秦] 佚名《山海经·海内经》

炎帝器。器生钜及伯陵、祝庸(罗苹注:"《山海经》:'炎帝生钜封。'又云:'器生祝庸。'")……祝庸为黄帝司徒,居于江水,生术器,兑首方颠,是袭土壤。

—— [宋] 罗泌《路史·后纪》卷四

江水,祝庸之封地,今朱提。

—— [宋] 罗泌《路史·国名纪甲》

《山海经》:"炎帝器生祝庸。"案:祝庸为黄帝司徒,居于江水,生术器,兑首方颠,是袭土壤。罗泌云:"祝庸之封地,今朱提。"

—— [清] 张澍《蜀典》卷三

⓯　有巢氏

有巢氏……居于弥（罗苹注："弥属益部。"）。

——［宋］罗泌《路史·前纪》卷九

《路史》："有巢氏居于弥。"（罗苹）注："弥属益部。"案：弥之为益州地，他书无征，惟《水经注》云筰夷也。汶山曰叓，南中曰昆弥。罗泌所言弥，或即昆弥也，否则即弥牟镇（编者按：今属成都市青白江区。）也。

——［清］张澍《蜀典》卷三

⓰　庆甲（大庭氏）

第七中位：丰都北阴大帝。炎帝大庭氏，讳庆甲，天下鬼神之宗，治罗丰山，三千年而一替。

——［南朝梁］陶弘景《洞玄灵宝真灵位业图》

炎庆甲者，古之炎帝也，今为北太帝君，天下鬼神之主也（陶弘景自注："炎帝神农氏造耕稼、尝百药，其圣功不减轩辕、颛顼，无应为鬼帝。又黄帝所伐大庭氏，称炎帝，恐当是此，非神农也。又外书云'神农牛首'，今佛家作地狱中主煞者亦牛首，复致疑焉。"）。

——［南朝梁］陶弘景《真诰》卷十五

《真仙通鉴》："炎帝大庭氏，讳庆甲，天下鬼神之宗，治丰都山，三千年而一替。"杨长史《手录》云："炎庆甲者，古之炎帝也，今为北太帝君，天下鬼神之主也。"案：陶隐居《真诰》疑其为神农，又谓神农功高，不应为鬼帝，当是黄帝所伐大庭氏。今人谓丰都谓阴府之说，祖此。庆甲，神农次子，亦深明种植，帝承知其贤，用嗣为帝。庆甲居位四十年，仍归政于明帝。明在位四十九年。罗泌云："炎帝庆甲，帝柱之胄也。"《真诰》又言："文王为丰都西都公，领北帝师。"

——［清］张澍《蜀典》卷三

《华阳国志》："杨统事华里先生炎高。"案：炎姓，古炎庆甲之后。庆甲主丰都山，故蜀有炎氏与。

——［清］张澍《蜀典》卷十中

17　黄帝

巴山，在巴县西南百二十里。其山高耸，上有白水，相传黄帝于此山合神丹。

——［宋］祝穆《方舆胜览》卷六十

蟆颐山，在眉山县东七里，状如蟆颐，因名。有至德观，有佘朱淘丹泉。传记所载，以为轩辕氏丹宅。山腹有穴，曰龙洞。

——［宋］祝穆《方舆胜览》卷五十二

稠粳山在新津南八里，有草名稠粳，服之长生不死。上有丹灶、古碑、宫阙、天池。轩辕帝于此得仙，中第四稠粳，治也，上应危宿。

——［明］曹学佺《蜀中广记》卷七引《方舆胜览》

缙云山在（巴）县西北百三十里。其山高耸，多林木。下有温泉，分东西流，相传黄帝于此合药。

——［明］曹学佺《蜀中名胜记》卷十七引《图经》

《陈留风俗传》及《姓纂》云："资姓,黄帝后,在益州资中。"今邑之山川皆曰资,从赐姓也。

——〔明〕曹学佺《蜀中名胜记》卷五十一"资县"

轩皇台,灌县天仓山西南十里极峰之巅。黄帝与宁先生登其上,有古台存焉,故名。

——〔明〕李光先修《四川总志》卷五"成都府"

缙云山,(府)治北二十里,茂林高耸。有泉,分冷、温二味,势若飞凤,又名凤凰山。一在巴县西百一十里,有泉,名温汤,相传黄帝合神丹于此。

——〔明〕李光先修《四川总志》卷九"重庆府"

昔黄帝闻道于峨眉宋皇观,今遗础尚存,碑刻有记。

——〔明〕李光先修《四川总志》卷十五"嘉定州"

浴丹池,在蒲江县旧崇真观,世传轩辕黄帝修道于此。又有浴丹井,在旧依政县崇明观。

——〔明〕李贤等《明一统志》卷七十二

轩辕,姓公孙,母曰附宝,感电光绕斗而有娠,生帝于轩辕之丘(原注:在开封府新郑县。),因名轩辕氏。以土德王,故曰黄帝。至峨眉山,见天皇真人于玉堂,咨问三一(原注:"三才合一。")之道。帝受其说,终身弗违,而天下治。

——〔清〕许治修、张晋生编《四川通志》卷二十九下

⑱ 嫘祖（雷祖、累祖）

流沙之东，黑水之西，有朝云之国、司彘之国。黄帝妻雷祖，生昌意（郭璞注："《世本》云：'黄帝娶于西陵氏之子，谓之累祖，产青阳及昌意。'" 郝懿行笺疏："雷，姓也；祖，名也。西陵氏姓方雷，故《〔国语·〕晋语》云：'青阳，方雷氏之甥也。'雷通作累，郭引世本作累祖，《大戴礼·帝系篇》作嫘祖，《史记·五帝纪》同，《汉书·古今人表》作絫祖，并通。"）。

——［先秦］佚名《山海经·海内经》

黄帝居轩辕之丘，而娶于西陵（张守节正义："西陵，国名也。"）之女，是为嫘祖。嫘祖为黄帝正妃，生二子，其后皆有天下。

——［汉］司马迁《史记·五帝本纪》

《帝系》曰："黄帝取于西陵氏之子，曰累祖，实生青阳。"

——［三国］韦昭《国语·晋语》注

黄帝四妃生二十五子，元妃西陵氏累祖。

——［宋］李昉《太平御览》卷一百三十五引《帝王世纪》

学优则仕，于我如浮云。高卧长平，抚琴弄鹤，漱石枕流，乐在其中矣。当是时也，青龙场嫘轩宫修葺告成，乞序于余。余不负其三顾之忱，爰为之序。

曰：女中圣贤王凤，黄帝元妃嫘祖，生于本邑嫘祖山，殃（殒）于衡阳道，尊（遵）嘱葬于青龙之首，碑碣犹存。生前，首创种桑养蚕之法、抽丝编绢之术；谏净黄帝，旨定农桑，法制衣裳；兴嫁娶，尚礼仪，架宫室；奠国基，统一中原。弼政之功，殁（没）世不忘，是以尊为先蚕。后山青龙场，全貌焕然。黎庶交易，百物咸集，惟丝绸繁多。嫘轩宫托月，则尤为壮观。嫘祖宫据地千丈，总殿五层。宫前设先蚕坛，宫内塑王母、轩辕、嫘祖、伏羲、燧人、神农、岐伯、风后、常伯等一百二十六尊圣像。宫之前殿为嫘祖殿，敬塑嫘祖、马头娘、菀窳、寓氏公主三尊巨像。宫之左右各一长廊，上具桑林殿、育蚕殿、烘茧殿、抽丝殿、编绢殿、制衣殿。忆宫史，据前碑所志，补建于蜀王之先祖蚕丛；后文翁治蜀，大加阔筑。历经兵燹，已三缺三圆矣。古帝耕籍田，后桑蚕宫，春不夺农时即有食，夏不夺蚕工即有衣。衣食足，而后礼乐兴焉，皇图巩焉。是以岁在正月朔八至二月初十，天子庶民，祭祀先蚕典礼之隆，全然帝王祭祀先农之尊。远瞩崇山峻岭，晚霞朝景，如仙山神岛、玉殿晶宫；俯瞰仰望，虎踞龙盘，狮吼雷鸣，九龙捧圣，八仙朝尊。物华天宝，人杰地灵。信哉，女圣嫘祖诞生之地矣！泐（勒）石铭碑，以诚后世。集首创之大成，薪火相继，玉振金声，同日月齐辉，与天地并寿。

赵蕤　谨题

大唐开元二十一年二月谷旦补竖

——［唐］赵蕤《嫘祖圣地碑》

帝之南游，西陵氏殒于道，式祀于行（罗苹注："《本纪》云：'帝周游时，元妃嫘祖死于道，命次妃嫫母监护，始置防丧。'今之方相也。汉祀行神，以西陵氏死在江夏。韦昭《国语》注云'西陵氏即方雷'，妄矣。按《〔帝王〕世纪》方雷氏生青阳，《大戴礼》西陵生玄嚚，不云是方雷。而《〔汉书·〕人物表》西陵氏乃在方雷之后，盖世以《史记》缪谓青阳为玄嚚。玄嚚为少昊，遂以方雷为嫘祖尔。"）。以其始蚕，故又祀先蚕（罗苹注："北齐季春祠先蚕，黄帝氏后。周皇后祭先蚕西陵氏，唐《月令》以为天驷。天驷，马祖，非先蚕也。先蚕，犹先饭、先酒，皆祀其始造者，且蚕妇事亦不得为黄帝。汉世祠苑窳妇人与寓氏公主，亦后世之溢典。"）。

——［宋］罗泌《路史·后纪》卷五

（黄）帝娶西陵氏于大梁，曰嫘祖，为元妃，生二子玄嚣、昌意。……元妃西陵氏，始养蚕为丝（今《礼记》："皇后祭先蚕西陵氏。"葛稚川《西京记》曰："宫内有先蚕坛。"）。……（黄）帝周游行时，元妃嫘祖死于道，帝祭之，以为祖神（原注："今人将行，设酒食先祭道，谓之祖饯。祖，送也。颜师古注《汉书》云'黄帝子为道神'，乖妄也。崔寔《四人〔民〕月令》复曰'黄帝之子'，亦妄也，皆不得审详。'祖'，嫘祖之义也。"）。黄帝九子，各封一国（原注："潘安仁诗言之，未知其源。"）。元妃嫘祖生二子：玄嚣、昌意，并不居帝位。玄嚣得道，为北方水神；昌意娶蜀山氏之女，生颛顼，居帝位，即黄帝嫡孙也，号高阳氏。

——〔宋〕张君房《云笈七签》卷一百《轩辕本纪》

春前作蚕市，盛事传西蜀。此邦享先蚕，再拜丝满目。马革裹王肌，能神不为辱。虽云事渺茫，解与民为福。

——〔宋〕楼璹《耕织图诗·祀谢》，载〔清〕程兼善纂修《于潜县志》

淮南王《蚕经》云："黄帝元妃西陵氏始蚕。"盖黄帝制作衣裳因此始也。

——〔元〕王祯《农书》卷六《蚕缫篇》

（黄帝）命元妃西陵氏教民育蚕，治丝茧以供衣服，而天下无皴瘃之患，后世祀为先蚕。

——〔明〕沈朝阳《通鉴纪事本末前编》卷一

雷祖从（黄）帝南游，死于衡山，遂葬之。今岣嵝有雷祖峰，上有雷祖之墓，谓之先蚕冢。其峰下曰西陵路，盖西陵氏始蚕，后人祀之为先蚕也。

——〔清〕李元度重修《南岳志》引《湘衡稽古》

蚕丝山，县东北六十里。《（元丰）九域志》："每岁上春七日，远近士女多游于此，以祈蚕丝，故名。"

——〔清〕董梦曾纂修《盐亭县志》卷一，

又〔清〕许治修、张晋生编《四川通志》卷二十五"盐亭县"文同

蚕丝山，在盐亭县东北六十里。《（元丰）九域志》梓州有蚕丝山，"每上春七日，远近士女多游于此，以祈蚕丝"。《舆地纪胜》："（山）在永泰县西二十里。"旧志在今县东六十里。

——〔清〕仁宗敕修《大清一统志》卷四百六

⑲ 玄嚣（青阳）、昌意、韩流

流沙之东、黑水之西，有朝云之国、司彘之国。黄帝妻雷祖，生昌意（郭璞注："《世本》云：'黄帝娶于西陵氏之子，谓之累祖，产青阳及昌意。'"）。昌意降处若水，生韩流（郭璞注："《竹书》云：'昌意降居若水，产帝乾荒。'乾荒即韩流也，生帝颛顼。"）。韩流擢首、谨耳（郭璞注："擢首，长咽。谨耳，未闻。"）、人面、豕喙、麟身、渠股（郭璞注："渠，车辋，言蹁脚也。"）、豚止（郭璞注："止，足。"），取淖子曰阿女，生帝颛顼（郭璞注："《世本》云：'颛顼母，浊山氏之子，名昌仆。'"）。

——〔先秦〕佚名《山海经·海内经》

（黄帝轩辕氏）七十七年，昌意降居若水，产帝乾荒。

——〔东周〕佚名《竹书纪年》卷上

黄帝居轩辕之丘，娶于西陵氏之子，谓之嫘祖氏，产青阳及昌意。青阳降居泜水，昌意降居若水。昌意娶于蜀山氏。蜀山氏之子，谓之昌濮氏，

产颛顼。

——［汉］戴德《大戴礼记·帝系》

黄帝居轩辕之丘（裴骃集解："皇甫谧曰：'受国于有熊，居轩辕之丘，故因以为名，又以为号。'《山海经》曰：'在穷山之际，西射之南。'张晏曰：'作轩冕之服，故谓之轩辕。'"），而娶于西陵之女（张守节正义："西陵，国名也。"），是为嫘祖。嫘祖为黄帝正妃，生二子，其后皆有天下。其一曰玄嚣，是为青阳（裴骃集解："太史公乃据《大戴礼》，以嫘祖生昌意及玄嚣。玄嚣即青阳也。皇甫谧以青阳为少昊，乃方雷氏所生，是其所见异也。"司马贞索隐："玄嚣，帝喾之祖。按：皇甫谧及宋衷皆云：'玄嚣，青阳，即少昊也。'今此纪下云玄嚣，不得在帝位，则太史公意青阳非少昊明矣。而此又云'玄嚣是为青阳'，当是误也。谓二人皆黄帝子，并列其名，所以前史因误以玄嚣、青阳为一人耳。宋衷又云：'玄嚣青阳，是为少昊，继黄帝立者。'而史不叙，盖少昊金德王，非五运之次，故叙五帝不数之也。"）。青阳降居江水（司马贞索隐："降，下也。言帝子为诸侯，降居江水。江水、若水皆在蜀，即所封国也。《水经》曰：'水出旄牛徼外，东南至故关为若水；南过邛都，又东北至朱提县，为泸江水。'是蜀有此二水也。"）。

——［汉］司马迁《史记·五帝本纪》

蜀之为国，肇于人皇，与巴同囿。至黄帝，为其子昌意娶蜀山氏之女，生子高阳，是为帝喾，封其支庶于蜀，世为侯伯。

——［晋］常璩《华阳国志·蜀志》

《山海经》曰："南海之内，黑水之间，有木，名曰若木，若水出焉。"又云："灰野之山，有树焉，青叶赤华，厥名若木，生昆仑山西，附西极也。"《淮南子》曰："若木在建木西。木有十华，其光照下地。"故屈原《离骚》《天问》曰"羲和未阳，若华何光"是也。然若木之生，非一所也。黑水之间，厥木所植，水出其下，故水受其称焉。若水沿流，间关蜀土。黄帝长子昌意，德劣，不足绍承大位，降居斯水，为诸侯焉。娶蜀山氏女，生颛顼于若水之野。有圣德，二十登帝位，承少皞金官之政，以水德宝历矣。若水东南流，鲜水注之，一名州江大度水，出徼外，至旄牛道南流入于若水，又迳越嶲大莋县入绳。绳水出徼外。《山海经》曰："巴遂之山，绳水出焉。"东南流，分为二水。其一水枝流东出，迳广柔县，东流注于江；其一水南迳旄牛道，至大莋与若水合，自下亦通谓之为绳水矣。莋，夷也。汶山曰夷，南中曰昆弥，蜀曰邛。汉嘉、越嶲曰莋，皆夷种也。

——〔北魏〕郦道元《水经注·若水》

（黄帝）正妃西陵之女，曰嫘祖，生二子，一曰玄嚣，是为青阳，名挚（自注："或云：'青阳，母曰女节。'《帝考德》曰：'少皞曰清。'清者，黄帝之子清阳也，其子孙名挚。"）；二曰昌意，居若水为诸侯，娶蜀山氏女，曰昌仆（自注："谓之女极。"），生颛顼于若水。

——〔宋〕刘恕《资治通鉴外纪》卷一

昔黄帝为其子昌意取蜀山氏，而昌意之子乾荒亦取于蜀山氏，惟其后叶（罗苹注："《益州记》：'岷山禹庙西，有姜维城。又西，有蜀山氏女居，昌意妃也，本曰蜀山。会西北九十里，其会州，周置，唐为茂州，今茂之汶山有眉山。'乐史〔《太平寰宇记》〕亦云'昌意娶蜀山氏'也。"）。及高辛氏以其少子封蜀，则继之者也（罗苹注："昌意逊居若水，元嚣降居江水，而禹生石纽，其地皆在蜀，盖五帝时尝合中国。《世本》谓蜀王每世相承，为黄帝后；而《通典》以蚕丛、伯雍为帝喾之支。乐史从之，谓历夏商至周始称王，因前误云。"）。

——〔宋〕罗泌《路史·前纪》卷四

若水，昌意国，今越巂之台登（编者按：今冕宁县。）。《盟会图疏》以为都，故《世本》云："允姓国，昌意降居为侯。"非也，详《（路史·）高阳纪》。

江水，玄嚣国，若之下流，泯水也，今蜀州。

————［宋］罗泌《路史·国名纪》卷甲"黄帝后姬姓国"

台登县，西北一百二十七里，五乡，汉旄牛县地，属邛都国。按《九州要记》云："台登县有奴诺川、鹦鹉山，黑水之间，若水出其下，即'黄帝子昌意降居若水'，即是此邑。"

————［宋］乐史《太平寰宇记》卷八十"巂州"

颛顼高阳氏，黄帝之孙也，各有圣德，在位七十八年终，母蜀山氏所生，都商丘、濮阳。禺强，黄帝之胤，不居帝位，与颛顼俱得道，居北方为水神。

————［宋］张君房《云笈七签》卷一百《轩辕本纪》

黄帝之子二十五宗，得姓者十四人，别为十二姓，姬、酉、祁、己、滕、箴、任、荀、僖、佶、儇、依。正妃嫘祖生二子，曰玄嚣，是为青阳；曰昌意，是为若水侯。

————［元］杜道坚《玄经原旨发挥》卷上

予考诸传记所载，荣（县）虽山谷间，实为郡国一都会。《青阳门记》云："荣州有青阳洞，以少昊国在其北门。今正临之，故名。"按《史（记）》：黄帝子元嚣封于青阳国，为少昊金天氏。少昊降居江水，国于青阳，以金德王，位在西方。《集览》云"江水在蜀"，青阳是也。

————［明］曹学佺《蜀中广记》卷十一"荣县"

《九州要记》曰："台登县有奴诺川、鹦鹉山，黑水之间，若水出其下，即黄帝子昌意降居处。"《水经》曰："若水出蜀郡旄牛徼外，东南至故关。"郦善长注曰："按《山海经》：'南海之内，黑水之间，有树，名曰若木，有若水出焉。'又云：'灰野之山，有树焉，青叶赤华，厥名若木。生昆仑山西，附西极也。'《淮南子》曰：'若木在建木西。木有十华，其光照下地。'故屈原《离骚·天问》曰'羲和未阳，若华何光'是也。然若水之生非一所，黑水之间，厥木所植，水出其下，故亦受其称焉。若水沿流，间关蜀土。黄帝长子昌意德劣，不足绍承大位，降居斯水为诸侯，娶蜀山氏女，生颛顼于其野，有圣德，二十登帝位，承少皞金官之政，以水德膺历矣。"

——［明］曹学佺《蜀中广记》卷三十五"黎州"

《世本·居篇》："若水，允姓国，昌意降居为侯。"《姓氏篇》又云："婼，姬姓之国。黄帝之子昌意，降居若水，为诸侯。"此其后也。

《史记》："玄嚣降居江水。"《水经注》："江水南过越巂邛都，至朱提西，（为）泸江水。"则玄嚣封处。《路史·国名记》："若之下流泜水也，今蜀州。"

——［清］张澍《蜀典》卷三

《大戴礼·帝系篇》："黄帝产青阳及昌意。青阳降居泜水，昌意降居若水。"案：《大戴礼》盖以玄嚣为青阳，而《史记》沿其误，据《国语》，玄嚣、青阳，实是二人。泜水，湔水也，一云若水之下流。《史记》作"降居江水"，或谓即阳安故城之古江国，非也。荣县《青阳门记》云："荣门有青阳洞，以少昊国在其北门，今正临之，故名。"案史：黄帝子玄嚣封于青羊国，为少昊金天氏。少昊降居江水，国于青阳，以金德王，位在西方。《汲冢古文》云："或曰少皞，名清，不居帝位，帅鸟师居西方，以鸟纪官。"盖本《周书》之说。《集览》云："江水在蜀，青阳出宋朝《类苑》。"今人以庐州之青阳为少昊国，误矣。

——［清］张澍《蜀典》卷三

鸦龙江（编者按：今名雅砻江）。按此即古若水，一名泸水，亦大江之一源也。《史记·五帝纪》："黄帝子昌意降居若水。"《山海经》："南海之内、黑水青水之间，有木，名曰若木，若水出焉。"《汉书·地理志》："若水出旄牛县徼外，南至大莋，入绳水。"《明（一）统志》："打冲河，蛮名黑惠江，又名纳夷江，源出吐蕃，下流合金沙江。"

———［清］仁宗敕修《大清一统志》卷五百四十七

蜀之先，肇于人皇，为蜀山氏（原注："《尔雅》：'蜀者，独也。'言不与他处相连属也。"）黄帝次子昌意，娶蜀山氏女，后封其支庶于蜀，为蜀国。

———［清］许治修、张晋生编《四川通志》卷二

少昊名挚，己姓，黄帝之子元嚣也。母曰嫘祖，感大星如虹，下临华渚之祥而生帝。黄帝之世，降居江水（原注："《地理志》云：'岷山在蜀郡湔氐道西徼外，江水所出。'今四川松潘卫，即汉湔氐道也。"），有圣德，邑于穷桑（原注："地名，在兖州府鲁城北。"），以登帝位，故号穷桑氏。又以金德王，遂号金天氏，或曰宗师太皞之道，故曰少皞。

———［清］许治修、张晋生编《四川通志》卷二十九下

旧志叙沿革，载荣在《禹贡》梁州之域，古蚕丛地。黄帝之子元嚣封于是，为少昊金天氏青阳国。明天顺年间，举人龚汇记青阳门曰："荣门山麓有青阳洞，以少皞国在其北门，今正临之，故名。"康熙二十五年，举人刘世璋按："《史（记）》少皞，黄帝之子，降居江水，国于青阳，以金德王，位在西方。"《集览》云："江水在蜀。"青阳未详，汇不知何据云。然观昌意娶蜀山氏女，生颛顼于若水，子孙因封焉，则其传来者必有自也。愚按蜀地寥廓，未便以三荣片壤曲为附会，姑存之，以备参考。

———［清］黄大本纂修《荣县志》卷四"订讹"

⑳ 蜀山氏

　　蜀之为国，肇自人皇（《世本》、扬雄《蜀纪》、《华阳志》、《本蜀论》等语）。其始蚕丛、柏濩、鱼凫，各数百岁（见《蜀纪》，号蚕丛帝、柏濩帝、鱼凫帝。或作折获与伯雍者，非。《寰宇记》作伯禽，尤疏），号蜀山氏，盖作于蜀（今成都）。蚕丛纵目，王瞿上（瞿上城在今双流县南十八里，县北有瞿上乡）。鱼凫治导江（今眉之彭山县北，东二里有鱼凫津。《南北八郡志》云："犍为有鱼凫津，广数百步。"）。逮蒲泽俾明，时人呡，椎结左言，不知文字。上至蚕丛，年祚深眇（扬雄记云二万四千岁，杜甫云二万八千岁，《蜀纪》等言鱼凫等君治蜀八万年，盖难取据。俾明，《〔蜀〕记》作开明，非。），最后乃得望帝杜宇，实为满捍，盖蜀之先也（杜宇鳖令说，详《〔路史·〕余论》。司马贞以杜宇出唐杜氏后，妄。旧记有女曰利，从地出，为宇妃。按女利，乃梁氏女，详《余论》，受禅在丁卯八月三日。）。自丛以来，帝号芦保（一作卢帝、保帝。今广德之建平有芦保圩、芦保月圩，未明何始。时代久近，详《余论》。）。其妻曰妃，俱葬之（永明二年，萧鉴刺益，治园江南，凿石冢，有椁无棺，得铜器数千种，玉尘三斗，金蚕、蛇数万，珠砂为阜，水银为池，珍玩多所不识，有篆云"蚕丛氏之墓"。鉴责功曹何伫坟之，一无所犯。于上立神，衣青衣，即今成都青衣神也。开明妃墓，今武担山也，本曰武都，在府西百二十步，周三百五十步。云妃始武都男子，化为女，美艳。开明尚纳之，不习水土，欲去。王作《东平之歌》。未几物故，既葬，表以二石阙、石镜。武陵王萧妃掘之，得玉石棺，中美女容貌如生，体如冰掩之，而寺其上。镜周三丈五尺。乐史云："厚五寸，径五尺。"今杜宇庙在益治北五里，永平桥西。齐建武中，刘季连自灌口镇城内徙此。）。昔黄帝为其子昌意取蜀山氏，而昌意之子乾荒亦取于蜀山氏，惟其后叶（《益州记》："岷山禹庙西，有姜维城。又西，有蜀山氏女居，昌意妃也。本曰蜀山会，西北九十里。其会州，周置，唐为茂州。今茂之汶山有眉山。"乐史〔《太平寰宇记》〕亦云"昌意娶蜀山氏"也。）。及高辛氏以其少子封蜀，则继之者也（昌意逊居若水，元嚣降居江水，而禹生石纽，其地皆在蜀，盖五帝时尝合中国。《世本》谓蜀王"每世相承，为黄帝后"，而《通典》以蚕丛、伯雍为帝喾之支，乐史《太平寰宇记》从之，谓历夏商，至周始称王，因前误云。）。

——［宋］罗泌《路史·前纪》卷四，罗苹注

蜀，今成都，见杨子云《蜀纪》等，然蜀山氏女乃在茂。

——［宋］罗泌《路史·国名纪》卷己"古国"

蜀山，昌意取蜀山氏，益土也（罗苹注："详《〔路史·〕前纪》。"）。今济有蜀山，或其分也。

——［宋］罗泌《路史·国名纪》卷己"上世妃后之国"

（石泉县）蜀山，《史记》"黄帝子昌意娶蜀山氏女"，盖此山也。

——［宋］乐史《太平寰宇记》卷七十八"石泉县"

蜀之为国，肇自人皇。其始蚕丛、柏濩、鱼凫三君、各数百岁、同号蜀山。蚕丛治瞿上，服青衣以教民蚕，今蜀称青衣神是已。鱼凫治彭山，逮蒲泽。民人椎结左言，不知文字。鱼凫、蚕丛年祚邈渺，事莫克传，最后乃有望帝杜宇。

——［明］沈朝阳《通鉴纪事本末前编》卷一

《寰宇记》："（石泉）县蜀山，《史记》：'黄帝子昌意娶蜀山氏女'，盖此山也。"

——［明］曹学佺《蜀中广记》卷十"石泉县"

扬雄《蜀本纪》云："黄帝娶于蜀山氏。"蜀山氏女，茂州人也。

——［明］杨慎《蜀志遗事》，载《升庵集》卷四十八

（石泉县）蜀山，《寰宇记》："《史记》'黄帝子昌意娶蜀山氏女'，即此。"

——［清］邓存咏纂修《龙安府志》卷二"石泉县"

21 颛顼

流沙之东，黑水之西，有朝云之国、司彘之国。黄帝妻雷祖，生昌意。昌意降处若水，生韩流。韩流擢首谨耳，人面豕喙，麟身渠股，取淖子曰阿女，生帝颛顼。

——［先秦］佚名《山海经·海内经》

帝颛顼生自若水，实处空桑（高诱注："处居空桑。"）。乃登为帝，惟天之合，正风乃行（高诱注："惟天之合：德与天之风化合也。"）。其音若熙熙、凄凄、锵锵。

——［战国］吕不韦《吕氏春秋·古乐》

颛顼母浊山氏之子，名昌仆（张澍按：浊山氏，即蜀山氏也。昌仆，《帝王世纪》作景仆，名女枢，是为阿女，所谓淖子也。感瑶光于幽防而生颛顼，见《含神雾》。）。

——［战国］佚名《世本·帝系篇》

颛顼，黄帝之孙、昌意之子也，曰高阳。洪渊以有谋，疏通而知事，养材以任地，履时以象天。依鬼神以制义，治气以教民，洁诚以祭祀，乘龙而至四海。北至于幽陵，南至于交趾，西济于流沙，东至于蟠木。动静

之物，大小之神，日月所照，莫不祗励。

——［汉］戴德《大戴礼记·五帝德》

黄帝产昌意，昌意产高阳，是为帝颛顼。

黄帝居轩辕之丘，娶于西陵氏之子，谓之嫘祖氏，产青阳及昌意。青阳降居泜水，昌意降居若水。昌意娶于蜀山氏。蜀山氏之子谓之昌濮氏，产颛顼。颛顼娶于滕氏。滕氏奔之子谓之女禄氏，产老童。

——［汉］戴德《大戴礼记·帝系》

黄帝居轩辕之丘，而娶于西陵之女，是为嫘祖。嫘祖为黄帝正妃，生二子，其后皆有天下。其一曰玄嚣，是为青阳，青阳降居江水（唐司马贞索隐："降，下也。言帝子为诸侯，降居江水。江水、若水皆在蜀，即所封国也。《水经》曰：'水出旄牛徼外，东南至故关为若水。南过邛都，又东北至朱提县，为泸江水。'是蜀有此二水也。"）；其二曰昌意，降居若水。昌意娶蜀山氏女，曰昌仆，生高阳，高阳有圣德焉。黄帝崩，其孙昌意之子高阳立，是为帝颛顼也。

——［汉］司马迁《史记·五帝本纪》

颛顼氏有三子，生而亡去，为疫鬼。一居江水，是为虐鬼；一居若水，是为魍魉鬼；一居人宫室区隅沤库，善惊人小儿。

——［汉］王充《论衡·订鬼篇》

昔颛顼氏有三子，死而为疫鬼：一居江水，为疟鬼；一居若水，为魍魉鬼；一居人宫室，善惊人小儿，为小鬼。于是正岁，命方相氏帅肆傩以驱疫鬼。

——［晋］干宝《搜神记》卷十六

《山海经》曰："南海之内，黑水之间，有木名曰若木，若水出焉。"又云："灰野之山，有树焉，青叶赤华，厥名若木。生昆仑山西，附西极也。"《淮南子》曰："若木在建木西。木有十华，其光照下地。"故屈原《离骚·天问》曰"羲和未扬，若华何光"是也。然若木之生，非一所也。黑水之间，厥木所植，水出其下，故水受其称焉。若水沿流，间关蜀土，黄帝长子昌意，德劣不足绍承大位，降居斯水为诸侯焉。娶蜀山氏女，生颛顼于若水之野，有圣德，二十登帝位，承少皞金官之政，以水德宝历矣。

——［北魏］郦道元《水经注·若水》

颛顼，黄帝之孙，昌意之子，姬姓也。母曰景仆，蜀山氏女，为昌意正妃，谓之女枢。金天氏之末，瑶光之星，贯月如虹，感女枢幽房之宫，生颛顼于若水，首戴干戈，有圣德。生十年而佐少皞，十二而冠，二十而登帝位。

——［唐］徐坚《初学记》卷九引《帝王世纪》

《汉旧仪》曰："昔颛顼氏之有三子，已而为疫鬼。一居江水，为疟鬼；一居若水，为罔两蜮鬼；一居人宫室区隅，善惊人，为小鬼。于是以岁十二月，使方相氏蒙虎皮，黄金四目，玄衣丹裳，执戈持盾，帅百隶及童子而时傩，以索室中而驱疫鬼也。"

——［唐］李善《东京赋》注，载［梁］萧统《文选》卷三

帝颛顼高阳氏，姬姓（《古史考》以为妘，《［元和］姓纂》则谓颛帝。帝风姓，故《唐表》韦氏、彭氏皆妘，出风姓，颛帝之后，俱妄。），名曰颛顼（颛顼，厚养也。《河图》云："瑶光贯日，正白，女妘感于幽房之宫，生黑帝，名颛顼。"〔宋〕均云："日月失行，瑶光星精贯月。"《集韵》云："项头。项音玉。"），黄帝氏之曾孙。祖曰昌意，黄帝之震適也。行劣不似，逊于若水（逊，谓降封之。《史记》："玄嚣降居江水，昌意降居若水。"若即

江之下流，皆在蜀。《水经》云："水出旄牛徼外，东南至故关为若水，即昌意之封。又南过越巂、邛都，至朱提西泸江水，则玄嚚封处。"又《九州要记》云："巂之台登有双诺川、鹦鹉山，黑水之间，若水出其下，即黄帝子昌意降居于此。"杜预以为昌意所封在都。都乃襄州乐乡矣。），取蜀山氏曰景嫚（一作景仆，即《史〔记〕》云昌朴。《大戴礼》为昌濮，《搜神记》《〔帝王〕世纪》作景仆，云即女枢。又以为昌意正妃，妄。）。生帝乾荒（即韩流，盖乾荒之误为乾流。曰帝者，如汉山阳公之曰献帝，唐孝敬、奉天、承天三皇帝追称云。《山海经》丹朱、商均皆曰帝，亦若是也。刘知几所以唱谓朱均皆常为帝，而舜禹为夺，不学之过。），擢首而谨耳，猳喙而渠股（擢首，长咽；谨耳，小耳。或作擢耳谨首，非。《海内朝鲜记》云："谨耳豕喙，鳞身渠股。"郭〔璞〕云："谨耳，未详。渠，车辋。传言若大车之渠。"非也。渠，钜也；谨，小也。《相书》："耳门不容麦，寿过百。"），是袭若水（《文选》："若水，颛帝所生。"《吕〔氏〕春秋》云："颛玉生自若水，实处空桑，乃登为帝。"《〔帝王〕世纪》作弱水，非。）。取蜀山氏曰枢，是为河女，所谓淖子也。淖子感瑶光于幽防，而生颛顼（《潜夫论》云："幽防，宫也。"《〔帝王〕世纪》等云："星贯月如虹。"《诗〔含〕神雾》云："摇光蜺贯日，正白，感女枢。"注："星光如虹蜺，往贯月也。"）。渠头并干、通眉带午（《〔春秋〕元命苞》云："颛玉带午，是谓清明。"干，谓成干字。《易乾凿度》云："泰表戴干。"郑氏云："泰者，人形体之彰识也。干，盾也。"王劭言随文〔帝〕"有龙颜戴干之表，指示群臣"是也。宋忠注为"干盾"，故《〔帝王〕世纪》云"高阳首带干戈"，误矣。本文作带午，言如午字，叶法善"额有二午"者。或又作"带牛"，非。），渊而有谋，疏以知远，年十五而佐小昊，封于高阳（涿郡有汉高阳县，以在高水之阳名，本隶河间，今之顺安军。然浚仪亦有高阳故城，《开封图经》云："高阳氏佐少昊有功，封于此。"《〔元丰〕九域〔志〕》《〔太平〕寰宇〔记〕》从之，非也，盖后都之，冒高阳之名于此尔。故《〔后汉书·〕郡国志》云："汴之高阳城，高阳氏之虚也。"车频《秦书》云："新平民耕，获玉器。初有金雕者，颇知图记，王猛劝诛之。雕临刑，表言：'新平，古颛帝之虚，其故有《白鸡间记》，言此里应获古帝王宝。'至是果信。"）。都始孤棘，二十爰立，乃徙商丘，以故柳城、卫仆，俱为颛顼之虚（古帝王于中国边地，每有二都。孤棘，今营州柳城东南百七十〔里〕棘城是。《〔太平〕寰宇记》云："颛帝之虚。"《通典》云："号曰颛帝之虚。"故慕容廆以大棘城〔为〕帝颛顼之都。移都之教农桑，制同中国。商丘，濮阳也，以帝居之，因曰帝丘，乃卫之都，故今澶之临河东北三〔里〕有颛顼城。《史记》颛顼都帝丘，其地北至幽陵，惑也。《〔帝王〕世纪》云："自穷桑徙商丘，太行东北及兖，广桑之野、豕韦之次。"《水经》《晋〔书·地理〕志》因之，非。）。兆迹高阳，故遂以高阳氏，黑精之君也（《〔礼记·〕月令》注。）。以名为号，故后世或姓焉（《神仙传》有太玄女颛顼和。）。绍小昊金天之政，乘辰而王，以水穷历，故外书皆称玄帝（道书言玄帝者，皆高阳氏。《庄〔子〕》〔成玄英〕疏云："十二冠，十五佐少昊，二十即位，亦曰玄帝。"）。

——〔宋〕罗泌《路史·后纪·高阳纪》，罗苹注

昌意娶蜀山氏之女，生颛顼，居帝位，号高阳氏，黄帝之嫡孙也。

——〔元〕赵道一《历世真仙体道通鉴》卷一

玄帝者，昔轩辕子昌意娶蜀山之女，生高阳，德号颛顼，父居若水之乡。顼身陶七河之津，是为玄帝也。

——〔元〕刘大彬《茅山志》卷六

《真诰》云："颛顼生于蜀山，为北帝。"《先天本纪》曰："颛顼高阳氏，黄帝之孙也，母蜀山氏所生，有圣德。禹强者，亦黄帝之胤，与颛顼俱得道，居北方为水神。"按《史记》："玄嚣降居江水，昌意降居若水。"注云："若水，即江水之下流，皆在蜀。"今禹强不可考，或以为即玄嚣，是颛

项乃帝乾荒娶蜀山氏曰枢者所生，即昌意之孙也。又《吕氏春秋》颛顼作颛玉，其言曰："颛玉生自若水，实处空桑。"载各不同。曹子建《赞》曰："昌意之子，祖有轩辕。始诛九黎，水德统天。以国为号，风化神宣。威畅八极，靡不祗虔。"

——［明］曹学佺《蜀中广记》卷七十九

《华阳国志》云："台登县有孙水，一曰白沙江，入马湖水。"《水经注》："孙水出台高县，即台登县也。南流，迳邛都县，又南至会无，入若水。"《志》云："孙水俗谓之长河，天全长河西，以在孙水之西也。"《九州要记》曰："台登县有奴诺川。鹦鹉山、黑水之间，若水出其下，即黄帝子昌意降居处。"《水经》曰："若水出蜀郡旄牛徼外，东南至故关。"郦善长注曰："按《山海经》：'南海之内、黑水之间，有树名曰若木，有若水出焉。'又云：'灰野之山，有树焉，青叶赤华，厥名若木。生昆仑山西，附西极也。'《淮南子》曰：'若木在建木西。木有十华，其光照下地。'故屈原《离骚·天问》曰'羲和未扬，若华何光'是也。然若水之生非一所，黑水之间，厥木所植，水出其下，故亦受其称焉。若水沿流，间关蜀土。黄帝长子昌意德劣，不足绍承大位，降居斯水为诸侯，娶蜀山氏女，生颛顼于其野，有圣德。二十登帝位，承少皞金官之政，以水德膺历矣。"

——［明］曹学佺《蜀中广记》卷三十五"黎州"

昔颛顼氏有三子，亡而为疫鬼。一居江水中，为虐鬼；一居若水，为罔两蜮鬼；一居人宫室区海隅中，善惊小儿，为小鬼。于是以岁十二月，命祀官时傩，以索室中而驱疫鬼焉。

——［明］吴琉《三才广志》卷九十八

《吕氏春秋》："颛顼生自若水。"《水经注》："黄帝长子昌意，德劣，不足绍承大位，降居斯水，为诸侯。娶蜀山氏女，生颛顼于若水之野，有圣

043

德，二十登帝位，承少皞金官之政，以水德宝历矣。"案《律历志》，昌意即苍林氏也。《蜀国春秋》曰："乾荒娶蜀山女，曰枢，是为阿女，所谓淖子也，生颛顼。"是颛顼为昌意之孙矣。南郡之郗，允姓，为秦所入襄州乐县，非昌意所降之处也。晋杜预亦沿其讹。《世本》以"昌意降居之乐水，为允姓"，误矣。若水，罗长源谓即"濮水"者，亦误。《水经》："若水出蜀郡旄牛徼外，东南至故关，为若水。"注："若水之生，非一所也。黑水之间，厥木斯植，故水受其称焉。"《九州要记》："巂之台登有双诺川婴武山，若水出其下，即黄帝子昌意降居于此。"

——［清］张澍《蜀典》卷三

颛顼，姬姓，黄帝之孙、昌意之子。昌意降居若水（原注："《汉志》：'若水出蜀郡旄牛县徼外。'《水经注》：'若水出蜀郡旄牛徼外，东南至故关，为若水。'今黎大所南有旄牛故城，即汉县。"），娶蜀山氏女曰昌仆，感瑶光贯月之祥，生帝于若水。年十岁，佐少昊；二十即位，以水德绍金天氏，为天子。初国在高阳（原注："在保定府。"），故号高阳氏。

——［清］许治修、张晋生编《四川通志》卷二十九下

冕宁县为古都国，黄帝封其子昌意于此，娶蜀山氏女，生颛顼于若水。若水即城外南河也。故冕邑为帝子之都，高阳氏故里。

——［清］李英粲《冕宁县志》卷一

县城南关门上石刻"高阳氏降生之墟"七字，咸丰元年之先洪瞻陛建。

——［清］李英粲《冕宁县志》卷二"古迹"

《竹书纪年》："黄帝七十七年，昌意降居若水。"今打冲河，昌意产高阳，是为颛顼帝。

——［清］饶应祺修《会理州志》卷一"沿革"

22 昌仆（女枢、淖子）

　　黄帝妻雷祖，生昌意。昌意降处若水（吴任臣广注："《史记》索隐云：'降，下也，言帝子为诸侯。'又《路史》：'昌意为黄帝震适，逊居若水。'注云：'逊，谓降封之。若，即江之下流，在蜀。'《〔路史·〕国名记》云：'〔昌意国〕今越巂之台登。《盟会图疏》以为都。'《九州要记》曰：'台登县有如诺川、鹦鹉山，黑水之间，若水出其下。'即斯水也，在今四川黎州。"毕沅注："若水在蜀，即所封国也。《水经》曰：'水出旄牛徼外，东南至故关为若水。'"），生韩流。韩流擢首、谨耳、人面、豕喙、麟身、渠股、豚止，取淖子曰阿女（汪绂注："《世本》：'颛顼之母，浊山氏之子名昌仆。'然则淖子之淖字，当与浊同。"毕沅注："淖，即浊字，古用淖也。《帝王世纪》云：'颛顼母曰景仆，蜀山氏女，为昌意正妃，谓之女枢，生颛顼于若水。'见《初学记》。"），生帝颛顼（郭璞注："《世本》云：'颛顼母浊山氏之子，名昌仆。'"）。

——〔先秦〕佚名《山海经·海内经》

　　黄帝居轩辕之邱，娶于西陵氏。西陵氏之子，谓之嫘祖氏，产青阳及昌意。青阳降居泜水，昌意降居若水（卢辩注："《竹书纪年》：'轩辕七十七年，昌意降居苦水。'《帝王世纪》：'颛顼有圣德，父昌意。虽黄帝之嫡，以德劣，降居若水。'索隐曰：'降，下也，言帝子为诸侯。江水、若水皆在蜀，即所封国也。'《水经》曰：'出旄牛徼外，东南至故关为若水，南过邛都，又东北至朱提县，为卢江水。'是蜀有此二水也。"）。昌意娶于蜀山氏。蜀山氏之子谓之昌濮氏（汪照注："濮一作仆，又作曑。"），产颛顼（卢辩注："正义曰：《华阳国志》及《十三州志》云：'蜀之先，肇于人皇之际。黄帝为子昌意娶蜀山氏，后子孙因封焉。帝颛顼高阳氏，黄帝之孙、昌意之子，母曰昌仆，亦谓之女枢。'《河图》云：'瑶光如蜺，贯月正白，感女枢于幽房之宫，生颛顼。’”）。

——〔汉〕戴德《大戴礼记·帝系》

（黄帝子）昌意娶蜀山氏女曰昌仆（张守节正义："《华阳国志》及《十三州志》云：'蜀之先，肇于人皇之际。黄帝为子昌意娶蜀山氏，后子孙因封焉。'帝颛顼高阳氏，黄帝之孙、昌意之子，母曰昌仆，亦谓之女枢。《河图》云：'瑶光如蜺，贯月正白，感女枢于幽房之宫，生颛顼，首戴干戈，有德文也。'"），生高阳。高阳有圣德焉。黄帝崩，葬桥山。其孙昌意之子高阳立，是为帝颛顼也。

——〔汉〕司马迁《史记·五帝本纪》

（黄帝）正妃西陵之女，曰嫘祖，生二子。一曰玄嚣，是为青阳，名挚；二曰昌意，居若水，为诸侯。（昌意）娶蜀山氏女曰昌仆，生颛顼于若水。

——〔宋〕刘恕《资治通鉴外纪》卷一

颛顼，姬姓，黄帝之孙，昌意之子。昌意降居若水（原注："《汉志》：'若水，出蜀郡旄牛县徼外。'《水经注》：'若水出蜀郡旄牛徼外，东南至故关为若水。'今黎〔州〕大所南有旄牛故城，即汉县。"），娶蜀山氏女曰昌仆，感瑶光贯月之祥，生帝于若水。

——〔清〕许治修、张晋生编《四川通志》卷二十九下

案《大戴记》："昌意娶昌仆，产颛顼。"《（汉书·古今）人表》云："昌仆，昌意妃，生颛顼。"《史记》"昌"作"景"，《帝王世纪》亦作"景仆"，《（大戴礼·）帝系》作"濮"，《路史》作"媿"，又作"仆"。昌仆，蜀山氏之女也，即女枢，见《帝王世纪》，又名淖子。《（山海经·）海内经》云："昌意生韩流，即乾荒，取淖子曰阿女，生颛顼。"是昌仆又名淖子也。或以颛顼之母为女枢，而非昌仆，且以昌仆非女枢，亦非淖子。然淖子生

颛顼，伯益言之；景仆生颛顼，司马迁、戴圣言之；女枢生颛顼，皇甫谧言之，岂昌仆、女枢、淖子各生一颛顼乎？可知其说之妄矣。

——［清］张澍《蜀典》卷三

荥经之为县，古矣。谨按：《史记》云："黄帝之子昌意降居若水，娶蜀山氏之女昌仆，感瑶光贯月之祥，产颛顼帝于若水。"注云："若水在严道。"《易知录》云："严道，即今荥经。"由此观之，荥经在秦汉时为严道，在黄帝时为若水，古籍流传，信而有征矣。

——［民国］吴永立《荥经县志·叙》

23 鲧

黄帝生骆明，骆明生白马，白马是为鲧（郭璞注："即禹父也。《世本》曰：'黄帝生昌意，昌意生颛顼，颛顼生鲧。'"吴任臣广注："《史记》：'高阳子熙帝生骆明，骆明生白马，白马生鲧。'故曰颛顼五代而生鲧。熙帝即孺帝。又《氏族源流》云：'颛顼妃邹屠氏生骆明，骆明生伯鲧。'未知孰是。"郝懿行笺疏："郭引《世本》云'昌意生颛顼，颛顼生鲧'，与《大戴礼·帝系》世次相合，而与前文'昌意生韩流，韩流生颛顼'之言却复相背，郭氏盖失检也。大抵此经非出一人之手，其载古帝王世系尤不足据，不必强为之说。"）……禹鲧是始布土，均定九州。

——［先秦］佚名《山海经·海内经》

洪水滔天，鲧窃帝之息壤以堙洪水，不待帝命。帝令祝融杀鲧于羽郊。鲧复（腹）生禹（郭璞注："《〔归藏·〕开〔启〕筮》曰：'鲧死，三岁不腐，剖之以吴刀，化为黄龙也。'"郝懿行笺疏："《初学记》二十二卷引《归藏》云：'大副之吴刀，是用出禹。'《吕氏春秋·行论篇》亦云：'副之以吴刀。'盖即与郭所引为一事也。《楚词·天问》云：'永遏在羽山，夫何三年不施？伯禹腹鲧，夫何以变化？’言鲧死三年，不施化厥，后化为黄熊。故《天问》又云：‘化而为黄熊，巫何活焉？’郭引《〔归藏·〕开〔启〕筮》作黄龙，盖别有据也。伯禹腹鲧，即谓鲧复生禹，言其神变化无方也。《玉篇》引《世本》云：‘颛顼生鲧，鲧生高密，是为禹也。’鲧，即鲧字。”）。帝乃命禹卒布土，以定九州（郭璞注："息壤者，言土自长息无限，故可以塞洪水也。"）。

——［先秦］佚名《山海经·海内经》

滔滔洪水，无所止极。伯鲧乃以息石息壤以填洪水。

——［晋］郭璞《山海经·海内经》注引《开（启）筮》

颛顼生鲧，鲧生高密，是为禹。

鲧娶有莘氏女，谓之女志，是生高密（宋忠注："高密，禹所封国。"）。

禹母修已，吞神珠如薏苡，胸拆生禹。

——［先秦］佚名《世本·帝系篇》

（尧）殛鲧于羽山，以变东夷（卢辩注："《竹书纪年》：‘帝尧六十九年，黜崇伯鲧。’郑氏曰：‘鲧非诛死，放居东裔，至死不得反于朝耳。’《连山易》有‘崇伯鲧伏于羽山之野’，高诱曰：‘羽山，东极之山也。’"）

——［汉］戴德《大戴礼记·帝系》

（帝喾高辛氏）三十年，帝产伯鲧，居天穆之阳。

（帝尧陶唐氏）六十一年，命崇伯鲧治河。

六十九年，黜崇伯鲧。

——［东周］佚名《竹书纪年》卷上

《郡国志》云："石纽山，今在石泉县南。"《帝王世纪》以为鲧纳有莘氏，胸臆坼而生禹于石纽，郡人以禹六月六日生。是日熏修裸享，岁以为常。

——［明］曹学佺《蜀中广记》卷十

禹生石纽，今之汶山郡是也。昔尧遭洪水，鲧所不治。禹疏江决河，东注于海，为民除害。生民以来，功莫先者。

——［明］曹学佺《蜀中广记》卷四十一

夏大禹，黄帝五世孙（原注："黄帝生昌意，昌意生颛顼，颛顼生鲧，鲧生禹。"），父曰鲧。（鲧）娶于有莘氏之女，名修己，见流星贯昴，遂有娠，而生禹于石纽山（原注："在龙安府石泉县。"）。尧时洪水方割，四岳举鲧治之，九载绩用弗成。于是舜举鲧子禹，使嗣鲧之业。禹乃劳身焦思，居外十三年，过门不入，卒平水患，受舜禅，以水德王。

——［清］许治修、张晋生编《四川通志》卷二十九下

《路史》："鲧纳有莘氏曰女志，是为修己。以六月六日屠剖而生禹于僰道之石纽乡，所谓刳儿坪。"

——［清］张澍《蜀典》卷五

24 禹

①禹生西羌

禹学于西王国（唐杨倞注："西王国，未详所说。或曰：大禹生于西羌西王国，西羌之贤人也。"）。

——［战国］荀况《荀子·大略篇》

大禹出于西羌，世殊而地绝。

——〔汉〕陆贾《新语·术事》

舜升大禹石夷之野，征诣玉阙，拜理水土（佚名注："《〔尚〕书》：'帝曰：咨禹！汝平水土，惟时懋哉。'石夷未详。"）

——〔汉〕焦赣《焦氏易林》卷二

禹父鲧者，帝颛顼之后（《帝王世纪》曰："鲧，帝颛顼之子，字熙。"《连山易》曰："鲧封于崇。"故《国语》谓之"崇伯鲧"。《史记》曰："鲧之父，帝颛顼。"《世本》亦以鲧为颛顼子。《汉〔书〕·律历志》则曰："颛顼五世而生鲧。"《通鉴外纪》从之。《古史》曰："太史公以鲧为颛顼之子，其世太迫。班〔固〕同以为五世孙，近得之此书，以为颛顼之后。曰后者，可以通子孙言之也。"）。鲧娶于有莘氏之女，名曰女嬉，年壮未孳。嬉于砥山得薏苡而吞之，意若为人所感，因而妊孕，剖胁而产高密（《世本》曰："鲧娶有辛氏女，谓之女志，是生高密。"宋忠曰："高密，禹所封国。"《世纪》曰："鲧妻修己，见流星贯昴，梦接意感，又吞神珠薏苡而生禹，名文命，字密。"《史记》以文命为禹之名。孔安国谓禹为名，张晏谓禹为字，今并存之。）。家于西羌，地曰石纽。石纽在蜀，西川也（在茂州石泉县。其地有禹庙，郡人相传禹以六月六日生。《元和郡县志》："禹，汶山广柔人，生于石纽村。"《水经注》："县有石纽乡，禹所生也。"广柔即今石泉县。）。帝尧之时，遭洪水滔滔，天下沉渍，九州阏塞，四渎壅闭。帝乃忧中国之不康，悼黎元之罹咎，乃命四岳，乃举贤良，将任治水。自中国至于条方，莫荐人。帝靡所任，四岳乃举鲧，而荐之于尧。帝曰："鲧负命毁族，不可！"（《尚书·尧典》作"方命圮族"。《史记·尧本纪》作"复命毁族"。正义曰："负音佩，违也。鲧性狠戾，违负教命，毁败善类，不可用也。"）四岳曰："等之群臣，未有如鲧者。"尧用治水，受命九载，功不成。帝怒曰："朕知不能也！"乃更求之，得舜，使摄行天子之政。巡狩，观鲧之治水无有形状，乃殛鲧于羽山（《地志》在东海郡祝其县南，今海州朐山县。）。鲧投于水，化为黄能（或作熊），因为羽渊之神（《左传·昭公七年》："晋侯有疾，梦黄熊入于寝门。子产曰：'昔尧殛鲧于羽山，其神化为黄熊，以入于羽渊。'"杜预解："熊音雄，兽名，亦作能，如字。一音奴来切，三足鳖也。"按《说文》及《字林》皆云："能，熊属，足似鹿。"然则能既熊属，又为鳖类，作能者胜也。东海人祭禹庙不用熊白及鳖为膳，岂鲧化为二物乎？）。

——［汉］赵晔《吴越春秋·越王无余外传》，徐天祜音注

禹本汶山郡广柔县人，生于石纽，其地名痢儿畔。禹母吞珠孕禹，坼副而生于县涂山，娶妻生子，名启。于今涂山有禹庙，亦为其母立庙。

——《全上古三代秦汉三国六朝文·全汉文》卷五十三辑《蜀王本纪》

夏禹，名曰文命（张守节正义："《帝王纪》云：'父鲧妻修己，见流星贯昴，梦接意感，又吞神珠薏苡，胸坼而生禹，名文命，字密。身九尺二寸长，本西夷人也。'《大戴礼》云：'高阳之孙，鲧之子，曰文命。'扬雄《蜀王本纪》云：'禹本汝山郡广柔县人也，生于石纽。'《括地志》云：'茂州汶川县石纽山，在县西七十三里。'《华阳国志》云：'今夷人营其地，方百里，不敢居牧，至今犹不敢放六畜。'按广柔，隋改曰汶川。"）禹之父曰鲧，鲧之父曰帝颛顼，颛顼之父曰昌意，昌意之父曰黄帝。禹者，黄帝之玄孙，而帝颛顼之孙也。禹之曾大父昌意及父鲧，皆不得在帝位，为人臣。当帝尧之时，鸿水滔天，浩浩怀山襄陵，下民其忧。尧求能治水者，群臣四岳皆曰："鲧可。"尧曰："鲧为人，负命毁族，不可。"四岳曰："等之，未有贤于鲧者，愿帝试之。"于是，尧听四岳，用鲧治水，九年而水不息，功用不成。于是帝尧乃求人，更得舜。舜登用，摄行天子之政，巡狩行视，鲧之治水无状，乃殛鲧于羽山以死（张守节正义："殛，音纪力反。鲧之羽山，化为黄熊，入于羽渊。熊，音乃来反，下三点为三足也。束皙《发蒙记》云：'鳖三足曰熊。'"）。

——［汉］司马迁《史记·夏本纪》

禹兴于西羌（裴骃集解："皇甫谧曰：'《孟子》称禹生石纽，西夷人也。'《传》曰：'禹生自西羌'是也。"张守节正义："禹生于茂州汶川县，本冉駹国，皆西羌。"）

——［汉］司马迁《史记·六国年表》

夏禹生于石纽。

——［晋］袁弘《后汉纪·孝章皇帝纪》

蜀有汶阜之山，江出其腹，帝以会昌神以建福，故能沃野千里。淮济四渎，江为其首，此其一也。禹生石纽，今之汶山郡是也（裴松之注："《帝王世纪》曰：'鲧纳有莘氏女，曰志，是为修己。上山行，见流星贯昴，梦接意感，又吞神珠，臆圮胸坼，而生禹于石纽。'谯周《蜀本纪》曰：'禹本汶山广柔县人也，生于石纽，其地名刳儿坪，见《世帝纪》。'"）。

——［晋］陈寿《三国志·蜀志·秦宓传》

伯禹夏后氏，姒姓也。母曰修己，见流星贯昴，梦接意感，又吞神珠薏苡，胸拆而生禹于石纽。虎鼻大口，两鼻，耳参镂，首戴钩，胸有玉斗，足文履己，故名文命，字高密。身九尺二寸，长于西羌，夷人。初，禹未登用之时，父既降在疋庶，有圣德，梦自洗于河，观于河，始受图，《括地象》也，图言治水之意。四岳举之，舜进之尧。尧命为司空，继鲧治水。乃劳身勤苦，不重径尺之璧，而爱日之寸阴。手足胼胝，又纳礼贤士。一沐三握发，一食三吐餐。尧美其绩，乃赐姓姒氏，封为夏伯，故谓之伯禹。天下宗之，谓大禹。年二十始用，三十二而洪水平。年百岁，崩于会稽，因葬会稽山阴之南。今山上有禹冢、井、祠，下有群鸟耘田。

——［晋］皇甫谧《帝王世纪》，［宋］李昉《太平御览》卷八十二引

仲尼长东鲁，大禹出西羌。独步天下，谁与为偶（李贤注："《帝王纪》

曰：'夏禹生于石纽，长于西羌，西夷之人也。'"）？

———［南朝宋］范晔《后汉书·戴良传》

（广柔）县有石纽乡，禹所生也，今夷人共营之。地方百里，不敢居牧。有罪逃野，捕之者不逼，能藏三年。不为人得，则共原之，言大禹之神所佑之也。

———［北魏］郦道元《水经注·沫水》

吐蕃维州，州即古西戎地也。其地南界江阳，岷山连岭，而西不知其极；北望陇山，积雪如玉；东望成都，若在井底。地接石纽山，夏禹生于石纽山是也。其州（城）在岷山之孤峰，三面临江。天宝后河陇继陷，惟此州在焉。

———［后晋］刘昫《旧唐书·杜佑传》

广柔故县在（汶川）县西七十二里，汉县也，属蜀郡。禹本汶山广柔人，有石纽邑，禹所生处，今其地名刳儿畔。

———［唐］李吉甫《元和郡县志》卷三十三"汶川县"

《史记·六国表》注："皇甫谧曰：'《孟子》称禹生石纽，西夷人也。'"今（《孟子》）无此语。

———［宋］王应麟《困学纪闻》卷八

女狄暮汲石纽山下泉水中，得月精如鸡子，爱而含之，不觉而吞，遂有娠，十四月，生夏禹。

———［宋］李昉《太平御览》卷四引《遁甲开山图》荣氏解

帝禹夏后氏，姒姓，名禹，一曰伯禹（按：禹一曰伯禹、亦曰大禹者，尊其爵为称也。罗畸老云："禹之功，至水平而后大。"故于禹成厥功之后，始称大禹。），是为文命，其先出于高阳。高阳生骆明，骆明生白马，（白马）生（鲧）（《海内朝鲜记》），是为伯鲧（《传》记鲧为高阳玄孙，故《世族谱》讥之。按《汉律志》及《帝系》《三统历》皆谓为高阳五世孙，《世本》等以为高阳生鲧，失其世矣。），字熙，汶山广柔人也（见子云《蜀记》。今之茂州，后周汶山郡汶川县，汉广柔也，故县城在其西。）。……初，鲧纳有莘氏，曰志，是为修己。年壮不字，获若后于石纽（秦宓云："禹生石纽。"今之汶山郡，乃今茂之汶川县石纽山也，在西蕃界龙冢山之原，《青城记》"蒈生于石纽，起于龙冢"者，《〔帝王〕世纪》作"石坳"。《洛书》云"有人出石夷。"《随巢子》谓"禹生崐石"，皆指此也。《越春秋》云"女嬉于砥山得薏苡"，盖石似薏。流星之为，盖桓玄母马氏之类，故《礼纬》云："祖以感薏生。"按《〔尚〕书帝命验》云："白帝，以星感。修纪山行，见流星贯昴，感生姒戎文命禹。"注："星，金精；姒，禹氏，成生戎地，名文命也。"又《孝经钩命诀》云："命星贯昴，修纪梦接生禹。"注："命使之星。"故《世纪》云："修己山行，见流星贯昴，梦接意感，生禹于石纽。"）服媚之而遂孕，岁有二月（《遁甲开山图》荣氏注云："女狄莫及石纽山下泉中，得月精如鸡子，爱而吞之，遂孕，十四月生夏禹。"），以六月六日（今淮南俗尚以六月六日为禹王生日。苏轼《游涂山庙》诗自注云："是日数万人。"）屠醢而生禹（《蜀本纪》云："禹生石纽。"禹母吞珠孕之，拆副而生。《世纪》云："吞神珠，拆胸而生。"故仲舒《繁露》云："禹生发于背，契生发于胸。"屈原云："勤子屠母。"）于僰道之石纽乡，所谓剟儿坪者（《孟子》云："禹生石纽。"《华阳志》《郡国志》："生于石纽村。"《寰宇记》："今在茂之汶川县北四十。"任豫《益州记》"广平之石纽林"者，今其地名剟儿坪，《蜀本记》作痢兒畔，夷人共营其地，方百里，不敢处及畜牧。有罪者逃之，捕者不逼。三年则原之，畏禹之神，亦犹穷山不敢西，畏轩辕之丘也。《十道纪》："纽为秦州地名。"《随巢〔子〕》言"禹生碙石之东"，斯缪矣。禹生在鲧未出用之前十数载，则其在僰道矣。）。

长于西羌，西夷之人也（《青城记》云："禹生于石纽，起于龙冢。"龙冢，江源岷山也，有禹庙，填许山上，庙平八十亩。每朔望，池自漏；继有水，给千口，禹所遗弓。）。身长九尺有只，虎鼻河目，骈齿乌喙，耳三扈（《世纪》："长九尺二寸，耳参镂。"本作漏。一云：九尺九寸。），戴成钤，裹玉斗（郑注："《洛书灵准听》云：'有人出石夷，掘地代，戴成钤，怀玉斗。'注：'姚氏云禹胸有墨如北斗，郑谓怀旋玑玉衡之道。'"戴钤，谓有骨表，如钩钤星也。），玉骭履己（《世纪》云钤，"胸有玉斗，首戴钤，虎鼻大口，足文履己"。董《繁露》云："足昕疾行，先左，随以右。"），声为律，身为度，称以出（司马索隐云："声与身为律度，则权衡亦自身出，故云称以出。"非也，盖称量而出之。用权之道，如巽卦"以巽行权"，而云"巽称而隐"。隐，微也，其次为天秤。本此。）。亹亹穆穆，为纲为纪。敏给克勤，其德不违，其仁可亲（《大戴礼》）。师于大成挚，暨墨如、子高，学于西王悝（西王㚆）也，《新序》作西王国，《白虎通义》曰国先生，缪也。），实懋圣德，梦自湔于河西，四岳举之，舜进之（《世纪》），拜治水土，爵司空（《易林》云："舜升大禹石夷之野，进诣王庭，拜治水土。"《傅子》云："荀仲豫称：禹十二为司空。"按舜摄时，鲧殛既死，而禹用摄时，盖年十四，后代守中多矣，《传》云大司空。按《建武诏》，"契为司徒，禹为司空"，皆无大名）。）。

  ——［宋］罗泌《路史·后纪》卷十三，罗苹注

  方册所载，禹生石纽，古汶山郡也。崇伯得有莘氏女，治水而行天下，而生禹于此。稽诸人事，理或宜然；因人事以验天心，其可考者，禹功自汶。《河图括地象》曰："岷山之精，上为井络，帝以会昌神以建福。"太史公《本纪》谓岷为汶，故曰汶。岷山导江，岷嶓既艺，天生圣人，发神于此，而万世之功，亦起于此，其可忘哉？然而，自汶山西，山拑江碛，巫钤庙绝，箫鼓鱼菽，犹为俚人之社。汶以东，至于石泉，虽缙绅未尝言之。尝求其故，大抵山川夐邈，代远时移，邵邑名号，废置离合，而石纽故处，

莫适主名。秦汉而下，为国曰冉駹，为道曰绵虒，为邑曰广柔，一也。汉灵帝析而郡之，曰汶山。后周又析而邑之，曰汶山。唐贞观八年，又析而县之，曰石泉。唐以前，石泉之名未立，谯周、陈寿、皇甫谧皆指石纽为汶山之地。（谯）周曰："禹生于汶山广柔之石纽，其地为刳儿坪。"（陈）寿曰："禹生汶山石纽，夷人不敢牧其地。"自石泉之名立，其后《唐（书·）地里志》、国朝《职方书》、先儒《舆地记》皆以石纽归石泉，虽莫辨其故，然汶山之山曰铁豹，沔水出焉；汶川之山曰玉垒，湔水出焉；石泉之山曰石纽，大禹生焉。合之则一，离之则散。处于三邑之近，无可疑者。石泉始隶于茂，国朝熙宁割隶于绵。政和抚戎，又陞而军之。礼乐文物，日浸月长，且谓石纽夷地，置而弗论。太守赵公元勋世，以笑谈坐镇，披谍考古，将庙祀禹，而疑论未释。

——［宋］计有功《大禹庙记》，载［明］李光先修《四川总志》卷二十五

大禹庙，在（茂）州东门。《元和志》："禹本汶山广柔人，生于石纽村。"其石绿色。古石纽在茂州，故有庙。今石纽隶石泉军。

——［宋］祝穆《方舆胜览》卷五十五

纽村，在（汶川）县一百四十里。《郡国志》云："纽村，禹生于石纽。"按《十道录》云"纽"是秦州地名，未详孰是。

——［宋］乐史《太平寰宇记》卷七十八"汶川县"

石纽山，本属茂州，今在石泉县南。

大禹庙，在石纽山下江边。按：《帝王世纪》以为鲧纳有莘氏，臆胸折而生禹于石纽，郡人以禹六月六日生。是日，熏修裸享，岁以为常。

——［宋］祝穆《方舆胜览》卷五十六

石泉县，本汉广柔县地，属蜀郡，隋为汶山县地，属汶山郡。唐贞观

八年，析置石泉县，属茂州。皇朝熙宁九年来属。有石纽山，禹之所生也。《华阳国志》云："夷人营其地，方百里不敢居，畏禹神灵也。"

——［宋］欧阳忞《舆地广记》卷二十九

汶山县，本汉汶江、湔、氐三县地，文山郡治焉，故城在今县北二里。郡罢属蜀郡，后复置汶山郡及汶山县。晋因之，宋曰广阳县，梁置北部郡。开皇初，郡废，属会州。仁寿元年，复改广阳曰汶山。唐置茂州。《禹贡》"岷山"在西北，俗谓之铁豹岭。禹之导江，发迹于此。《河图括地象》曰："岷山之精，上为井络。帝以会昌神以建福，故泉流深远，为四渎之首。"

——［宋］欧阳忞《舆地广记》卷三十

大禹，史称生于西羌。《方舆志》谓：今石泉县之石纽村，是其发祥地也。山石纽结，题有"禹穴"二字，传为李太白所书。涂山氏之涂山，今在重庆城外，即其后家耳。后因巡狩而南崩于会稽，亦有禹穴者，乃其葬处。

——［明］何宇度《益部谈资》卷上

夏禹欲造独木船，知梓潼县尼陈山有梓木，径丈二寸，令匠者伐之。树神为童子，不伏，禹责而伐之。

——［明］董斯张《广博物志》卷四十引《蜀记》

《易林》："大禹生石夷之野。"《后汉（书）·戴叔鸾传》云："大禹生西羌。"《水经注》："禹生于蜀之广柔县石纽村，今之石泉县也。"石纽村，今之石鼓山也。其山朝暮二时，有五色霞气。又有大禹采药亭，在大业山。其地药气触人，往往不可到，地志不载，闻之土人云。

——［明］杨慎《升庵集》卷七十八

《郡国志》云"石纽山，今在石泉县南。"《帝王世纪》以为鲧纳有莘氏，胸臆坼而生禹于石纽。郡人以禹六月六日生，是日熏修裸享，岁以为常。《水经注》云："石纽，夷人共营之地，方百里，不敢居牧。有罪逃野，捕之者不逼。能藏三年不为人得，则共原之，言大禹之神所佑也。"《碑目》云："'禹穴'二字，大径八尺，李太白书，刻在绝壁上。"

————［明］曹学佺《蜀中广记》卷十"石泉县"

汶山郡之石纽村，禹所生也，汉广柔县矣。城北岩下有甘泉，乃石泉军之始。

————［明］曹学佺《蜀中广记》卷五十一"石泉县"

蜀古志云："禹于尼陈山伐梓，其神化为童子，汉所为名县也。"

————［明］曹学佺《蜀中广记》卷五十四"梓潼县"

夏大禹，姓似（姒）氏，生于石纽山。尧时洪水滔天，舜举禹，使治之。居外十三年，过门不入。娶涂山氏，辛、壬、癸、甲，启呱呱而泣。予弗子，惟荒度土功。通九道、陂九泽、刊九山，于是水患皆息。

————［明］李光先修《四川总志》卷二

大禹庙，茂州东门内。郦道元云："广柔县有石纽乡，禹所生也。"郡人以禹六月六日生，是日熏修裸飨，岁以为常。

————［明］李光先修《四川总志》卷五

石纽村，在汶川县境。《帝王世纪》曰："禹生石纽邑。"又《元和志》："禹所生处，今名刳儿坪。"

————［明］李光先修《四川总志》卷五

禹穴，石泉治北三十里。崖山有"禹穴"二大字，相传禹常憩此。

——［明］李光先修《四川总志》卷十四

司马子长《（史记·）自叙》云："上会稽，探禹穴。"此子长自言遍游万里之目。"上会稽"，总吴越也；"探禹穴"，言巴蜀也。后人不知其鲜，遂以为禹穴在会稽。而作《地志》者，以禹庙旁小如春臼者当之。噫，是有何奇而辱子长之笔耶？按：蜀之石泉，禹生之地，谓之禹穴。其石杳深，人迹不到，顷巡抚仪封刘远夫修蜀志，搜访古碑，刻"禹穴"二字，乃李白所书，始知会稽"禹穴"之误。大抵古人作文，言简而括。若禹穴在会稽，而上云"上会稽"，下又云"探禹穴"，不胜其复矣。如《禹贡》曰"云土梦作乂"，云在江南，梦在江北，五言而括千余里。又曰"蔡蒙旅平"，蔡山在雅州，蒙山云南，今名蒙乐山，上有碑，具列其事，亦四字而括千余里。郑言（玄）、孔颖达、蔡沉、夏僎，皆所未至，而缪云蒙山亦在雅州。

——［明］杨慎《禹穴考》，载［清］顾炎武《天下郡国利病书·蜀都杂抄》

刳儿坪，在石泉县南石纽山下，山绝壁。山有"禹穴"二字，大径八尺，系太白书。坪下近江处，白石累累，俱有血点侵入，刮之不去。相传鲧纳有莘氏，胸臆折而生禹，石上皆有血浅（溅）之迹。土人云：取石湔（煎）水，可治难产。

——［清］张邦伸《锦里新编》卷十四

《易林》："大禹生石夷之野。"《后汉（书）·戴叔鸾传》云："大禹生西羌。"《水经注》："禹生于蜀之广柔县石纽村。"今之石泉县也。石纽村，今之石鼓山。其山朝暮二时，有五色霞气。又有大禹采药亭，在大业山。

——［清］李调元《井蛙杂记》卷一，

［清］许治修、张晋生编《四川通志》卷四十五"外纪"文同

（汶川）县南十里飞沙关，岭上里许，地平衍，名曰剐儿坪。有羌民数家，地可种植，相传圣母生禹处。有地数百步，羌民指为禹王庙，又称为启圣祠。

————［清］李锡书《汶志纪略·古迹》

《蜀王本纪》："禹本汶山郡广柔县人，生于石纽。"《帝王世纪》："广柔县有石纽乡，禹所生也。"《华阳国志》："县有石纽乡，禹所生处，夷人共营之，地方百里，不敢居牧。有过，逃其野中，捕之者不敢逼追，云畏神禹。能藏三年，不为人得，则其原之，云禹神灵佑之也。"《元和志》："汉广柔故县，在今茂州汶川县西七十二里。禹本汶山广柔人，有石纽邑，禹所生处。今其地名剐儿畔。"《舆地广记》："绵州石泉县，本汉广柔县地，唐属茂州者。石纽山，禹之所生也。"《大清一统志》："广柔故城，在今茂州汶川县西北。"

————［清］吴卓信《〈汉书·地理志〉补注》卷四十六

石纽山，在石泉县南一里。《唐书·地理志》"石泉县"有石纽山。旧《志》有二石结纽，因名。山麓有大禹庙。按谯周《蜀本纪》，禹生石纽，在汉广柔县，今为汶川县西境，与《唐志》不同。

————［清］仁宗敕修《大清一统志》卷三百九十九

石纽村，在汶川县西北。谯周《蜀本纪》："禹本汶山郡广柔县人，生于石纽。"《华阳国志》："番人营其地方百里，不敢居牧。有过，逃其野中，不敢追，云畏禹神。"《括地志》："石纽山，在汶川县西。"《元和志》："广柔故县有石纽村，禹所生处，今其地名剐儿坪。"《寰宇记》："石纽村在汶川县西一百四十里。"按石纽邨又见石泉县。

大禹神母祠，在汶川县南十里石纽山。

————［清］仁宗敕修《大清一统志》卷四百十五

石纽山在（石泉）县南一里，有二石结纽。每冬月霜晨，有白毫自石出，直射云霄。《方舆胜览》云："禹生于石纽村。"《新唐志》："石泉县有石红山，山麓有大禹庙。"

——［清］许治修、张晋生编《四川通志》卷二十四"石纽山"

石纽村。《寰宇记》："石纽村在（汶川）县西一百四十里。"后人遂以大禹为汶川人。按谯周《蜀本纪》："禹本汶山郡广柔县人，生于石纽。"其地名刳儿坪，今在石泉县境内，盖当时石泉为广柔县地耳。

禹穴碑，在（石泉）县南二十里，夏禹实生于此，镌古篆书"禹穴"二大字于石壁，又有李白所书二字。

岣嵝碑在（石泉）县南一里石纽山下禹庙前，大禹所书，字画奇古。

——［清］许治修、张晋生编《四川通志》卷二十七

大禹庙，在石泉县东南石纽山下，郡人以禹六月六日生，建祠祀之，岁时致祭。

——［清］许治修、张晋生编《四川通志》卷二十八上

禹血石，出石泉禹穴下。石皮如血染，气腥。以滚水沃饮之，能催生。

——［清］许治修、张晋生编《四川通志》卷三十八之六

石纽山在（石泉）县南一里，有二石结纽。每冬月霜晨，有白毫自石纽出射云霄。山麓有大禹庙。《名胜志》："《帝王世纪》以为鲧纳有莘氏，胸臆坼而生禹于石纽，郡人以为六月六日生。是日，熏修裸享，岁以为常。"

——［清］邓存咏纂修《龙安府志》卷二"石泉县"

夏大禹，黄帝五世孙（原注："黄帝生昌，意昌意生颛顼，颛顼生鲧，鲧生禹。"）。父曰鲧，娶于有莘氏之女，名修己，见流星贯昴，遂有娠，而

生禹于石纽山（原注："在龙安府石泉县。"）。尧时洪水方割，四岳举鲧治之，九载，绩用弗成。于是舜举鲧子禹，使嗣鲧之业。禹乃劳身焦思，居外十三年，过门不入，卒平水患，受舜禅，以水德王。

——［清］许治修、张晋生编《四川通志》卷二十九下

禹穴在石泉县北石纽村，大禹生此。石穴杳深，人迹不到，掘地得古碑，有"禹穴"二字。

——［清］陈祥裔《蜀都碎事》卷一

石泉县石纽山下有大禹庙，土人以禹六月六日生，岁时致祭。

——［清］陈祥裔《蜀都碎事》卷二

《水经注》："禹生于蜀之广柔县石纽村。"唐为石泉县。县南一里，有石纽山，发脉自黄土沟，入白草番。百六十里，至关子门。九龙峰摩空而起，其中峰则禹穴在焉。姜炳章《石纽歌》云："石纽盘盘摩青天，刳儿溪上血石鲜。古传神禹降生此，至今溪水生红烟。"

——［清］王培荀《听雨楼随笔》卷三

禹穴石，产四川龙安府石泉县石纽乡，以红如溅血者佳。《四川通志》："出石泉禹穴下。"石皮如血染，气腥，以滚水沃饮之，能催生。

——［清］赵学敏《本草纲目拾遗》卷二

古有大禹，女娲十九代孙，寿三百六十岁，入九嶷山仙飞去。后三千六百岁，尧理天下，洪水既甚，大禹念之，乃化生于石纽山泉。女狄暮汲水，得石子如珠，爱而吞之，有娠，十四月生子。及长，能知泉源，代父鲧理洪水。尧帝知其功如古大禹，知水源，乃赐号禹。

——［清］马骕《绎史》卷十一引《遁甲开山图》

石纽村，按宋乐史《太平寰宇记》："禹生于石纽。"石纽村在汶川县西一百四十里，后人遂以大禹为汶川人。考三国谯周《蜀本纪》："禹本汶川郡广柔县人，生于石纽，其地名刳儿坪，今在石泉县境内。"盖当时邑为广柔县地也。

按汶川县距石纽村四百余里，非百四十里。汶川在石纽西，非石纽在汶川西也。《通志》载石纽于汶川，古迹亦非。

——［清］姜炳璋纂修《石泉县志》卷四

禹穴，（石泉）县北三十里九龙山下，涧谷幽险，人迹罕到。沿溪而入，飞湍喧耳，血石满溪，神禹生于此。

——［清］姜炳璋纂修《石泉县志》卷四

刳儿坪，在九龙山第五峰下。地稍平，有迹，俨如人坐卧状，相传圣母生禹遗迹。刳儿去者，即修己折胸生禹之说也。

——［清］姜炳璋纂修《石泉县志》卷四

血石，《通志》云："在禹穴下，石皮如血染。以滚水沃之，气腥；饮之，能催生。"

按：《三边总志》："溪石色绿。"《通志》："血石满溪。"其实血石止禹穴一里许，春间人凿取之，明春复长如故，《志》称："孕妇握之，利产。"

——［清］姜炳璋纂修《石泉县志》卷四

书字崖，禹穴石壁有古篆书"禹穴"二大字。又出一里余，唐李白楷书二大字于绝壁间，较旧书绝大。

——［清］姜炳璋纂修《石泉县志》卷四

岣嵝碑，（石泉）县南一里石纽山下禹王庙前。《通志》云："大禹所书，字画奇古。"

　　按：此碑明嘉靖间备戎周宗摹刻，字绝奇古。

——〔清〕姜炳璋纂修《石泉县志》卷四

　　采药亭，《杨升庵外书》云："广柔，隋改汶川，今之石泉县也。石纽村，今之石鼓山也。其山朝暮二时，有五色霞气。又有大禹采药亭，在大业山。其地药气触人，往往不可到。"

——〔清〕姜炳璋纂修《石泉县志》卷四

　　汉晋诸儒谓"禹生于石夷之野"者，焦赣《易林》也谓"禹本汶川郡广柔县人，生于石纽"者，谯周《蜀本纪》也谓"禹六月六日生于石纽"者，皇甫谧《帝王世纪》也。范蔚宗《东汉书·戴良传》云："仲尼生于鲁，大禹生于西羌。"郦道元《水经注》："禹生于蜀之广柔县石纽村。"嗣后，唐宋诸公作《地志》，谓石纽村以山得名，唐为石泉县，即汉广柔县地。按：石纽山，在县南一里。川西郡县，诸山无名石纽者，则禹之诞生于此无疑也。《史记》有"登会稽，探禹穴"之文，而天下之禹穴有三：在会稽者，葬处也；在宛委者，藏书处也；在石泉者，降生处也。自明人作《广舆记》，谓"禹葬于蜀"。李蕃作《禹穴辨》，谓"神禹藏书于石泉之禹穴"，而史公所探者，即此。又有谓"蜀之禹穴为憩息之所，犹召伯之棠舍耳"，予谓皆不足据也。盖地为九龙山，松潘番夷草地轫也。至黄土沟大山，呷竹土司所辖也。入白草番寨百六十里，历三神口马鹿坪，至关子门，九龙摩空而起，其中峰则禹穴在焉，八龙左右若护卫。然其水有二派：一派发源于番寨肉耳挂顶，名禹穴外溪；一派发源于第一龙，名禹穴内溪。溪有血石，溪之上为剞儿坪，山势忽平夷，圣母坐卧之迹宛然。二水并过九龙，至青泗口而合，折而注于湔江。群山万壑，或近或远，皆会于九龙之前，真神灵之奥区也。或疑崇□（原缺一字）大臣，不应居此洪荒之世。天子土阶，生民野处，《诗》不云乎："古公亶父，陶复陶穴。"亶父非殷诸侯乎？然而洞颇仄逼，势难卜居。山腰夷旷，自可筑室。时多穴处，故称禹穴。后人因指临水之洞实之耳，若云神禹憩息之所，荒度土功，足迹遍天下，其为禹穴，何止于三？古人往往作冢墓以藏简编，如发汲冢得《逸周书》之类。古称禹登宛委之山，发石得金简玉字书以知水脉。功成，藏书宛委，理或然也。古帝王汉以前无“陵”名，皆谓之“墓”，亦谓之“穴”，《诗·秦风》“临其穴”是也。王者以天下为家。禹崩于会稽、葬于会稽，犹舜崩于苍梧、葬于苍梧，不必规规于首邱之义也。彼郢书燕说，何足据哉！

——［清］姜炳璋《禹穴考》，载乾隆《石泉县志》卷四

九龙山，在（石泉）县北二十里，山势嶙峋，排列九岭，如龙起伏状。第五岭下即刳儿坪，禹生于此，血石满溪。李白书“禹穴”二大字镌于山顶。

——［清］许治修、张晋生编《四川通志》卷二十四，

又［清］邓存咏纂修《龙安府志》卷二“石泉县”文同

刳儿坪，在九龙山第五峰下，地稍平阔。石上有迹，俨如人坐卧状，相传即圣母生禹遗迹。

禹穴碑，在县南二十里，夏禹实生于此。镌古篆书“禹穴”二大字于石壁，又有李白所书二字。

岣嵝碑在县南一里石纽山下禹庙前，大禹所书，字画奇古。

——［清］许治修、张晋生编《四川通志》卷二十七“石泉县”

②禹娶涂山

予创若时，娶于涂山，辛、壬、癸、甲，启呱呱而泣。予弗子，惟荒度土功（孔安国传：“创，惩也。涂山，国名。惩丹朱之恶，辛日；娶妻至于甲日。复往治水，不以私害公。启，禹子也。禹治水，过门不入。闻启

泣声，不暇子名之，以大治度水土之功故。"）。

——［战国］伏生《尚书·益稷》

禹娶涂山，治鸿水，通镮辕山，化为熊。涂山氏见之，惭而去。至嵩高山下，化为石。禹曰："归我子！"石破北方而生启。

——［战国］《随巢子》佚文，［清］马骕《绎史》卷十二引

禹行功，见涂山之女。禹未之遇，而巡省南土。涂山氏之女乃令其妾候禹于涂山之阳，女乃作歌。歌曰："候人兮猗！"实始作为南音。

——［战国］吕不韦《吕氏春秋·音初》

启母者，涂山氏长女也，夏禹娶以为妃。既生启，辛、壬、癸、甲，启呱呱泣。禹去而治水，惟荒度土功，三过其家，不入其门。涂山独明教训，而致其化焉。及启长，化其德而从其教，卒致令名。禹为天子，而启为嗣，持禹之功而不殒。君子谓：涂山强于教诲。《诗》云："厘尔士女，从以孙子。"此之谓也。

颂曰：启母涂山，维配帝禹。辛壬癸甲，禹往敷土。启呱呱泣，母独论序。教训以善，卒继其父。

——［汉］刘向《列女传》卷一

禹三十未娶，行到涂山，恐时之暮，失其度制，乃辞云："吾娶也，必有应矣。"乃有白狐九尾造于禹。禹曰："白者，吾之服也。其九尾者，王之证也。"《涂山之歌》曰："绥绥白狐，九尾痝痝。我家嘉夷，来宾为王。成家成室，我造彼昌。天人之际，于兹则行。"明矣哉，禹因娶涂山，谓之女娇。取辛、壬、癸、甲。禹行十月，女娇生子启。启生不见父，昼夕呱呱啼泣（徐天祜注："《会稽志》：'涂山，在山阴县西北四十五里。'苏鹗《〔苏氏〕演义》涂山有四：一会稽；二渝州巴南，旧江州；三濠州；四当涂县。按左氏

《〔春秋·〕昭公四年·传》，穆〔天子〕有涂山之会，《哀公七年·传》：'禹合诸侯于涂山。'杜预解并云：'在寿春东北。'说者曰今濠州也。柳宗元《涂山铭序》曰：'周穆遐追遗法，复会于是山。'然则禹与穆王皆尝会诸侯于涂山矣，然非必皆寿春也。若禹之所娶，则未详何地。《水经注》：'江州县水北岸有涂山，南有夏禹庙、涂君祠，庙铭存焉。'常璩、庾仲雍并言禹娶于此，《越绝〔书〕》等书乃公禹娶一会稽涂山。应劭曰：'在永兴北。'永兴，今萧山县也，又与郡志所载不同。盖会稽实禹会侯计功之地，非所娶之国。"）。

—— 〔汉〕赵晔《吴越春秋·越王无余外传》

禹娶于涂山，辛、壬、癸、甲而去。生子启，呱呱啼，不及视，三过其门而不入室，务在救时，今江州涂山是也，帝禹之庙、铭存焉。

—— 〔晋〕常璩《华阳国志·巴志》

江州（刘昭注："杜预曰：'巴国也，有涂山，禹娶涂山。'《华阳国志》曰：'帝禹之庙铭存焉。'"）。

—— 〔南朝宋〕范晔《后汉书·郡国志》

（江州县）江之北岸有涂山，南有夏禹庙、涂君祠，庙铭存焉。常璩、庾仲雍并言禹娶于此。余按：群书咸言禹娶在寿春当涂，不于此也。

—— 〔北魏〕郦道元《水经注·江水》

《史记》云："禹娶于涂山氏。"今涂山有四：一者会稽；二者渝州，即巴南旧江洲是也，亦置禹庙于其间；三者濠州，亦置禹庙，骊道元《水经（注）》云周穆王古庙，误为涂山禹庙。《左传》注云"涂山在寿春东北"，即此是也。其山有鲧、禹、启三庙，又有五诸侯城；四者，《文学音义》云："盫山，古之国名，夏禹娶之，今宣州当涂县也。"

—— 〔唐〕苏鹗《苏氏演义》卷上

禹年三十未娶，过涂山，有白狐九尾而造。涂山人歌曰："绥绥白狐，九尾庞庞。成家成室，我都彼昌。"禹因娶涂山女。

——［唐］虞世南《北堂书钞》卷一百六引《吕氏春秋》

禹年三十未娶，有行涂山，恐时日暮，（曰：）"吾娶，必有应也。"乃有白狐九尾而造禹。禹曰："白者，吾服也；九尾，其政也。"《涂山歌》曰："绥绥白狐，九尾庞庞。成家成室，我都彼昌。"禹因娶涂山女。

——［宋］李昉《太平御览》卷五百七十一引《吕氏春秋》

禹年三十未娶，行涂山，恐时暮失嗣。曰："吾之娶也，必有应矣。"已，乃有白狐九尾而造于禹。禹曰："白者，吾服也；九尾者，王证也。"于是涂山人歌之，曰："绥绥白狐，九尾庞庞。成子家室，我都彼昌。"禹乃娶涂山女。

——［宋］李昉《太平御览》卷九百九引《吕氏春秋》

《吴越春秋》曰："禹年三十未娶，行涂山，恐时暮失嗣，辞云：'吾之娶也，必有应也。'乃有白狐九尾造于禹。禹曰：'白者，吾之服也；九尾者，王之证也。'于是涂山之人歌之，禹因娶涂山，谓之女娇。（歌曰：）'绥绥白狐，九尾庞庞，我家嘉夷，来宾为王。成于家室，我都攸昌。天人之际，于兹则行。'"

——［宋］郭茂倩《乐府诗集》卷八十三"涂山歌"

至正十五年三月初四日涪陵贾易岩撰：《华阳志》云"渝郡涂山"，禹后家也，古庙废。宋至壬辰郡守费著仍建庙尝孝。娶于涂山之说，一谓在此，一谓在九江当涂。东汉《郡志》云"涂山在巴郡江州"，杜预考曰："巴国也，有涂山禹庙。"又古《巴郡志》云："山在县东五千二百步岷江东，圻高七里，周围一十里。"郦道元《水经》云："江州涂山，有夏禹庙、涂后祠，九江当涂亦有之。"杜预所谓"巴国江州"，乃今重庆巴县，则江州非九江之江州，汉史蜀志有稽。至今洞曰涂洞，村曰涂村，滩曰遮夫，石曰启母，复合《帝王世纪》《蜀本纪》《华阳国志》《元和志》等书。参考之，禹乃汶山郡广柔人，其母有莘氏，感星之异，生禹于石纽。广柔，隋改广柔为汶川。石纽在茂州域，隶石泉军，所生之地百里，夷人共营之，不敢居牧，灵异可畏。禹为蜀人，生于蜀，娶于蜀。古今人情，不大相远。道（导）江之役，往来必经。过门不顾，为可凭信。先是帝曾大父曰昌意，为黄帝次子，娶蜀山氏，生帝颛顼。颛顼生鲧，鲧生帝。帝之娶于蜀，又有自来，又谓蜀涂山。肇自人皇，为蜀君，掌涂山之国，亦一征也。至会诸侯于涂山，当以九江郡者为是。东汉《郡志》云"山在当涂"，杜预云："在寿春东北，今有禹会村。"柳子有铭，苏子有诗，且于天下稍向中会同，于此宜矣。《通鉴外纪》亦云："禹娶涂山之女，生子启，南巡狩，会诸侯于涂山。"如是，则娶而生子，生子而后南巡，南巡而后会诸侯。娶则在此，会则在彼，次序昭然。会稽，乃致群臣之地，或崩葬之所，故有禹穴。所谓涂山，一曰栋山，一曰防山，纷纷不一。太平及晋成帝世，当涂之民，徙居于此，故亦名其县曰当涂。好事者援此以为说，而实非涂山。世次绵远，地名改易，烦乱傅会不足征。况会稽党涂在禹时未入中国，禹安得娶彼哉？今特辨而正之。庶祠庙之建，得其本真，而禹后受享于诞生之地，尤不可阙尔。

——［元］贾元《涂山古碑》，载［明］周复俊《全蜀艺文志》卷四十七

《寰宇记》云："涂山，在（巴）县东南八里，岷江之南岸，高七里，周回二十里，尾接石洞峡，先主置关于此。峡东西约长二里许。"《华阳国志》曰："禹娶于涂山，今江州涂山，帝禹之庙铭存焉。"又曰："山有禹王祠及涂后祠。"陶宏景《水仙赋》云："涂山石帐，天后翠幕，夏禹所以集群臣也。"按《倦游录》，三门禹庙，神仪侍卫极肃，后殿一毡裘像，侍卫皆胡

人，云是禹妇翁，今不存。

————［明］曹学佺《蜀中广记》卷十七"巴县"

夏后涂山氏，《列女传》作"后趫"，禹娶为后。初禹来南，妃作《倚南候之》，曰"候人兮倚"而南言。禹八年于外，而自此始至后，周之君臣取风焉，以为《周南》《召南》，正始之道、王化之基也。生启及均，涂山于是独明教训，而使之化，乃立庶子之官以翼之，于乎天下之命悬于太子，若涂山氏，可谓知所本矣。

————［明］李光先修《四川总志》卷二

案：禹娶涂山，乃蜀巴县之涂山，非寿春、会稽之涂山也。《水经注》云："江州县水北岸，有涂山，南有夏禹庙，涂君祠、庙、铭存焉。"《华阳国志》云："禹娶于涂山，今江州涂山是也，帝禹之庙、铭存焉。"杜预亦云："巴县有涂山，禹所娶。山有禹王及涂后祠。"陶宏景《水仙赋》云"涂山石帐，天后翠幕"，指此。东汉《郡国志》云："涂山在巴郡江州。"为重庆巴县。至今，洞曰涂洞，村曰涂村，滩曰遮夫，石曰启母也。《寰宇记》："涂山在渝州巴县东南八里，岷江南岸。"古《巴郡志》："山高七里，周围二十里，尾接石洞峡。峡东西约长二里许，刘先主置关于此山之上。"郦善长、庾仲雍辈，并以为禹娶于江州之涂山。夫禹之娶于蜀，启独以生于蜀哉？盖其祖昌意为黄帝次子，娶蜀山氏昌仆，生帝颛顼乾荒，亦娶蜀山氏淖子，禹之不得远缔姻也，亦人情矣。……颜师古《汉书》注引《淮南子》云："禹治洪水，过轘辕山，谓涂山氏曰：'欲饷，闻鼓声乃来。'禹化为熊，跳石，误中鼓。涂山氏来，见禹，惭而去嵩高山下，化为石。禹曰：'归我子！'石破北方而生启。"

————［清］张澍《蜀典》卷二《涂山氏江州》

大禹庙，一在（重庆）府南门，一在南岸涂山，与后涂山氏并祀。

——［清］许治修、张晋生编《四川通志》卷二十八上

③禹治水

禹乃以息土填洪水，以为名山（高诱注："息土不耗减，掘之益多，故以填洪水。"）。

——［汉］刘安《淮南子·地形训》

巴东之峡，夏后疏凿（李善注："盛弘之《荆州记》：'古歌曰：巴东三峡巫峡长，猿鸣三声泪沾裳。'"）。

——［晋］郭璞《江赋》，载［南朝梁］萧统《文选》卷十二

导江县（原注："望，东至州五十八里。"）本汉郫县地。武德元年于灌口置盘龙县，寻改为灌宁县。二年，又改为导江县，取《禹贡》"岷山导江"之义也，属成都。垂拱二年，割属彭州。

——［宋］祝穆《方舆胜览》卷三十二"彭州"

息壤，在（隆州）籍县南一里，有地亩余，踏之软动。

——［宋］祝穆《方舆胜览》卷五十三"隆州"

大瀼水，在奉节县州城，以景德二年迁瀼西。《夷坚志》："夔人龙澄游瀼水，见水中一石合，命渔人探取之，获玉印，五文字如星霞焰，非世间篆籀比。忽见天神侍立，曰：'某乃九天使者，所获玉印，乃上帝所宝。昔禹治水，拜而授之。水土既平，复藏之名山大川。今守护不谨，可亟投。'言后亦登科，为桃源令。"杜甫诗："瀼东瀼西一万家，江南江北春冬花。"

——［宋］祝穆《方舆胜览》卷五十七"夔州"

江水出蜀，西封徼外，东至于岷山，而禹导之。……都江，即禹凿之处，分水之源也。

　　——［元］揭傒斯《赐修蜀堰碑》，载［明］李光先修《四川总志》卷二十八

《禹贡》："蔡蒙旅平，和夷底绩。"叶少蕴解云："蔡在严道，蒙在汉嘉。"汉嘉，即严道也。旧传诸葛亮于此梦见周公，因立文宪王庙，遂号周公山。按《文宪王庙记》："军事推官王育撰《参军李梦徵书》矣。"周公山半有石笋，移之即雨。《寰宇记》云："山势屹然，有龙穴，常多阴云。"李焘《游蔡山序》："蜀惟岷山、蔡蒙二山，雅独兼有之。"本志云："旅平者，禹治水成功，旅祭于此，俗呼为落平。"山顶有万壑亭在焉。

　　——［明］曹学佺《蜀中名胜记》卷十四"雅州"

万县西百里，有木枥山。昔大禹治水过此，见众山漂没，此山木枥不动，故名。

　　——［明］曹学佺《蜀中名胜记》卷二十三引《一统志》

木枥山，在万县西一百里。昔大禹治水过此，见众山漂没，惟此山木枥不动，因名。

　　——［明］李贤等《明一统志》卷七十

禹迹山，在南部县东三十里。旧传禹治水经此，故名。山有寺，因崖斫石为重佛像，层楼覆之。泉出其趾，清泠可爱。山顶平衍，有小石泉。

　　——［明］李贤等《明一统志》卷六十八

旅平，在州城东一十里，夏禹治水功成，旅祭于此。今其地俗呼为落平，《禹贡》"蔡蒙旅平"是也。

　　——［明］李贤等《明一统志》卷七十二"雅州"

多功山，在司治东五十里。昔禹治水凿此山，用功甚多，故名。

——［明］李贤等《明一统志》卷七十三"天全六番招讨使司"

按《华阳国志》载：禹治水，命巴蜀以属梁州。

——［明］陆深《蜀都杂钞》

多功峡，在治北五十里，崖如刀截，壁立千仞，中通一线。相传禹治水于此，用功为多，故名。

——［清］陈麟修《雅州府志》卷二

旅平，慕义乡，俗呼为落平。禹治水功成，旅祭于此，即《（尚书·）禹贡》"蔡蒙旅平"是也。

——［清］陈麟修《雅州府志》卷三

禹迹山，在县东北三十里，禹治水经此。山顶平衍，有小石泉，清冽可爱。嘉陵江在其西南，安溪发源于下。

——［清］王道履编《南部县乡土志》

④禹仙话

帝禹有夏氏，母曰修己。出行，见流星贯昴，梦接意感，既而吞神珠。修己背剖而生禹于石纽，虎鼻口，两耳参镂，首戴钩钤，胸有玉斗，足文履己，故名文命，长有圣德，长九尺九寸，梦自洗于河，以手取水饮之，又有白狐九尾之瑞。当尧之世，舜举之。禹观于河，有长人，白面鱼身出，曰："吾河精也。"呼禹曰文命，治淫言讫，授禹河图，言治水之事，乃退入于渊。禹治水既毕，天锡以告成功。夏道将兴，草木畅茂，青龙止于郊，祝融之神降于崇山，乃受舜禅，即天子之位。洛出龟书六十五字，是为《洪范》，此谓"洛出书"者也。南巡狩，济江中流，有二黄龙负舟。舟人皆惧，禹笑曰："吾受命于天，屈力以养人。生，性也；死，命也。奚忧龙哉？"龙于是曳尾而逝。

——［南朝梁］沈约《宋书·符瑞志》

舜，有虞氏，黄帝八代孙，禹为玄孙也。按《遁甲开山图》曰："禹，得道仙人也。"古有大禹，女娲十九代孙。大禹寿三百六十岁，入九嶷山仙飞去后三千六百岁，尧理天下，洪水既甚，人民垫溺。大禹念之，乃化生于石纽山泉。女狄暮汲水，得石子如珠，爱而吞之有娠，十四月生子。及长，能知泉源，代父鲧理洪水。三年功成，尧帝知其功如古大禹，知水源，乃赐号禹。推之，是黄帝玄孙无疑也。

——［宋］张君房《云笈七签》卷一百《轩辕本纪》

今按《禹穴纪异》及杜先生《墉城集仙录》载：禹导岷江，至于瞿唐，实为上古鬼神龙蟒之宅。及禹之至，护惜巢穴，作为妖怪，风沙昼暝，迷失道路，禹乃仰空而叹。俄见神人，状类天女，授禹《太上先天呼召万灵玉篆》之书，且使其臣狂章、虞余、黄魔大医、庚辰、童律为禹之助。禹于是能呼吸风雷，役使鬼神，开山疏水，无不如志。禹询于童律，对曰："西王母之女也，受回风混合、万景炼形、飞化之道，馆治巫山。"禹至山下，躬往谒谢，亲见神人，倏忽之间，变化不测。或为轻云，或为霏雨，或为游龙，或为翔鹤。既化为石，又化为人，千状葱葱，不可殚述。禹疑之而问童律，对曰："上圣凝气为真，与道合体，非寓胎禀化之形，乃西华少阴之气也。且气之为用，弥纶天地，经营动植，大满天地，细入毫发。在人为人，在物为物，不独化为云雨。"王母之女者，则有合于坤为母，兑为少女之说。所谓变化不测者，则有合于阴阳不测、妙万物之义，岂不灼灼明甚哉。

——［宋］马永卿《神女庙记》，载《全蜀艺文志》卷三十七夏禹治水，随山浚川，老君遣云华夫人往阴相之。时禹驻巫山之下，大风卒至，崖谷振陨，力不可制。忽遇云华夫人，禹拜而求助。夫人即劫侍女，授禹策召鬼神之书，因命其神狂章、虞余、黄麾、大翳、庚辰、童律、巨灵神等，助其斩石疏波、次塞导呃。禹尝谒云华于崇巘之巅。顾盼之际，化而为石。或倏然飞腾，散为轻云，油然而止，聚为夕雨。或为游龙，或为翔鹤，千态万状，不可亲也。禹疑其狡狯怪诞，非真仙也，问诸童律。童律曰："天地之本者，道也；运道之用者，圣也；圣之品次，真人、仙人也。其有禀气成真，不修而得道者，木公、金母是也。盖二气之祖，宗阴阳之原，本仙真之主宰，造化之元先。云华夫人者，金母之女也。《总仙奇记》云：'名瑶姬，受书为云华上宫夫人，主领教童真之士。'理在玉映之台，隐见变化，盖其常也。亦由凝气成真，与道合体，非寓胎禀化之形，乃西华少阴之气也。且气能弥纶天地，经营动植，大包造化，细入毫发。在人为人，在物为物，岂止为云雨龙鹤、飞鸿腾凤哉。"禹然之，复往诣焉。忽见云楼玉台，琼阙森然，灵官侍卫，不可名识。师子抱关，天马启途，毒龙电兽，八威备轩。夫人宴坐于琼台之上，禹稽首问道，召禹坐而谓曰："夫圣匠肇兴，剖大混之一朴，判为亿万之体。发大蕴之一苞，散为无穷之物。故步三光而立乎暑景，封九域而制乎邦国。刻漏以分昼夜，寒暑以定岁纪，坎离以正方面，山川以分阴阳，城郭以聚民，器械以卫众，舆服以表贵贱，禾黍以备凶歉，凡此之制，上禀乎星辰，而取法乎神真；下以养于有形之物。是故日月有幽明，生杀有寒暑。雷电有出入之期，风雨有动静之常。类气浮乎上，而众精散于下。废兴之数，治乱之运，贤愚之质，善恶之性，刚柔之气，寿夭之命，贵贱之位，尊卑之序，吉凶之感，穷达之期，此皆禀之于道，悬之于天，而圣人为纪也。性发乎天，而命成乎人。立之者天，行之者道。道存则有，道去则无。非道，则物不可存也；非修，则道不可致也。太上有言：致虚极，守静笃，万物将自复。复谓归于道，常存也。道之用也，变化万端而不足其一。是故天参玄玄，地参混黄，人参道德。去此之外，非道也哉。长久之要者，天保其玄，地守其物，人养其气，所以全也。则我命在我，非天地杀之，鬼神害之，失道而自逝也。志乎哉，勤乎哉，子之功及于物矣，勤逮于我矣，善格夫天矣，而未闻至道也。吾昔于紫清之阙受书，宝而勤之。我师三元道君曰：'《上真内经》，天真所宝。封之金台，佩之太微，则云输上往，神虎抱关，振衣瑶房，遨宴希林，长招仙公，右栖白山而下盼太空。泛乎天津，则乘云骋龙；游此名山，则真人诣房。万神奉卫，千精伺迎。动有八景玉轮，静则宴处金堂。亦谓之太上玉佩金当之妙文也。'汝将欲越巨海而无讽输，渡飞沙而无云轩，陆阨涂而无所舆，涉泥波而无所乘。陆则困于远绝，水则惧于漂沦。将欲以导百谷而浚万川也，危乎悠哉！太上愍汝之至，将授汝以灵宝真文，陆策虎豹，水制蛟龙，斩诚万邪，检取群凶，以成汝之功也，其在乎阳明之天矣。吾所授宝书，亦可以出入水火，啸叱幽冥，收策虎豹，呼召六丁，隐沦八地，颠倒五星，久视存身，与天地相倾也。"因命侍女陵容华出丹玉之发，开上清宝文，以授禹。仍命狂章、巨灵等神，助禹诛为民害，人力所不能制者。戮防风氏于会稽，锁淮涡之神无支祇于龟山，皆其力也。禹后入阳明洞天，为紫庭真人。

——［元］赵道一《历世真仙体道通鉴》后集卷二

《遁甲开山图》曰："禹，得道仙人也。古有大禹，乃女娲十九代孙，寿三百有六十。入九嶷山仙去后三千六百岁，尧理天下。洪水既甚，人民垫溺，大禹念之，乃化生于石纽山泉。女狄暮汲水，得石子如珠，爱而吞之，有娠，十四月生子。及长，能知泉源，代父鲧理洪水，三年功成。尧知其功如古大禹知水源，乃赐号禹。"按《周公梦书》曰："禹梦乘舟，自月中过。"盖翩翩然仙矣。

——［明］曹学佺《蜀中广记》卷七十一

《集仙记》云："禹治水至巫山，见云华夫人。夫人谓禹曰：'子之功及于物矣，勤逮于民矣，善格乎天矣，而未闻至道之要也。吾昔于紫清之阙，受书于我师三元道君。曰:《上真内经》，天真所宝，封之金台，佩入大微，则云轮上征，神武抱关，振衣瑶房，遨宴希林。长招仙公，右栖白山而下眄太空。泛乎天津则乘云骋龙，游此名山则真人诣房。万神奉卫，山精伺迎。动游八景玉轮，静则宴处金堂，亦谓太上玉佩金珰之妙文也。汝将欲越巨海而无飚轮，渡飞沙而无云轩，陟阨涂而无所辇，涉泥波而无所乘。陆则困于远绝，水则惧於漂沦，将何以导百谷而濬万川也？危乎悠哉！太上愍汝之志，亦将授以灵宝真文。陆策虎豹，水制蛟龙，斩馘千邪，检驭群凶，以成汝之功也，其在乎阳明之天耶？吾所受宝书，亦可以出入水火、啸咤幽冥、收束虎豹、呼召六丁；隐沦八地，颠倒五星，久视存身，与天相倾也。’因命侍女陵容华出丹玉之笈，开上清宝文以授禹，拜受而去。”

——［明］曹学佺《蜀中广记》卷九十五

《玄奥录》:“禹驻巫山之下，大风卒至，崖谷振陨，力不能制。忽遇云华夫人，禹拜而求助。夫人即敕侍女授禹筴召鬼神之书，因命其神狂章、虞余、黄麾、大翳、庚辰、童律、巨灵等，助其斩石疏波、决塞导阨。”

——［清］张澍《蜀典》卷三

25 后稷（都广之野）

西南黑水之间，有都广之野，后稷葬焉（郭璞注:“其城方三百里，盖天下之中，素女所出也。《离骚》曰:‘绝都广野而直指号。’”杨慎补注:“此盖郭璞别以异闻增入之也。黑水广都，今之成都也。素女在青城天谷，今名玉女洞。”）。爰有膏菽、膏稻、膏黍、膏稷，百谷自生，冬夏播琴，鸾鸟自歌，凤鸟自儛，灵寿实华，草木所聚。爰有百兽，相群爰处。此草也，冬夏不死。

——［先秦］佚名《山海经·海内经》

后稷之葬（郭璞注："在广都之野。"），山水环之，在氏国西（毕沅注："即《西山经》所谓稷泽。《〔国语·〕周语》云：'稷勤百谷而死。'韦昭注云：'后死于黑水之山。'《毛诗传》云：'《尸子》云：'禹之丧法：死于陵者葬于陵，死于泽者葬于泽。'见《后汉书》注。《淮南子·地形训》云：'后稷垄，在建木西。'高诱注云：'建木在都广。都广，南方泽名。'非也。案云：黑水之山，其地当在今甘肃。"郝懿行笺疏："广都，《海内经》作都广，是。"）。

——〔先秦〕佚名《山海经·海内西经》

又西北四百二十里日崒山……丹水出焉，西流注于稷泽（郭璞注："后稷神所凭，因名云。"）。

——〔先秦〕佚名《山海经·西次三经》

稷勤百谷而山死（韦昭注："稷，周弃也，勤播百谷，死于黑水之山。"）

——〔春秋〕左丘明《国语·鲁语上》

建木在都广（许慎注："都广，南方山名也。"又："都广，国名也。山在此国，因复曰都广山。"），众帝所自上下。日中无景，呼而无音，盖天地之中也。

——〔汉〕刘安《淮南子·地形训》

后稷垄在建木西（高诱注："建木在都广。都广，南方泽名，说其山，说其泽。垄，冢也。"）。其人死复苏，其半鱼在其间。流黄、沃民在其北，方三百里。

——〔汉〕刘安《淮南子·地形训》

后稷之兴，在陶唐、虞夏之际，皆有令德。后稷卒（裴骃集解："《山海经·大荒经》曰：'黑水青水之间，有广都之野，后稷葬焉。'皇甫谧曰：'冢去中国三万里也。'"），子不窋立。

—— ［汉］司马迁《史记·周本纪》

弃恤民勤稼，盖封地方百里，巡教天下，死于黑水之间、潢渚之野。

—— ［晋］皇甫谧《帝王世纪》，［宋］李昉《太平御览》卷五十五引

后稷，天下之为烈也，岂一手一足哉！虞帝乃国之糵，号后稷，勤百谷而山死（罗苹注："《山海经》云：'后稷死于黑水之山。'《国语》展禽之言。《世纪》云：'死于黑水潢者之野。'《五行书》云：'以癸巳日死。'"）。

—— ［宋］罗泌《路史·后纪》卷九上

周后稷墓。（后稷）佐禹治水，殁于黑水（原注："《山海经》：'后稷之葬，山水环之，在氐国。'又《海内西经》：'西南黑水之间，有都广之野，后稷葬焉。'"）。按氐国，今威茂叠溪地。土人相传，梭磨土司芦花界内有土阜一区，四面皆生黑刺，人不能进，中有大石碑，上刻"后稷墓"三字，未知确否，录之以待考。

—— ［清］杨迦怿《茂州志》卷一"古迹"

西南有巴国（郭璞注："今三巴是。"）。大皞生咸鸟，咸鸟生乘釐，乘釐生后照，后照是始为巴人（郭璞注："为之始祖。"）有国名曰流黄，辛氏（郭璞注："即丰氏也。"郝懿行笺疏："《海内西经》云'流黄，丰氏之国'，即此。又《南次二经》云：'柜山，西临流黄'，亦此也。"），其域中方三百里，其出是尘土（郭璞注："言殷盛也。"郝懿行笺疏："尘坌出，是国中谓人物喧阗也。藏经本'域'字作'城'，'出'字上下无'其、是'二字。"）。有巴遂山，渑水出焉（郝懿行笺疏："《地理志》云'蜀郡旄牛若水出徼外，南至大莋入绳'，即斯水也。"）。又有朱卷之国，有黑蛇，青首，食象（郭璞注："即巴蛇也。"郝懿行笺疏："巴蛇，已见《海内南经》。"）。

——［战国］佚名《山海经·海内经》

《南次二经》之首曰柜山。西临流黄（郝懿行笺疏："即流黄辛氏国也，见《海内经》。"），北望诸毗，东望长右（郭璞注："（流黄、诸毗、长右）皆山名。"）。

——［战国］佚名《山海经·南次二经》

昔在唐尧，洪水滔天。鲧功无成，圣禹嗣兴。导江疏河，百川蠲修，封殖天下，因古九囿以置九州。……《洛书》曰："人皇始出，继地皇之后，兄弟九人，分理九州，为九囿。人皇居中州，制八辅。"华阳之壤，梁岷之域，是其一囿；囿中之国，则巴、蜀矣。其分野：舆鬼、东井；其君，上世未闻。五帝以来，黄帝、高阳之支庶，世为侯伯。及禹治水命州，巴、蜀以属梁州。……武王既克殷，以其宗姬封于巴，爵之以子——古者远国虽大，爵不过子，故吴、楚及巴皆曰子。其地东至鱼复，西至僰道，北接汉中，南极黔、涪。……其属有濮、賨、苴、共、奴、獽、夷、蜑之蛮。周之仲世，虽奉王职，与秦、楚、邓为比。春秋鲁桓公九年，巴子使韩服告楚，请与邓为好。楚子使道朔将巴客聘邓，邓南鄙攻而夺其币。巴子怒，伐邓，败之。其后，巴师、楚师伐申，楚子惊巴师。鲁庄公十八年，巴伐楚，克之。鲁文公十六年，巴与秦、楚共灭庸。哀公十八年，巴人伐楚，败于鄾。是后，楚主夏盟，秦擅西土，巴国分远，故于盟会希。……周显王时，楚国衰弱，秦惠文王与巴、蜀为好。蜀王弟苴侯私亲于巴。巴、蜀世战争。周慎王五年，蜀王伐苴侯，苴侯奔巴，巴为求救于秦。秦惠文王遣张仪、司马错救苴、巴，遂伐蜀，灭之。仪贪巴、苴之富，因取巴，执王以归，置巴、蜀及汉中郡，分其地为三十一县。

——［晋］常璩《华阳国志·巴志》

巴，《（山海经·）海内南经》有巴国，所谓"巴、賨、彭、濮"者。伏羲后生巴人，郭璞云"三巴国"，今巴县是也（罗苹注："隶恭州。秦汉之巴郡本隶渝，有古巴城，在浈江之北、汉水之南，蜀将李严修古巴城者。《三巴记》云：'阆、白二水，东南曲折三回如巴字而名。'"）。

——［宋］罗泌《路史·国名纪》卷甲"太昊后风姓国"

《山海经》云："西南有巴国。"又云："昔太暤生咸鸟，咸鸟生乘厘，乘厘生后昭，是为巴人。"郭璞注云："巴之始祖事。"《寰宇记》："周武王伐纣，巴、蜀之髳、微预焉。"《尚书·牧誓》云及"庸、蜀、羌、髳、微、卢、彭、濮人"。注云："髳、微在巴、蜀。"巴之名已见于此。《巴志》云："武王克殷，封其宗姬于巴，爵之以子。"《春秋·鲁桓公九年》："巴子请与邓为好。"《庄公十八年》："伐楚。"《文公十六年》："巴与秦、楚共灭庸。"《哀公十八年》："巴人伐楚，败于鄾。"又曰："庸蛮叛楚，楚庄王伐之，七遇皆北，唯裨、儵、鱼人实逐之。"杜（预）曰："裨、儵、鱼，三巴，今鱼复县也。"《巴志》云："战国时，蜀既称王，巴亦称王。"《巴志》亦云："周慎靓王五年，蜀王伐苴侯，奔巴。巴为求救于秦，秦惠王遣张仪、司马错救苴，巴遂伐蜀，灭之。仪贪巴道之富，因取巴，执巴王以归，置巴、蜀及汉中郡。"

—— ［宋］王象之《巴国考》，载《全蜀艺文志》卷四十八

流黄，辛姓，在三巴之东，《山海经》云"广三百里"，亦见《（淮南）鸿烈》等书。

—— ［宋］罗泌《路史·国名纪》卷丁"夏后氏后"

巴，巴蜀。又：州取国以名焉。《三巴记》云："阆、白水东南流，曲折三回如巴字。"

—— ［宋］陈彭年等《广韵》卷二

渝州南平郡，今十里巴县，土地所属与万州同。《山海经》云："西南有巴国。昔太皞生咸鸟，咸鸟生乘釐，釐生后昭，是为巴人。"郭璞注云："为巴之始祖。"《三巴记》云："阆、白二水，东南流，曲折三回如巴字，故谓三巴。武王克殷，封宗姬支庶于巴，是为巴子。古者远国虽大，国不过子，吴楚及巴皆子爵。其地东至鱼复，西连僰道，北接汉中，南极牂柯，是其界也。春秋时亦为巴国，战国时巴亦不改。及楚主夏盟秦擅西土，巴国不列于盟会矣。"

—— ［宋］乐史《太平寰宇记》卷一百三十六

（巴州）名因古巴国。《寰宇记》："因古巴国以名。"《山海经》："昔太皞生咸鸟，咸鸟生乘釐，乘釐生后昭，是为巴人。"郭璞注云："巴之始祖。"《尚书》云"髳、微"，盖今巴蜀之地。

（巴州）水成巴字。《舆地广记》："巴峡水屈曲成巴字，或云江分三流，中有小流横贯成巴字，故以为名。"

—— ［宋］祝穆《方舆胜览》卷六十八

《十道志》曰："渝州南平郡，古巴国也。"

——［宋］李昉《太平御览》卷一百六十八引

《山海经》曰："西南有巴国。大皞生咸鸟，咸鸟生乘釐，乘釐生后照，后照是始为巴人。有国，名曰流黄，辛氏。其域中方三百里，其出是尘土。有巴遂山，渑水出焉。又有朱卷之国，有黑蛇，青首，食象。"郭璞注云："今三巴是也。后照乃巴人始祖。辛氏，即丰氏。出是尘土，言殷盛也。食象，即巴蛇也。"

——［明］曹学佺《蜀中广记》卷十七"巴县"

《本志》（巴县志）云："郡学后莲花坝，有石麟石虎，相传为古时巴君冢。"又云："治北康村有小阜二十余，俗呼古陵，亦曰巴子冢矣。"

——［明］曹学佺《蜀中广记》卷十七"巴县"

巴国，子（爵）。周武王既克殷，以其宗姬封于巴，爵以子。其地东至鱼凫，西至僰道，北接汉中，南极黔涪。其属有濮、賨、苴、共、奴、獽、夷、蜑之蛮。《春秋》鲁桓公九年，巴子使韩服告楚，请与邓好。楚子使道朔将巴客聘邓，邓南鄙攻而夺其币。巴子怒，伐邓，败之。其后巴师、楚师伐申，楚子惊巴师。鲁庄公十八年，巴伐楚，克之。文公十六年，巴与秦、楚共灭庸。哀公十八年，巴人伐楚，败于鄾。至战国时，尝与楚婚。及七国称王，巴亦称王。其地与蜀接壤，世有战争。周显王时，蜀王弟苴侯私亲于巴，蜀王伐苴，苴侯奔巴，巴为求救于秦。秦遣张仪等救苴，遂灭蜀。仪贪巴道之宦田，取巴，执王以归，巴国遂亡。

——［清］许治修、张晋生编《四川通志》卷二十九下

🔳 巴子（巴蔓子）

巴子使韩服告于楚，请与邓为好（杜预注："韩服，巴行人。巴国在巴郡江州县。"）。

——［战国］左丘明《左传·桓公九年》

战国时，（巴）尝与楚婚。及七国称王，巴亦称王。周之季世，巴国有乱，将军蔓子请师于楚，许以三城。楚王救巴，巴国既宁。楚使请城，蔓子曰："藉楚之灵，克弭祸难，诚许楚王城，将吾头往谢之，城不可得也。"乃自刎，以头授楚使。王叹曰："使吾得臣若巴蔓子，用城何为？"乃以上卿礼葬其头。巴国葬其身，亦以上卿礼。

——［晋］常璩《华阳国志·巴志》

江州县，故巴子之都也。《春秋·桓公九年》"巴子使韩服告楚，请与邓好"是也。及七国称王，巴亦王焉。

——［北魏］郦道元《水经注·江水》

渝州，《禹贡》"梁州"之域，古之巴国也。阆、白二水东南流，曲折如巴字，故谓之巴。然则巴国因水为名，武王伐殷，巴人助焉。其人勇锐，歌舞以凌殷郊，后封为巴子。其地东至鱼复，西抵僰道，北接汉中，南极牂柯，是其界也。

——［唐］李吉甫《元和郡县志》卷三十四"渝州"

巴子鱼池，在（南平）县西北一十里。

——［唐］李吉甫《元和郡县志》卷三十四"渝州"

巴子城，在（石镜）县南五里。

————［唐］李吉甫《元和郡县志》卷三十四"合州"

伏羲生咸鸟，咸鸟生乘釐，是司水土，生后炤。后炤生顾相，降处于巴，是生巴人。巴灭，巴子五季流于黔而君之，生黑穴四姓（罗苹注："辰、酉、巫、武、元，是为五溪。"）。赤狄巴氏服四姓，为廪君，有巴氏、务相氏（罗苹注："《世本》云：巴郡南郡蛮本有五姓，皆出武落钟离山。巴氏生黑穴，樊、曋、相、郑四姓之子俱事鬼神。后巴氏臣四姓，居夷城，为廪君，世尚秦女。事详《蜀纪》《后汉书》。"）。

————［宋］罗泌《路史·后纪》卷一"太昊"

《华阳（国）志》："巴子后理阆中。"（罗苹注："阆水纡回三面，地在其中而名。"）《地形志》云："阆中居蜀汉之半，东道要冲。"今郡城即古之阆中城。

————［宋］罗泌《路史·国名纪》卷一

巴氏，子爵。《世本》云："巴子国，子孙以国为氏。"其地，杜预云："巴郡江州县。"按江州，隋改江津，今隶渝州。

————［宋］郑樵《通志》卷二十六"氏族略"

五溪，谓酉、辰、巫、武、沅等五溪。古老相传云：楚子灭巴，巴子兄弟五人流入五溪，各为一溪之长。一说五溪蛮皆盘瓠子孙，自为统长，故有五溪之号焉，古谓之蛮蜑聚落。

————［宋］乐史《太平寰宇记》卷一百二十"彭水县"

巴子台，忠州西五里。白居易诗："迢迢东郭上，有土青崔嵬。不知何代物，疑是巴王台。"

————［明］李光先修《四川总志》卷九"重庆府"

巴子城，在合州南。《华阳国志》："巴子或治垫江，在巴郡西北，中水四百里。"《括地志》："巴子故都，在石镜县南五里。"《九域志》："旧传楚襄王灭巴子，封庶子于濮江之南，号铜梁侯，即此。"

——［清］仁宗敕修《大清一统志》卷三百八十八

鱼池在县北，常有神龙游此，世传巴子鱼池。

——［清］佚名编《江津县乡土志》卷三

古巴子墓，在巴县西北五里，有石兽、石龟各二，石麒麟、石虎各一，即古巴国君冢。

巴蔓子墓，在忠州西北一里。

——［清］许治修、张晋生编《四川通志》卷二十九上"陵墓"

五溪在彭水县。《寰宇记》云："五溪谓酉、辰、巫、武、沅等溪也，古老相传楚子灭。昔巴子兄弟五人，流入五溪，各为一溪之长。一说五溪蛮皆盘瓠子孙，自为统长，故有五溪之号，古谓之蛮蜑聚落。"三国时，先主于五溪蛮之地置黔安郡，即此地。

——［清］陈祥裔《蜀都碎事》卷二

铜梁山有茶，色白甘腴，俗谓之水茶，甲于巴蜀。山之北趾，即巴子故城也，在石照县南五里。

——［明］曹学佺《蜀中广记》卷六十五"方物记"

巴子城，在合州石镜县南，故垫江县也。

——［清］张澍《蜀典》卷一上

2 后照（后炤、后昭、巴人）

西南有巴国（郭璞注："今三巴是。"）。大皞生咸鸟，咸鸟生乘釐，乘釐生后照，后照是始为巴人（郭璞注："为之始祖。"）。有国，名曰流黄辛氏（郭璞注："即酆氏也。"郝懿行笺疏："《海内西经》云'流黄酆氏之国'，即此。又《南次二经》云'柜山，西临流黄'，亦此也。"）。其域中方三百里，其出是尘土（郭璞注："言殷盛也。"杨慎补注："出是尘土，言其地清旷无嚣埃也。"郝懿行笺疏："尘坌出是国中，谓人物喧阗也。"）有巴遂山，渑水出焉（吴任臣广注："《水经注》：'大度水经越巂大莋县入绳，南流分为二。其一东经广柔县注于江，其一南迳旄牛道，至大莋与若水合。自下通谓之绳水矣。'即斯水也。"汪绂注："巴中有遂宁县，盖取此。"郝懿行笺疏："《水经·若水》注云：'绳水出徼外。'引此经亦作绳水。《〔汉书·〕地理志》云：'蜀郡旄牛，若水出徼外，南至大莋入绳。'即斯水也。"）又有朱卷（汪绂注："朱卷，疑即朱提也，音殊匙。"）之国。有黑蛇，青首，食象（郭璞注："即巴蛇也。"汪绂注："以上数条，大略皆川、贵间国。"）。

——〔先秦〕佚名《山海经·海内经》

《山海经》曰："海内西南有巴国。昔太皞生咸鸟，咸鸟生乘釐，乘釐生后昭，是为巴人。"郭璞曰："为巴始祖。"

——〔宋〕李昉《太平御览》卷一百六十八引

伏羲生咸鸟，咸鸟生乘釐，是司水土，生后炤。后炤生顾相，降处于巴，是生巴人（罗苹注："郭氏云：'巴之始祖。'后武王封宗姬支庶于巴，曰子，循古之故。古者，远国虽大，爵不过子。巴王，乃其后僭号。秦惠虏之，有其地。《寰宇》作后昭，因唐人。"）。

——〔宋〕罗泌《路史·后纪》卷一"太昊"

《山海经》："昔太皞生咸鸟，咸鸟生乘釐，乘釐生后昭，是为巴人。"郭璞注云："巴之始祖。"《尚书》云"髳、微"，盖今巴蜀之地。

——［宋］祝穆《方舆胜览》卷六十八

《山海经》曰："西南有巴国。大皞生咸鸟，咸鸟生乘釐，乘釐生后照，后照是始为巴人。有国名曰流黄，辛氏。其域中方三百里，其出是尘土。有巴遂山，渑水出焉。又有朱卷之国，有黑蛇青首，食象。"郭璞注云："今三巴是也。后照，乃巴人始祖。辛氏，即丰氏。出是尘土，言殷盛也。食象，即巴蛇也。"《水经注》曰："江州县，故巴子都也。"按:《春秋·桓公九年》"巴子使韩服告楚，请与邓为好"，实始见《传》;《（春秋·）文公十六年》"楚人、秦人、巴人伐庸"，实始见《经》，及后七国称王，巴亦称王。

——［明］曹学佺《蜀中广记》卷十七"重庆府"

3 孟涂

夏后启之臣曰孟涂，是司神于巴（郭璞注："听其狱讼，为之神主。"吴任臣广注："《冠编》：'夏禹二岁，命孟涂为理。'《竹书纪年》：'帝启八岁，使孟涂为巴苁讼。'《路史》云：'孟涂敬职而能理神，爰封于丹。'"）。人请讼于孟涂之所（郭璞注："令断之也。"），其衣有血者乃执之（郭璞注："不直者，则血见于衣。"），是请生（郭璞注："言好生也。"吴任臣广注："《〔山海经〕图赞》曰：'孟涂司巴，听讼是非。厥理有此，血乃见衣。所请灵断，鸣呼神微。'"）。居山上，在丹山西（郝懿行笺疏："《水经注》引经止此。郦氏又释之云：'丹山西，即巫山者也。'"）。丹山在丹阳南。丹阳，居属也（郭璞注："今建平郡丹阳城秭归县东七里，即孟涂所居也。"吴任臣广注："罗苹云：'丹山之西，即孟涂之所理也。'丹山，乃今巫山。"毕沅注："'丹山在丹阳南'已下十一字，旧本讹为经文。又巴蜀讹为居蜀。据《水经注》云：'郭景纯云：丹山在丹阳，属巴。'则知此是郭注，（郦）

道元节其文耳。"郝懿行笺疏:"《晋书·地理志》建平郡有秭归,无丹阳,其丹阳属丹阳郡也。《水经注》引郭景纯云:'丹山在丹阳,属巴。'是此经十一字乃郭注之文。郦氏节引之,写书者误作经文耳。居属,又巴属字之讹。")。

——[先秦]佚名《山海经·海内南经》

孟涂司巴,听讼是非。厥理有此,血乃见衣。所请灵断,呜呼神微。

——[晋]郭璞《山海经图赞》

(帝启)八年,帝使孟涂如巴莅讼。

——[东周]佚名《竹书纪年》卷上

江水又东迳巫峡,杜宇所凿,以通江水也。郭仲产云:按《地理志》,巫山在县西南,而今县东有巫山,将郡县居治无恒故也。江水历峡东,迳新崩滩。……其下十余里,有大巫山,非惟三峡所无,乃当抗峰岷、峨,偕岭衡、疑。其翼附群山,并概青云,更就霄汉,辨其优劣耳,神孟涂所处。《山海经》曰:"夏后启之臣孟涂,是司神于巴。巴人讼于孟涂之所,其衣有血者执之,是请生,居山上,在丹山西。"郭景纯云:"丹山在丹阳,属巴。"丹山西,即巫山者也。

——[北魏]郦道元《水经注·江水》

(夏后氏)命孟涂为理,刑正讼从,以为神主(罗苹注:"《〔山海〕经》云:'夏后启之臣孟涂,是司神于巴,巴人讼于孟涂之所。其衣有血者执之',是谓主。")。

——[宋]罗泌《路史·后纪》卷十一

孟涂敬职而能礼于神,爰封于丹(罗苹注:"今建平郡有丹阳城,在秭归县之东七里。丹山之西，即孟涂之所埋也。丹山，乃今巫山。"）。

　　　　　　　　　　——［宋］罗泌《路史·后纪》卷十二

　　《山海经》曰："夏后启之臣曰孟涂，是司神于巴。人请讼于孟涂之所，其衣有血者乃执之，是请生，居山上，在丹山西。丹山在丹阳南。"郭璞注曰："司神，听巴人之狱讼，为之神主也，不直者则血见于衣。请生，犹言好生也。今建平郡丹阳城秭归县东七里，即孟涂所居。"

　　　　　　　　——［明］曹学佺《蜀中广记》卷七十九"神仙记"

　　巴神曰孟涂。

　　　　　　——［明］王圻《续文献通考》卷二百十四"氏族考"

　　《山海经》："夏后启之臣曰孟涂，是司神于巴（注：听其狱讼，为之神主。）。巴人请讼于孟涂之所（注：令断之也。），其衣有血者乃执乞（注：不直者则血见于衣。），是请生（注：言好生也。）。"案：《竹书纪年》："帝启八岁，帝使孟涂为巴莅讼。"《路史》："孟涂敬职而能理神，爰封于丹。"《水经注》引《山经》作血涂，《太平御览》引作孟余，或作孟徐，又作孟念，皆误。一云：孟涂，夏后启之舅也。

　　　　　　　　　　　　——［清］张澍《蜀典》卷三

　　丹阳城，州东南七里，南枕大江口，夏启之臣孟涂所居。周成王封熊绎于荆蛮，居丹阳，即此。

　　　　　　——［清］顾祖禹《读史方舆纪要》卷七十八"归州"

4 廪君（务相）

　　廪君之先，故出巫诞。巴郡南郡蛮，本有五姓：巴氏、樊氏、曋氏、相氏、郑氏，皆出于五（武）落钟离山。其山有赤、黑二穴，巴氏之子生于赤穴，四姓之子皆生黑穴。末有君长，俱事鬼神。廪君名曰务相，姓巴氏，与樊氏、曋氏、相氏、郑氏，凡五姓，俱出皆争神。乃共掷剑于石，约能中者，奉以为君。巴氏子务相，乃独中之，众皆叹。又令各乘土船，雕文画之而浮水中，约能浮者，当以为君。余姓悉沉，惟务相独浮，因共立之，是为廪君。乃乘土船，从夷水至盐阳。盐水有神女，谓廪君曰："此地广大，鱼盐所出，愿留共居。"廪君不许。盐神暮辄来取宿，旦即化为飞虫，与诸虫群飞，掩蔽日光，天地晦冥，积十余日。廪君不知东西所向，七日七夜。使人操青缕，以遗盐神，曰："缨此即相宜，云与汝俱生，宜将去。"盐神受而缨之。廪君即立阳石上，应青缕而射之，中盐神。盐神死，天乃大开。廪君于是君乎夷城，四姓皆臣之。世尚秦女。

——［先秦］佚名《世本·氏姓篇》

廪君，名曰务相，姓巴氏，即与樊氏、曋氏、相氏、郑氏凡五姓，皆争事鬼神，以土为船，雕文画之而浮于水内，约船浮者当以为君。他姓船不能浮，独廪君船浮，因立为君长。

——［先秦］佚名《世本》，［唐］虞世南《北堂书钞》卷一百三十七引

廪君使人操青缕以遗盐神，曰："婴此即相宜，云与女俱生；弗宜，将去。"盐神受缕而婴之。廪君即立阳石上，望青缕而射。盐神死，天乃大开。

——［先秦］佚名《世本》，［宋］李昉《太平御览》卷七百八十五引

廪君乘土船至盐阳。盐水神女子止廪君，廪君不听。盐神为飞虫，诸神从而飞蔽，日为之晦。廪君不知东西所当，七日七夜。使人以青缕遗盐神，曰："缨此，与尔俱生。"盐神受缕而缨之，廪君应青缕所射。盐神死，

天则大开。

  ——［先秦］佚名《世本》，［宋］李昉《太平御览》卷九百四十三引

  东有巴賨，绵亘百濮（章樵注："《山海经》云：'西南有巴国。'春秋时，巴师侵鄾，其地在汉为巴郡。应劭《风俗通》曰：'巴有賨人，剽勇。高祖为汉王时，募取以定三秦。'賨，音悰，古国名，始祖巴氏子，其后子孙布列巴中，地为黔中郡。百濮，夷名，即《书》所谓濮人。百，言族类之多。《左传·文十六年》：'百濮离居，各欲走其邑。'"）。

  ——［汉］扬雄《蜀都赋》，见［宋］阙名编《古文苑》卷四

  槃瓠之后，输布一匹二丈，是谓賨布；廪君之巴氏，出布八丈。

  ——［汉］应劭《风俗通》，［梁］萧统《文选·魏都赋》李善注引

  巴有賨人，剽勇。阆中人范目说高祖"募取賨人，定三秦"。

  ——［汉］应劭《风俗通》，［清］张玉书等《康熙字典》"賨"字引

  江汉之域，有㺄人。其先，廪君之苗裔也，能化为虎。长沙所属蛮县东高居民，曾作槛捕虎。槛发，明日，众人共往格之。见一亭长，赤帻大冠，在槛中坐，因问："君何以入此中？"亭长大怒曰："昨忽被县召，夜避雨，遂误入此中，急出我！"曰："君见召，不当有文书耶？"即出怀中召文书，于是即出之。寻视，乃化为虎，上山走。或云："㺄虎化为人，好着紫葛衣，其足无踵。虎有五指者，皆是㺄。"

  ——［晋］干宝《搜神记》卷十三

  秦昭襄王时，白虎为害，自秦、蜀、巴、汉患之。秦王乃重募国中有能煞虎者，邑万家，金帛称之。于是夷胊忍（编者按：胊朒，县名，今云阳县地。）廖仲、药何、射虎秦精等乃作白竹弩，于高楼上射虎，中头三节。

白虎常从群虎，瞋恚，尽搏煞群虎，大吼而死。秦王嘉之，曰："白虎历四郡，害千二百人，一朝患除，功莫大焉。"欲如要，王嫌其夷人，乃刻石为盟要：复夷人顷田不租，十妻不算；伤人者论，煞人顾（雇）死，倓钱。盟曰："秦犯夷，输黄龙一双；夷犯秦，输清酒一钟。"夷人安之。汉兴，亦从高祖定秦有功。高祖因复之，专以射白虎为事，户岁出賨钱口四十，故世号白虎复夷，一曰板楯蛮，今所谓弜头虎子者也。

——［晋］常璩《华阳国志·巴志》

夷水，即倜山清江也。水色清照十丈，分沙石，蜀人见其澄清，因名清江也。昔廪君浮土舟于夷水，据捍关而王巴。是以法孝直有言："鱼复、捍关，临江据水，实益州祸福之门。"

夷水自沙渠县入，水流浅狭，裁得通船，东径难留城南。城，即山也。独立峻绝，西面上里余，得石穴。把火行百许步，得二大石碛，并立穴中，相去一丈，俗名阴阳石。阴石常湿，阳石常燥。每水旱不调，居民作威仪服饰，往入穴中，旱则鞭阴石，应时雨；多雨则鞭阳石，俄而天晴。相承所说，往往有效。但捉鞭者不寿，人颇恶之，故不为也。东北面又有石室，可容数百人。每乱，民入室避贼，无可攻理，因名难留城也。昔巴蛮有五姓，未有君长，俱事鬼神。乃共掷剑于石穴，约能中者，奉以为君，巴氏子务相乃中之。又令各乘土舟，约浮者当以为君。惟务相独浮，因共立之，是为廪君。乃乘土舟，从夷水下至盐阳。盐水有神女，谓廪君曰："此地广大，鱼盐所出，愿留共居。"廪君不许。盐神暮辄来宿，旦化为虫，群飞蔽日，天地晦暝，积十余日。廪君因伺便射杀之，天乃开明。廪君乘土舟，下及夷城。夷城石岸险曲，其水亦曲。廪君望之而叹，山崖为崩。廪君登之，上有平石，方二丈五尺，因立城其傍而居之，四姓臣之。死，精魂化而为白虎，故巴氏以虎饮人血，遂以人祀。盐水，即夷水也。又有盐石，即阳石也。盛弘之以是推之，疑即廪君所射盐神处也。将知阴石，是对阳石立名矣。事既鸿古，难为明证。

——［北魏］郦道元《水经注·夷水》

巴郡南郡蛮，本有五姓：巴氏、樊氏、瞫氏（李贤注："音审。"）相氏、郑氏，皆出于武落钟离山（李贤注："《代本》曰：'廪君之先，故出巫诞'也。"）。其山有赤、黑二穴，巴氏之子生于赤穴，四姓之子皆生黑穴，未有君长，俱事鬼神。乃共掷剑于石穴，约能中者奉以为君。巴氏子务相乃独中之，众皆叹。又令各乘土船，约能浮者当以为君。余姓悉沉，唯务相独浮，因共立之，是为廪君。乃乘土船，从夷水至盐阳（李贤注："《荆州图》曰：'副夷县西有温泉。古老相传：此泉原出盐，于今水有盐气。县西一独山有石穴，有二大石并立穴中，相去可一丈，俗名为阴阳石。阴石常湿，阳石常燥。'盛弘之《荆州记》曰：'昔廪君浮夷水，射盐神于阳石之上。'按今施州清江县水一名盐水，源出清江县西都亭山。《水经》云：'夷水巴郡鱼复县。'注云：'水色清照十丈，分沙石，蜀人见澄清，因名清江也。'"）。盐水有神女，谓廪君曰："此地广大，鱼盐所出，愿留共居。"廪君不许。盐神暮辄来取宿，旦即化为虫，与诸虫群飞，掩蔽日光，天地晦冥，积十余日。廪君思其便，因射杀之，天乃开明（李贤注："《代本》曰：'廪君使人操青缕以遗盐神，曰：婴此即相宜云，与女俱生；（不）宜，将去。盐神受缕而婴之。廪君即立阳石上，应青缕而射之，中盐神。盐神死，天乃大开也。'"）。廪君于是君乎夷城（李贤注："此已上并见《代本》也。"），四姓皆臣之。廪君死，魂魄世为白虎。巴氏以虎饮人血，遂以人祠焉。

——［南朝宋］范晔《后汉书·南蛮西南夷传》

昔廪君浮夷水，射盐神于阳石之上。按：今施州清江水，一名夷水、一名盐水，源出清江县西部亭山。

——［南北朝］盛弘之《荆州记》，［清］王谟《汉唐地理书钞》辑李特，字元休，巴西宕渠人，其先廪君之苗裔。秦并天下，以为黔中郡，薄赋敛之口，岁出钱四十。巴人谓赋为賨，因谓之賨人焉。及高祖为汉王，始募賨人平定三秦。既而不愿出关，求还乡里。高祖以其功复同丰沛，更名其地为巴郡。土有盐铁、丹漆之利，民用敦阜，俗性剽勇，善歌舞。高祖爱其舞，诏乐府习之，今巴渝舞是也。其后繁昌，分为数十姓。

——［后魏］崔鸿《十六国春秋·蜀录》

李特，字玄休，巴西宕渠人。其先，廪君之苗裔也。昔武落钟离山崩，有石穴二所。其一赤如丹，一黑如漆。有人出于赤穴者，名曰务相，姓巴氏；有出于黑穴者，凡四姓：曰曎氏、樊氏、柏氏、郑氏。五姓俱出，皆争为神。于是相与以剑刺穴屋，能著者以为廪君。四姓莫著，而务相之剑悬焉。又以土为船，雕画之而浮水中，曰："若其船浮存者，以为廪君。"务相船又独浮，于是遂称廪君。乘其土船，将其徒卒，当夷水而下，至于盐阳。盐阳水神女子止廪君曰："此鱼盐所有，地又广大，与君俱生，可止无行。"廪君曰："我当为君，求廪地，不能止也。"盐神夜从廪君宿，旦辄去为飞虫。诸神皆从其飞，蔽日昼昏。廪君欲杀之不可，别又不知天地东西，如此者十日。廪君乃以青缕遗盐神，曰："婴此即宜之，与汝俱生；弗宜，将去汝。"盐神受而婴之。廪君立碣石之上，望膺有青缕者，跪而射之，中盐神。盐神死，群神与俱飞者皆去，天乃开朗。廪君复乘土船，下及夷城。夷城石岸曲，泉水亦曲，望之如穴状。叹曰："我新从穴中出，今又入此，奈何！"岸即为崩，广三丈余，而阶陛相乘，廪君登之。岸上有平石，方一丈，长五尺。廪君休其上，投策计算，皆著石焉。因立城其旁而居之，其后种类遂繁。

——［唐］房玄龄等《晋书·李特载记》

昭襄王时，又曰白虎为患，意廪君之魂也，历四郡，伤千二百人。王乃募能杀之者，邑万家，金帛称是。巴夷朐䏰瘴中、药何、谢作白竹弩，于高楼瞰而射之死。王嫌其夷人，乃刻石：复田顷，十妻；不伤人不论，杀人不死。与之盟曰："秦人犯夷，输黄龙一只；夷人犯秦，偿清酒一钟。"其人安之，遂号曰武夷。其族又有濮、賨，賨尤武勇，居渝水，夹水以居。

————［唐］卢求《唐成都记序》，载周复俊《全蜀艺文志》卷三十

昔武落钟离山崩，有石穴二所，一赤如丹，一黑如漆。有人出于赤穴者，名务相，姓巴氏；有出于黑穴者，凡四姓：暵氏、樊氏、柏氏、郑氏。五姓皆出，皆争为长。于是务相约以剑刺穴，能著者为廪君。四姓莫著，而务相之剑悬焉。又以土为船，雕画之而浮水中，曰："若其船浮者为廪君。"务相船又独浮，于是遂称廪君。乘其土船，将其徒卒，当夷水而下，至于盐阳。盐阳水神女子，止廪君曰："此鱼盐所有，地又广大，与君俱生，可止无行。"廪君曰："我当为君求廪地，不能止也。"盐神夜从廪君宿，旦辄去为飞虫，诸神皆从，其飞蔽日。廪君欲杀之不可，别又不知天地东西，如此者十日。廪君即以青缕遗盐神，曰："婴此即宜之，与汝俱生；不宜，将去汝。"盐神受而婴之。廪君至碣石上，望膺有青缕者，跪而射之，中盐神。盐神死，群神与俱飞者皆去，天乃开玄。廪君复乘土船，下及夷城。夷城石岸曲，泉水亦曲，望之如穴状。廪君叹曰："我新从穴中出，今又入此，奈何？"岸即为崩，广三丈余，而阶阶相承。廪君登之岸上，有平石长五尺，方一丈。廪君休其上，投策计算，皆著石焉，因立城其旁而居之，其后种类遂繁。秦并天下，以为黔中郡，薄赋敛之，岁出钱四十万。巴人呼赋为賨，因谓之賨人焉。

————［五代］杜光庭《录异记》卷二

宜都有穴，穴有二大石，相去一丈。俗云其一为阳石，一为阴石。水旱为灾，鞭阳石则雨，鞭阴石则晴，即廪君石是也。但鞭者不寿，人颇畏之，不肯治也。

————［宋］李昉《太平御览》卷五二引《荆州图》

伏羲生咸鸟，咸鸟生乘釐，是司水土，生后照。后照生顾相，降处于巴，是生巴人（罗苹注："郭氏云：'巴之始祖。'后武王封宗姬支庶于巴，曰子，循古之故。古者远国虽大，爵不过子。巴王乃其后，僭号。秦惠虏之，有其地。《〔太平〕寰宇〔记〕》作后昭，因唐人。"）。巴灭（罗苹注："《华阳〔国〕志》：'顺王五年，张仪、司马错伐蜀，因取巴地，分为三十一县。'"），巴子五季流于黔而君之，生黑穴四姓（罗苹注："辰、酉、巫、武、元〔沅〕，是为五溪。"）。赤狄巴氏服四姓，为廪君，有巴氏、务相氏（罗苹注："《世本》云：'巴郡蛮本有五姓，皆出武落钟离山。巴氏生黑穴，樊、曋、相、郑四姓之子，俱事鬼神。后巴氏臣四姓，居夷城为廪君，世尚秦女。'事详《蜀纪》《后汉书》。"）。

——［宋］罗泌《路史·后纪》卷一

故老云：楚子灭巴，巴子兄弟五人流入黔中。汉有天下，名为西、辰、巫、武、满等五溪，各为一溪之长，号五溪蛮。

——［宋］李昉《太平御览》卷一百七十一引《十道志》

故賨国城，在（流江县）东北七十四里，古之賨国都也。《晋中兴书》曰："賨者，廪君之苗裔。巴氏之子务相乘土船而浮，众异之，立为廪君，子孙布列于巴中。秦并天下，以为黔中郡。薄其税赋，人出钱四十。邑人谓赋为賨，遂因名。从佐高祖平定天下，善歌舞，所谓巴渝舞也。"

——［宋］乐史《太平寰宇记》卷一百三十八"渠州"

廪君，种不知何代。初有巴、樊、曋、相、郑五姓，皆出于武落钟离山。其山有赤、黑两穴，巴氏之子生于赤穴，四姓之子皆生于黑穴。未有君长，共立巴氏之子务相，是谓廪君，从夷水下至盐阳（原注："今峡州巴山县。"）。

——［宋］乐史《太平寰宇记》卷一百七十八"廪君"

昔蜀王栾君王巴。蜀王见廪君兵强，结好饮宴，以税氏五十人遗巴蜀（编者按：蜀字疑衍）。

——［宋］郑樵《通志略》卷五

廪君都夷城，其后世散处巴郡、南郡，谓之南郡、巴郡蛮。板楯蛮始居巴中，其后世僭侯称王，屯据三峡，为后周所灭。

——［宋］郑樵《通志略》卷十七

故宕渠城，古之賨国都也。《晋中兴书》曰："賨者，廪君之苗裔。巴氏之子务相乘土船而浮，众异之，立为廪君，子孙布列于巴中。秦并天下，以为黔中郡。"

——［明］曹学佺《蜀中广记》卷二十八"广安州"

《后汉书》云："板楯蛮，其在黔中五溪、长沙间，则为盘瓠之后；其在峡中巴、梁间，则为廪君之后。"按杜光庭《录异记》："李特，字元休，廪君之后。昔武落钟离山崩，有石穴二所，一赤如丹，一黑如漆。有人，出于赤穴者，名务相，姓巴氏；有出于黑穴者，凡四姓：暚氏、焚氏、柏氏、郑氏。五姓偕出争长，于是务相约以剑刺穴，能著者为廪君。四姓莫著，而务相之剑悬焉。又以土为船，雕画之而浮水中，曰：'若其船浮者为廪君。'务相船又独浮，于是遂称廪君。乘其土船，将其徒卒，当夷水而下，至于盐阳。盐水神女子止廪君曰：'此鱼盐所有，地又广大，与君俱生，可止无行。'廪君曰：'我当为君求廪地，不能止也。'盐神夜从廪君宿，旦辄去为飞虫。诸神皆从，其飞蔽日。廪君欲杀之，不可，别又不知天地东西，如此者十日。廪君即以青缕遗盐神，曰：'婴此宜之，与汝俱生；不宜，将去汝。'盐神受而婴之。廪君至砀石上，望膺有青缕者，跪而射之，中盐神。盐神死，群神与俱飞者皆去，天乃开玄。廪君复乘土船，下及夷城。夷城石岸曲，泉水亦曲，望之如穴状。廪君坛曰：'我新从穴中出，今又入此，奈何？'岸即为摧，广三丈余，阶级相承。廪君登之，岸上有平石，长五尺，方一丈。廪君休其上，投策计算，皆著石焉，因立城其旁而居之。其后种类遂繁。秦并天下，以为黔中郡，薄赋敛之，岁出钱四十万。巴人呼赋为賨，因谓之賨人也。"

——［明］曹学佺《蜀中广记》卷四十"板楯蛮"

《世本》曰："廪君乘土船至盐阳，盐水神女子止廪君，廪君不听。盐神为飞虫，诸神从而飞蔽日，日为之晦。廪君不知东西所向者七日七夜，乃以青缕遗盐神，曰：'缨此，与尔俱生。'盐神受而缨之，廪君应青缕而射，盐神死。"按：廪君，宕渠巴賨之先世也。

——［明］曹学佺《蜀中广记》卷六十六"方物记"

佷山县有一山，独立峻绝。西北有石穴，以独行百步许，二大石其门，相去一丈许，俗名其一为阳石，一为阴石。水旱为灾，鞭阳石则雨，鞭阴石则晴。

——［明］陶宗仪《说郛》卷六十一辑《荆州记》

《世本》曰："昔巴蛮五姓，未有君长，俱事鬼神。乃共掷剑于石穴，约能中者，奉以为君。巴氏子务相中之。又各令乘土舟，约浮者君，唯务相独浮，因共立之，是为廪君。乃乘土舟，从夷水下至盐阳。盐水有神女谓廪君曰：'此地广大，鱼盐所出，愿留共居。'廪君不许。盐神暮辄来宿，旦化为虫，群飞蔽日，天地晦冥，积十余日。廪君伺便射杀之，天乃开明。廪君乘土舟，下及夷城。夷城石岸嶮曲，其水亦曲。廪君望之而叹，山崖为崩。上有平石，方二丈五尺，因立城其傍而居，四姓臣之。死，精魂化而为白虎，故巴氏以虎饮人血，遂以人祀。"《晋中兴书》："賨者，廪君之苗裔也。巴氏子务相乘土船而浮，众异之，立为廪君，子孙列巴中。秦并天下，薄其税赋，人出钱四十。巴人谓赋为賨，遂因名焉。后佐高祖定天下，喜歌舞，所谓巴渝舞也。"

——［明］曹学佺《蜀中广记》卷七十九

巴人五子为五姓，有巴氏、樊氏、曋氏、相氏、郑氏，世居武落山。山有赤、黑二穴，巴氏居赤穴，四姓居黑穴，未有君长，共立巴氏子务相，是谓廪君。徙居夷城，复有顾相氏、务相氏（原注：出《蜀纪》。）。

——［明］陈士元《姓汇》卷一"伏羲之系"

捍关关，廪君浮夷水所置也。……捍关，今峡州巴山县界故捍关是。

——［清］彭遵泗《蜀故》卷六

《世本》："巴氏，巴子国，子孙以国为氏。"宋衷注："其地巴郡江州县。"案：廪君务相，姓巴氏，与曋、樊、相、郑四氏争长，亦见《世本》。

——［清］张澍《蜀典》卷十一上

（广安州，）按：《十六国春秋》云"宕渠"，故賨国。《晋中兴书》曰："賨者，廪君之苗裔也。巴氏之子乘土船而浮，众异之，立为廪君，子孙布列巴中。秦并天下，以为黔中郡。"

——［清］关学优修《广安州志》卷四

5 盘瓠（槃瓠）

昔盘瓠杀戎王，高辛以美女妻之，不可以训，乃浮之会稽东南海中，得三百里地封之。生男为狗，女为美人，是为狗封之民也。

——［晋］郭璞《山海经·海内北经》"犬封国"注

高辛氏有老妇人居于王宫，得耳疾历时。医为挑治，出顶虫，大如茧。

妇人去后，置以瓠蓠，覆之以盘。俄而顶虫乃化为犬，其文五色，因名盘瓠，遂畜之。时戎吴强盛，数侵边境。遣将征讨，不能擒胜。乃募天下有能得戎吴将军首者，购金千斤，封邑万户，又赐以少女。后盘瓠衔得一头，将造王阙。王诊视之，即是戎吴。为之奈何？群臣皆曰："盘瓠是畜，不可官秩，又不可妻。虽有功，无施也。"少女闻之，启王曰："大王既以我许天下矣。盘瓠衔首而来，为国除害，此天命使然，岂狗之智力哉！王者重言，伯者重信，不可以女子微躯，而负明约于天下，国之祸也。"王惧而从之，令少女从盘瓠。盘瓠将女上南山，草木茂盛，无人行迹。于是女解去衣裳，集为仆竖之结，著独力之衣，随盘瓠升山入谷，止于石室之中。王悲思之，遣往视觅，天辄风雨，岭震云晦，往者莫至。盖经三年，产六男六女。盘瓠死后，自相配偶，因为夫妇。织绩木皮，染以草实，好五色衣服，裁制皆有尾形。后母归，以语王，王遣使迎诸男女，天不复雨。衣服褊裢，言语侏离，饮食蹲踞，好山恶都。王顺其意，赐以名山广泽，号曰蛮夷。蛮夷者，外痴内黠，安土重旧，以其受异气于天命，故待以不常之律。田作贾贩，无关繻符传租税之赋；有邑君长，皆赐印绶；惯用獭皮，取其游食于水。今即梁、汉、巴、蜀、武陵、长沙、庐江郡夷是也。用糁杂鱼肉，叩槽而号，以祭盘瓠，其俗至今，故世称"赤髀横裙，盘瓠子孙"。

——［晋］干宝《搜神记》卷十四

昔高辛氏有犬戎之寇，帝患其侵暴而征伐，不克，乃访募天下有能得犬戎之将吴将军头者：购黄金千镒，邑万家，又妻以少女。时帝有畜狗，其毛五采，名曰盘瓠。下令之后，盘瓠遂衔人头造阙下，群臣怪而诊之，乃吴将军首也。帝大喜，而计盘瓠不可妻之以女，又无封爵之道，议欲有报，而未知所宜。女闻之，以为帝皇下令，不可违信，因请行。帝不得已，乃以女配盘瓠。盘瓠得女，负而走入南山，止石室中，所处险绝，人迹不至。于是女解去衣裳，为仆鉴之结，着独力之衣。帝悲思之，遣使寻求，辄遇风雨震晦，使者不得进。经三年，生子一十二人，六男六女。盘瓠死后，因自相夫妻，织绩木皮，染以草实，好五色衣服，制裁皆有尾形。其母后归，以状白帝，于是使迎致诸子。衣裳斑兰，语言侏离，好入山壑，不乐平旷，帝顺其意，赐以名山广泽，其后滋蔓，号曰蛮夷。外痴内黠，安土重旧，以先父有功，母帝之女，田作贾贩，无关梁符传租税之赋。有邑君长，皆赐印绶，冠用獭皮，名渠帅曰精夫，相呼为姎徒，今长沙武陵蛮是也。

———［南朝宋］范晔《后汉书·南蛮西南夷传》

辰水又右会沅水，名之为辰溪口。武陵有五溪，谓雄溪、樠溪、无溪、西溪、辰溪其一焉，夹溪悉是蛮左所居，故谓此蛮五溪蛮也。水又径沅陵县西，有武溪，源出武山，与酉阳分山，水源石上有盘瓠，迹犹存矣。盘瓠者，高辛氏之畜狗也，其毛五色。高辛氏患犬戎之暴，乃募天下有能得犬戎之将军吴将军头者，妻以少女。下令之后，盘瓠遂衔吴将军之首于阙下。帝大喜，未知所报。女闻之，以为信不可违，请行，乃以配之。盘瓠负女入南山，上石室中，所处险绝人迹不至。帝悲思之，遣使不得进。经二年，生六男六女。盘瓠死，因自相夫妻，织绩木皮，染以草实，好五色衣，裁制皆有尾。其母白帝，赐以名山，其后滋蔓，号曰蛮夷。今武陵郡夷，即盘瓠之种落也。

———［北魏］郦道元《水经注·沅水》

高辛时，人家生一犬，初如小特。主怪之，弃于道下，七日不死。禽兽乳之，其形继日而大，主人复收之。当初弃道下之时，以盘盛叶覆之，因以为瑞，遂献于帝，以盘瓠为名也。后立功，啮得戎寇吴将军头，帝妻以公主，封盘瓠为定边侯。公主分娩七块肉，割之有七男，长大各认一姓，今巴东姓田、雷、再、向、蒙、旻、叔孙氏也。其后苗裔炽盛，从黔南逾昆、湘、高丽之地，自为一国。幽王为犬戎所杀，即其后也。盘瓠皮骨今见在黔中，田、雷等家时祀之。

———［唐］樊绰《蛮书》卷十引王通明《广异记》

盘瓠之后，与舟、谭、巴、李、田为巴南六姓。

——［唐］林宝《元和姓纂》卷四

盘瓠后，冉髦之种类也，代为巴东蛮夷。

——［唐］林宝《元和姓纂》卷七

（绍庆府彭水县、黔江县为）古蛮蜑聚落。《晏公类要》云："相传楚子灭巴，巴子兄弟五人流入五溪，各为一溪之长。"一说谓五溪蛮，皆槃瓠子孙，自为统长，乃云云。

——［宋］祝穆《方舆胜览》卷六十

《魏略》曰："高辛氏有老妇人，居王宫，得耳疾。医为挑之，得物大如玺，盛以瓠，覆以盘，化谓犬，五色，因名盘瓠。"

——［宋］李昉《太平御览》卷九百七十九

七十里，至涪州排亭之前，波涛大泊，溃淖如屋，不可稍船。过州，入黔江泊。此江自黔州来合。大江怒涨，水色黄浊。黔江乃清冷如玻璃，其下委是石底。自成都登舟，至此始见清江。虽不与蕃部杂居，旧亦夷，俗号为四人。四人者，谓华人、巴人及廪君与盘瓠之种也。

——［宋］范成大《吴船录》卷下

五溪，谓西、辰、巫、武、沅等五溪。古老相传云：楚子灭巴，巴子兄弟五人流入五溪，各为一溪之长。一说五溪蛮皆盘瓠子孙，自为统长，故有五溪之号焉，古为之蛮蜑聚落。

——［宋］乐史《太平寰宇记》卷一百二十

盘瓠种。昔帝喾时，患犬戎之寇，及访募天下有能得犬戎之将吴将军之头者，妻以少女。时帝有畜犬，名曰盘瓠，衔吴将军首而至，帝乃以女配之。盘瓠得女，负走入南山——今五溪中山也，止石穴中。所处险绝，生六男六女，因自相夫妻，织绩木皮，染以草实，好五色衣服，裁制皆有尾形。衣裳班兰，言语侏离。其后滋蔓，号曰蛮夷。有邑，君长名渠，帅曰精夫，相号姎徒。《说文》曰："姎，女人称我也。"所居皆深山重阻，人迹罕到（原注："今长沙、黔中五溪蛮是也。一曰辰溪，二曰西溪，三曰巫溪，四曰武溪，五曰□溪。"）。

——［宋］乐史《太平寰宇记》卷一百七十八

瑶名獟客，古八蛮之种。五溪以南，穷极岭海，迤遝巴蜀。兰、胡、盘、侯四姓，盘姓居多，皆高辛狗王之后。以犬戎奇功，尚帝少女，封于南山，种落繁衍，时节祀之，刘禹锡诗"时节祀盘瓠"是也。其乐五合，其旗五方，其衣五彩，是谓五参。奏乐，则男左女右，铙鼓、胡卢、笙、忽雷、音瓠、云阳。祭毕合乐，男女跳跃，击云阳为节，以定婚媾。则具大木槽，扣槽群号，先献人头一枚，名吴将军首级。予观祭时，以桃榔面为之，时无罪人故耳。设首群乐毕作，然后用熊、罴、虎、豹、呦鹿、飞鸟、溪毛，各为九坛，分为七献，七九六十三，取斗数也。七献既陈，焚燎节乐，择其女之婷丽娴巧者劝客，极其绸缪而后已。十月祭多贝大王，男女取袂而舞，谓之踏。瑶相悦，则男腾跃跳踊，负女而去。

——［明］邝露《赤雅》卷上

（牂牁）俗有夏、巴蛮夷（原注："涪州旧《图经》：夏则中夏之人，巴则廪君之后，蛮则盘瓠之种，夷则白虎之裔。巴、夏居城郭，蛮、夷居山谷。"）。

——［明］李贤等《明一统志》卷六十九

权载之《黔州观察使厅记》云："黔中为楚西南徼道，在汉为武陵，庄蹻循江以略地，唐蒙浮船以制越。"旧《经》："地近荆楚，候如巴蜀。五溪襟束，蛮蜑聚落。阴雨多晦，草木少凋。"《寰宇记》云："五溪，谓西、辰、巫、武、沅等五溪。古老相传：楚子灭巴，巴子兄弟五人流入五溪，各为一溪之长。一说五溪蛮皆盘瓠子孙，自为统长，故有五溪之号，古谓之蛮蜑聚落也。"《三国志》"刘先主于五溪蛮之地置黔安郡"，即此地。乐史以为郡，后周设，误矣。

——〔明〕曹学佺《蜀中广记》卷十九"彭水县"

《后汉书》云：板楯蛮，其在黔中、五溪、长沙间则为盘瓠之后，其在峡中巴、梁间则为廪君之后。

——〔明〕曹学佺《蜀中广记》卷四十"川北"

（涪州）世谓巴之南鄙，多獽蜑之民。又相传有廪君、盘瓠之种。涪地南接五溪，环列寨洞。当秦汉后，夷汉杂居，种类固自不一。

——〔清〕贺守典、熊鸿谟《涪州小学乡土地理志》卷一

蜀王之先，名蚕丛、柏濩、鱼凫、蒲泽、开明。是时人萌，椎髻左言，不晓文字，未有礼乐。从开明上到蚕丛，积三万四千岁，故曰兆基于上代也。秦惠王讨灭蜀王，封公子通为蜀侯。惠王二十七年，使张若与张仪筑成都城，其后置蜀郡，以李冰为守。

——［汉］扬雄《蜀王本纪》，《文选·蜀都赋》刘渊林注引

蜀之先称王者，有蚕丛、折权、鱼易、俾（开）明。是时椎髻左衽，不晓文字，未有礼乐。从开明已上至蚕丛，凡四千岁。次曰伯雍，又次曰鱼尾。尾田于湔山，得仙。后有王曰杜宇，出天堕山。又有朱提氏女，名曰利，自江源而出，为宇妻。乃自立为蜀王，号曰望帝，移居郫邑。

——［汉］扬雄《蜀王本纪》，

［宋］李昉《太平御览》卷一百六十六引

蜀王，黄帝后世也（司马贞索隐："按《系本》，蜀无姓，相承云黄帝后世子孙也。且黄帝二十五子，分封赐姓，或于蛮夷，盖当然也。《蜀王本纪》云：'朱提有男子杜宇，从天而下，自称望帝。'亦蜀王也。则杜姓出唐杜氏，盖陆终氏之胤，亦黄帝之后也。"张守节正义："谱记普云：蜀之先，肇于人皇之际。黄帝与子昌意娶蜀山氏女，生帝喾，立，封其支庶于蜀，历虞、夏、商。周衰，先称王者蚕丛。国破，子孙居姚、巂等处。"）。

——［汉］司马迁《史记·三代世表》

蜀，葵中蚕也（段玉裁注："葵，《尔雅释文》引作桑。《诗》曰：'蜎蜎者蠋，蒸在桑野。'似作桑为长。毛《传》曰：'蜎蜎，蠋貌。蠋，桑虫也。'

《传》言虫、许言蚕者，蜀似蚕也。《淮南子》曰：'蚕与蜀相类而爱憎异也。'桑中蠹，即蝎蛴。"），从虫，上目象蜀头形，中象其身蜎蜎，《诗》曰："蜎蜎者蜀。"（段玉裁注："《豳风》文，今左旁又加虫，非也。"）。

——［汉］许慎《说文解字》卷十三上

蜀之为国，肇于人皇，与巴同囿。至黄帝为其子昌意娶蜀山氏之女，生子高阳，是为帝喾。封其支庶于蜀，世为侯伯，历夏、商、周。武王伐纣，蜀与焉。其地东接于巴，南接于越，北与秦分，西奄峨嶓，地称天府，原曰华阳，故其精灵则井络垂耀，江汉遵流。《河图括地象》曰："岷山之下为井络，帝以会昌神以建福。"《夏书》曰："岷山导江，东别为沱。"泉源深盛，为四渎之首，而分为九江。……其卦值坤，故多班采文章；其辰值未，故尚滋味；德在少昊，故好辛香。星应舆鬼，故君子精敏，小人鬼黠；与秦同分，故多悍勇。在诗文王之化，被乎江汉之域；秦豳同咏，故有夏声也。

撰曰：蜀之为邦，则天文，井络辉其上；地理，则岷嶓镇其域；五岳，则华山表其阳；四渎，则汶江出其徼。故上圣，则大禹生其乡；媾姻，则黄帝婚其女。显族大贤，彭祖育其山；列仙，王乔升其冈。而宝鼎辉光于中流，离龙、仁虎跃乎渊陵。开辟及汉，国富民殷，府腐谷帛，家蕴畜积。《雅》《颂》之声，充塞天衢；《中穆》之咏，侔乎二《南》。蕃衍三州，土广万里，方之九区，于斯为盛。固乾坤之灵囿，先王之所经纬也。

——［晋］常璩《华阳国志·蜀志》

按《世本》、《山海经》、扬雄《蜀王本纪》、《华阳国志》诸书皆言：蜀之先肇于人皇之纪。至黄帝子意娶蜀山氏女，生帝喾，后封其支庶于蜀，历夏、商、周，始称王者，纵目，名蚕丛，次曰柏灌，次曰鱼凫。其后有王，曰杜宇。杜宇称帝，号望帝。时有荆人鳖令死，其尸随水上，荆人求之不得。鳖令至汶山下忽复生，见望帝，帝立以为相。时巫山壅江，蜀地洪水。望帝使鳖令凿巫山，蜀得陆处，望帝因禅位于鳖令，号开明，遂自亡去，化为鹃鸟，故蜀人谓子鹃为望帝。自开明而上至蚕丛，凡四千岁；自开明而下五叶，有开明，尚治，立宗庙。《尚书·牧誓》所谓"庸、蜀"者，即此也。《（资治）通鉴》："慎靓王五年，巴蜀相攻击，俱告急于秦。秦使张仪、司马错伐蜀，灭之，贬蜀王，更号为侯，后以其地为蜀郡。"《华阳国志》云："开明氏凡王蜀十二世。"

——［宋］王象之《蜀国考》，载［明］周复俊《全蜀艺文志》卷四十八

成都府，自三代以前为蜀国。其君曰蚕丛，曰伯雍，曰鱼凫，曰杜宇，曰开明，相继王之。周武王伐商，蜀人从焉，《（尚书·）牧誓》所谓"庸、蜀"是也。秦惠王时，巴蜀相攻，惠王乃使张仪、司马错等伐蜀取之，置蜀郡。西汉因之，蜀王本治。

——［宋］欧阳忞《舆地广记》卷二十九

古梁州，巴、濮、庸、蜀之地，在秦则名汉中、巴、蜀三郡，此其境也。虞舜三州，亦为梁州之域。《周官·职方氏》以梁州合于雍州，则为雍州之地。蜀于姬周以前，南夷地也。《尚书·牧誓》云："及庸、蜀、羌、髳、微、卢、彭、濮人。"孔安国注："八国，皆蛮夷戎狄国名。羌在西蜀，髳、微皆巴蜀。"《汉书·地理志》："蜀广汉本南夷，周末，秦并以为郡。"按《世本》、《山海经》、扬雄《蜀王本纪》、来敏《本蜀论》、《华阳国志》、《十三州志》，诸言蜀事者，虽不悉同。参伍其说，皆言：蜀之先，肇于人皇之际。至黄帝子昌意娶蜀山氏女，生帝喾，后封其支庶于蜀。历夏、商、周，始称王者纵目，名蚕丛，次曰鱼凫。其后有王曰杜宇，已称帝，号望帝。自以功德高诸王，乃以褒斜为前门，熊耳、灵关为后户，玉垒、蛾眉谓城郭，江、潜、绵、洛为池泽。以汶山为畜牧，南中为园苑。时有荆人鳖冷死，其尸随水上，荆人求之不得。鳖冷至汶山下忽复生，见望帝，立以为相。时巫山雍江，蜀地洪水。望帝使鳖冷凿巫山，蜀得陆处。望帝自以德不相同，禅位于鳖冷，号开明，遂自亡去，化为子鹃鸟。故蜀人闻子

鹃鸣，曰："是我望帝也。"鳖冷或为鳖多，子鹃为子巂。或云："杜宇死，子规鸣。"自开明下，五叶有开明，尚始立宗庙。

扬雄《蜀本纪》云："蜀王据有巴蜀之地，本治广都樊乡，徙居成都。"

——［宋］乐史《太平寰宇记》卷七十二"益州"

蜀之为国，肇自人皇。其始蚕丛、柏濩、鱼凫三君，各数百岁，同号蜀山。蚕丛治瞿上，服青衣以教民蚕，今蜀称青衣神是已。鱼凫治彭山，逮蒲泽，民人椎结左言，不知文字。鱼凫、蚕丛，年祚辽渺，事莫克传，最后乃有望帝杜宇。《九域志》云："杜宇，古蜀主，号望帝。蜀尝大水，宇与居人避水于长平山。后鳖令开峡治水，人得陆处。宇禅位与之，自居西山，得道升天。"又诸《蜀记》：杜宇末年，逊位开明。开明者，荆人鳖令也。旧说鱼凫畋于湔山，仙去。后有男子从天坠，曰杜宇，为西海君，自立为蜀王，号望帝，徙都于郫，或瞿上。自恃功高诸王，乃以褒、斜为前门，熊耳、灵关为后户，王垒、娥眉为城郭，江、潜、绵、洛为池泽，岷山为畜牧，南中为囿苑。时鳖令死，尸随水上，荆人求之不得。至蜀，起见望帝。帝以之为相，后禅以国，去之，隐于西山，民俗思之。时适二月，田鹃方鸣，因号杜鹃，以志其隐去之期。一说云宇禅之而淫其妻，耻之，死为子巂，故蜀人闻之皆起曰："我望帝也。"鳖令后为蜀开明氏。开明子孙八代都郫，其九世开明尚始治成都。

——［明］沈朝阳《通鉴纪事本末前编》卷一

蜀人先，肇于人皇之际。至黄帝子曰昌意，娶蜀山氏女，生帝喾，后封其支庶于蜀。历夏商，始称王，首名蚕丛，次曰鱼凫。自开明氏至于九世孙开明，尚始立宗庙。

——［明］李光先修《四川总志》卷五"古蜀国"

《帝王世纪》云："周太王从梁山止于岐下，一年成邑，二年成都。"蜀本梁州之域，《毛诗》："奕奕梁山，惟禹甸之。"《寻江源记》云："梁山，首跨剑阁而尾入江矣，故秦置县曰成都。"人皇之世九囿，而蜀囿居其一。黄帝之子昌意娶蜀山氏女，生帝喾，封其支庶于蜀，始为蜀国。《尔雅·释山》："蜀者，独也。"言不与他相连属也。

——［明］曹学佺《蜀中广记》卷五十一"成都府"

蜀之先，肇于人皇，为蜀山氏。黄帝次子昌意娶蜀山氏女，后封其支庶于蜀，为蜀国。舜置十二牧，蜀曰梁州，《禹贡》亦曰"梁州"。周初，武王伐纣，庸、蜀、羌、髳、微、卢、彭、濮八国从焉，《周礼·职方氏》并入雍州。（周）慎靓王五年，秦灭蜀，置巴、蜀二郡。

——［清］许治修、张晋生编《四川通志》卷二

1 蚕丛、鱼凫

蜀王之先名蚕丛，后代名曰柏濩，后者名曰鱼凫，此三代各数百岁，皆神化不死。其民亦颇随王化去。鱼凫田于湔山，得仙，今庙祀之于湔。时蜀民稀少。

——［汉］扬雄《蜀王本纪》，载《全上古三代秦汉三国六朝文·全汉文》

应侯谓昭王曰："亦闻恒思有神丛与？恒思有悍少年，请与丛博，曰：'吾胜丛，丛藉我神三日；不胜丛，丛困我。'乃左手为丛投，右手自为投，胜丛，丛藉其神三日。丛往求之，遂弗归。五日而丛枯，七日而丛亡……"（编者按：蚕丛之"丛"，又当类此。）

——［汉］刘向《战国策·秦策三》

周失纪纲，蜀先称王。有蜀侯蚕丛，其目纵，始称王，死作石棺、石椁，国人从之，故俗以石棺椁为纵目人冢也。次王曰柏灌，次王曰鱼凫。

鱼凫王田于湔山，忽得仙道，蜀人思之，为立祠。

——［晋］常璩《华阳国志·蜀志》

蜀之先曰蚕丛兮，纵其目以称王；当周室陵颓兮，乱无纪纲。泊乎杜宇，从天而降；鳖灵溯江而上，相禅而帝，据有南国之九世。

——［唐］独孤及（岑参）《招北客文》，载［宋］姚铉《唐文粹》卷三十三之上

蚕丛及鱼凫，开国何茫然，尔来四万八千岁，不与秦塞通人烟。

——［唐］李白《蜀道难》，载［清］官修《全唐诗》卷六

蚕崖谷，在县西北四十七里。其处江山险绝，凿崖通道有如蚕食，因以为名。汉于此置县，后废。

——［唐］李吉甫《元和郡县志》卷三十二"导江县"

蚕丛纵目，王瞿上（罗苹注："瞿上城，在今双流县南十八里，县北有瞿上乡。"）；鱼凫治导江（罗苹注："今眉之彭山县北东二里，有鱼凫津。《南北八郡志》云：'犍为有鱼凫津，广数百步。'"）。

——［宋］罗泌《路史·前纪》卷四"蜀山氏"

蚕，蚕丛氏国。今彭之导江有蚕崖，而汉之蚕陵县在翼之翼水县西，有蚕陵山。

瞿，今双流县南十八里有瞿上城，益之西南二十（里）。县北有瞿上乡。

导江，鱼凫治。今眉之彭山县北东二里有鱼凫津。《南北八郡志》云："犍为有鱼凫津，广数百步。"

——［宋］罗泌《路史·国名纪》卷己"古国"

蚕丛祠，蜀王蚕丛氏祠也，今呼为青衣神，在圣寿寺。蚕丛氏教人养蚕，作金蚕数十，家给一蚕，后聚而弗给，瘗之江上，为蚕墓。《南史》："齐永明间，始兴王萧鉴为益州刺史，于州园得古冢，有金为蚕数斗。鉴一无取，复为起冢，且立祠焉。"

——［宋］祝穆《方舆胜览》卷五十一

蜀有蚕市，每年正月至三月，州城及属县，循环一十五处。耆旧相传：古蚕丛氏为蜀主，民无定居，随蚕丛所在致市居，此之遗风也。

——［宋］黄休复《茅亭客话》卷九

鱼凫津，在（彭山）县东北二里，一名彭女津，在彭亡山南，居导江、皂江等水会之处。按：《南北八郡志》云："犍为有鱼凫津，（广）数百步。"

——［宋］乐史《太平寰宇记》卷七十四

青神县，本汉南安县地，后周置青神县及青神郡。隋开皇初，郡废，属嘉州。唐武德二年来属，旧治思濛水口。八年，移于今治。昔蚕丛氏衣青衣以劝农桑，县盖取此为名。

——［宋］欧阳忞《舆地广记》卷二十九

蚕丛氏自立王蜀，教人蚕桑，作金蚕数千头，每岁之首出金头蚕，以给民一蚕，民所养之蚕必繁孳，罢即归蚕于王。（王）巡境内，所止之处，民则成市。蜀人因其遗事，年年春置蚕市也。

——［明］陶宗仪《说郛》卷十辑《续事始》引《仙传拾遗》

《方舆胜览》："蜀主蚕丛氏祠，今呼为青衣神，在圣寿寺。昔蚕丛氏教人养蚕，作金蚕数十，家给一蚕。后聚而弗给，瘗之江上，为蚕墓。"

——［明］曹学佺《蜀中广记》卷二"成都府"

《方舆胜览》："成都，古蚕丛之国，其民重蚕事。故一岁之中，二月望日，鬻花木蚕器，号蚕市；五月鬻香药，号药市；冬月鬻器用者，号七宝市，俱在大慈寺前。"

——［明］曹学佺《蜀中广记》卷二"成都府"

《方舆胜览》云："蚕崖关在导江县五十里，以振西山之走集。"《外史》云："关去县二十里，实汶川地。有巨石，高丈余，峙山之麓。土人云：'此蚕崖石也。'关以此得名。"《志》云："关当县西岷江之北，松茂驿路之冲，周武天和二年创立。石路巉棱如簇蚕，因名。"杜少陵诗："蚕丛铁马瘦，灌口米船稀。"即此。宋熙宁五年重建，元末毁于兵火，今置巡司。关外有市，谓之蚕崖市。

——［明］曹学佺《蜀中广记》卷六"灌县"

《南中八郡志》云："犍为有鱼凫津，（广）数百步，一名彭女津，在彭亡山南，导江、皂江等水会处，彭祖冢及祠在此。"

——［明］曹学佺《蜀中广记》卷十二"彭山县"

鱼凫津，按《郡国志》云"南溪县西三十里有津，津南有鸳鸯圻"是也。

——［明］曹学佺《蜀中广记》卷十五"南溪县"

叠溪，古氐羌地，汉为蚕陵县，属蜀郡。晋属汶山郡，后周置翼斜郡。隋初废郡，以县属会川。大业初，属汶山郡。……其山北有蚕陵。

废蚕陵县在治北。汉治蚕陵县属蜀郡，莽改为步昌也。

——［明］曹学佺《蜀中广记》卷三十二"叠溪"

《（双流县）志》云："蚕丛故都城距县南十八里。"

——［明］曹学佺《蜀中广记》卷五十一"双流县"

（叠溪所）氐羌之地，汉蚕陵县。

——［明］曹学佺《蜀中广记》卷五十一"叠溪所"

《蓬州志》："……五日号为蚕丛之胜。蚕事自三月起，至九月乃止，谓之九熟蚕。"

——［明］曹学佺《蜀中广记》卷五十八"风俗记第四"

《本草》："金蚕始于蜀中，状如蚕，金色，日食蜀锦四寸。"《（太平）寰宇记》："成都圣寿寺有青衣神祠，神即蚕丛氏也。相传蚕丛氏始教人养蚕，时家给一金蚕，后聚而弗给，瘗之江上，为蚕墓。"宋鲁应龙《闲窗括异》云："金蚕，色如金，食以蜀锦，取其遗粪置饮食中，毒人必死；善能致他财，使人暴富。遣之极难，虽水火兵刃不能害，多以金银藏箧置其中，投之路隅，人谓收之以去，谓之嫁金蚕也。"

——［明］曹学佺《蜀中广记》卷六十

来敏《本蜀论》曰："蚕丛始王蜀，八万四千岁。蚕丛死，次王曰柏灌，柏灌次王曰鱼凫。鱼凫王田于湔上，忽得仙道，蜀人思之，为立祠于湔上。"按：今温江县北十里鱼凫城，是其上升处。李昊《羊马城记》亦云"鱼凫羽化于湔山"也。

——［明］曹学佺《蜀中广记》卷七十一

蚕丛城，双流县南十八里，蚕丛所都。

——［明］李光先修《四川总志》卷五

蚕丛氏。昔黄帝为其子昌意取蜀山氏女，生高阳，是为帝喾。封其支庶于蜀，世为侯伯。周武王伐纣，蜀与焉。襄王时，有蚕丛氏自称王，治瞿上，衣青衣，劝农桑。次王曰柏灌，曰鱼凫。王田于湔山，忽得仙升去，蜀人思之，为立祠，今瞿上有蚕丛城，成都及眉州有蚕市。湔山入都江水，今成都府北升仙山是也。

——［明］李光先修《四川总志》卷二十二 "初王"

成都西金容坊有石二株，旧曰石笋，前秦遗址。诸葛武侯掘之，有篆字曰 "蚕丛起国之碑"，以二石柱横埋，中连以铁，一南一北，无所偏倚。又五字 "濁、歇、爥、觸、鸇"，时人莫晓。后范长生议曰："亥子岁，濁字可记，主水灾；寅卯岁，歇字可记，主饥馑；巳午岁，爥字（可）记，主火灾；辰戌、丑未岁，觸字可记，主兵灾；申酉岁，鸇字可记，主丰稔。"后以年事推验，悉皆符验。见《万花谷》。

——［明］诸葛义基《汉丞相诸葛忠武侯集》卷八

青衣神即蚕丛氏也。按传，蚕丛氏初为蜀侯，后称蜀王，尝服青衣，巡行郊野，教民蚕事。乡人感其德，因为立祠祀之，祠庙遍于西土，罔不灵验。俗既呼之曰青衣神。青神县亦以此得名云。

——［明］佚名《三教搜神大全》卷七

鱼凫津在彭山县，彭祖生于此乡。

——［明］杨慎《蜀志遗事》，载《升庵集》卷四十八

鱼凫城，温江县北十里，相传鱼凫都此城。

——［明］李光先修《四川总志》卷五

（灌县）上古为鱼凫氏之国，今有鱼凫故城。

——［明］曹学佺《蜀中广记》卷五十一 "灌县"

蚕市，旧志在大慈寺前。蜀民重蚕事，每岁二月望日，于寺前鬻蚕器，

谓之蚕市。

——〔清〕许治修、张晋生编《四川通志》卷二十六

蚕丛祠，在（成都）府西。蚕丛氏初为蜀侯，后为蜀王，教民桑蚕，俗呼为青衣神。

——〔清〕许治修、张晋生编《四川通志》卷二十八上

鱼凫城，在县北十里，相传古鱼凫氏所都。

——〔清〕许治修、张晋生编《四川通志》卷二十六"温江县"

蚕市，在县南十五里，俗谓之盘古庙，当即蚕丛氏也。

——〔清〕许治修、张晋生编《四川通志》卷二十六"新繁县"

蜀蚕丛氏。昔黄帝为其子昌意娶蜀山氏女，生子高阳，是为帝颛顼。封其支庶于蜀，历夏、商、周至蚕丛，嗣为蜀侯。周襄王时称王，治瞿上（原注："今双流县瞿上乡有蚕丛城。"），衣青衣，劝农桑，创石棺，国人从之。次王曰柏灌，次王曰鱼凫，皆蚕丛氏之子。鱼凫王田于湔山，忽仙去，蜀人为之立祠。今成都府北有升仙山。

——〔清〕许治修、张晋生编《四川通志》卷二十九下

《蜀郡赋》注曰："鱼符津，广数百步，在犍为县北三十里。县临大江，岸傍山岭相连，经益州郡，有道广四五尺，深或百尺，堑凿之迹今存，昔唐蒙所造。"案《续汉书》："犍为郡南安县有鱼涪津，在县北，临大江。"《南中志》："鱼涪津广数百步，吴汉与公孙述将魏党、公孙永战于是津，大破之。"即今之叉鱼子也。《太平寰宇记》记鱼凫津，盖凫与符通，如凫茈作符茈也。一作鱼泣津，《郡国志》作鱼涪津，又作渔涪津，非矣。

——〔清〕张澍《蜀典》卷一

张勃《吴录》云:"南有鱼凫国,古蜀帝所都。娄县石首鱼,至秋化为凫,鱼凫之名义,斥此可求诸?"案《吴地记》:"石首鱼,至秋化为冠凫。"冠凫头中犹有石也。蜀之先名鱼凫,亦或以此耶?温江县北十里有鱼凫城,相传古鱼凫所都。

——［清］张澍《蜀典》卷一

《蜀记》:"鳖灵于楚死,尸乃溯流上,至汶山下忽复更生,乃见望帝,立以为相。时巫山壅江,蜀民多遭洪水。灵乃凿巫山、开三峡口,蜀民陆处。后令鳖灵为刺史,号曰西州皇帝。以功高,禅位于灵,号开明氏。"案《三国志》,司马宣王报夏侯太初书曰:"秦时无刺史,但有郡守长吏。汉家虽有刺史,奉六条而已。故刺史称'传车',其吏言'从事'。居无常治,吏不称臣;其后转更为官司耳。"是刺史始于汉武帝。杜宇当七国时,何得便有刺史?明记者妄也。常璩、阚骃辈所言,皆是决玉垒山,非巫山。然玉垒与三峡口远矣,而郦道元言巫峡为杜宇所凿,以通江水,亦误,岂以杜宇即鳖灵乎?

——［清］张澍《蜀典》卷三

《成都记》蚕陵,即古蚕丛氏之国。蚕丛氏,蜀君也。《元和(郡县)志》蚕崖关,在今彭州导江县西北四十七里,其处江山险绝,凿崖通道,有如蚕食,因以为名。汉于此置蚕陵县,后废。今翼州、当州、靖州、恭州四州之地,并汉之蚕陵县也。《后(汉)书·安帝纪》注:"蚕陵县故城在今翼州翼水县西,有蚕陵山,因以为名。"《旧唐书·地理志》:"蚕陵故城在今卫山县西,有蚕陵山。"《路史·国名纪》:"彭之遵县有蚕崖。"《明统志》:"蚕陵故城在今叠溪所城北三里。"《方舆纪要》:"蚕陵山在今叠溪守御所西北,汉因以名县。"《大清一统志》:"蚕陵废县在今松潘厅叠溪营西。蚕陵山在营北,蚕崖关在今成都府灌县西北。"

——［清］吴卓信《汉书地理志补注》卷四十六

瞿上城，在双流县东。《华阳国志》："杜宇或治瞿上。"《明统志》："在县东十八里，蚕丛氏所都。"

鱼凫城，在温江县北十里，相传古鱼凫所都。

——［清］仁宗敕修《大清一统志》卷三百八十五

升仙桥在成都府北门外，鱼凫王、张伯子俱乘虎仙去，桥因以名。

——［清］陈祥裔《蜀都碎事》卷一

２ 杜宇（望帝）

鹳，鸒周……蜀右曰杜宇（晋张华注："望帝杜宇者，盖天精也。李膺《蜀志》曰：'望帝称王于蜀。时荆州有一人化从井中出，名曰鳖灵，于楚身死，尸反溯流上，至汶山之阳，忽复生。乃见望帝，立以为相。其后巫山龙斗，雍江不流，蜀民垫溺。鳖灵乃凿巫山，开三峡，降丘宅，土人得陆居。蜀人往江南，羌住城北，始立木栅，周三十里。令鳖灵为刺史，号曰西州。后数岁，望帝以其功高，禅位于鳖灵，号曰开明氏。望帝修道，处西山而隐，化为杜鹃鸟。或云化为杜宇鸟，亦曰子规鸟。至春则啼，闻者凄恻。'"）。

——［春秋］师旷《禽经》

鸒周（郭璞注："子鸒鸟，出蜀中。鸒音携。"邢昺疏："释曰：子鸒鸟也。出蜀中。《说文》云'鸒'。蜀王望帝化为子鸒，今谓之子规是也。"）。

——［先秦］佚名《尔雅·释鸟》

蜀王之先，名蚕丛，后代名曰柏濩，后者名鱼凫，此三代各数百岁，皆神化不死。其民亦颇随王化去。王猎至湔山，便仙去，今庙祀之于湔。时蜀民稀少，后有一男子，名曰杜宇，从天堕，止朱提。有一女子名利，从江源地井中出，为杜宇妻。宇自立为蜀王，号曰望帝，治汶山下，邑郫，化民往往复出，望帝积百余岁。荆有一人，名鳖灵，其尸亡去，荆人求之不得。鳖灵尸至蜀复生，蜀王以为相。时玉山出水，若尧之洪水，望帝不能治水，使鳖灵决玉山，民得陆处。鳖灵治水去后，望帝与其妻通，帝自以薄德，不如鳖灵，委国授鳖灵而去，如尧之禅舜。鳖灵即位，号曰开明。奇帝生卢保，亦号开明。天为蜀王生五丁力士，能徙蜀山。王死，五丁辄立大石，长三丈，重千钧，号曰石井，千人不能动，万人不能移。

　　——［汉］扬雄《蜀王本纪》，见［宋］李昉《太平御览》卷八八八引

　　望帝使臣鳖灵治水去后，望帝以其妻通，惭愧，且以德薄不及鳖灵，乃委国授之去。望帝去时，有子鹃鸣，故蜀人悲子鹃鸣而思望帝。望帝，杜宇也，从天堕。

　　——［汉］扬雄《蜀王本纪》，见［宋］李昉《太平御览》卷九百二十三引

　　巂周，燕也，从隹山，象其冠也，冏声。一曰：蜀王望帝淫其相妻，渐亡去，为子巂鸟，故蜀人闻子巂鸣，皆起曰："是望帝也。"

　　——［汉］许慎《说文解字》四上

　　（蚕丛、鱼凫）后有王曰杜宇，教民务农，一号杜主。时朱提有梁氏女利，游江源，宇悦之，纳以为妃。移治郫邑，或治瞿上。七国称王，杜宇称帝，号曰望帝，更名蒲卑，以功德高诸王，乃以褒斜为前门，熊耳、灵关为后户，玉垒、峨眉为城郭，江、潜、绵、洛为池泽，以汶山为畜牧，南中为园苑。会有水灾，其相开明，决玉垒山以除水害，帝遂委以政事，法尧舜禅授之义，遂禅位于开明，帝升西山隐焉。时适二月，子鹃鸟鸣，故蜀人悲子鹃鸟鸣也。巴亦化其教而力农务，迄今巴蜀民，农时先祀杜主君。

　　——［晋］常璩《华阳国志·蜀志》

《本纪》既以炳明，而世俗间横有为蜀传者，言：……杜宇之魄，化为子鹃。……子鹃鸟，今云是嶲，或曰嶲周（原注："今案：《说文》云：'蜀王望帝淫其相妻，惭亡去，为子嶲鸟。故蜀人闻子嶲鸣，皆起云望帝。嶲，户圭切。'所言与《蜀志》所述相似。《尔雅》亦云：'嶲周，子嶲鸟也，出蜀中。'"）。

——［晋］常璩《华阳国志·序志》

碧出苌弘之血，鸟生杜宇之魄。

——［晋］左思《蜀都赋》，载《六臣注文选》卷四

愁思忽而至，跨马出北门。举头四顾望，但见松柏园，荆棘郁蹲蹲。中有一鸟名杜鹃，言是古时蜀帝魂。声音哀苦鸣不息，羽毛憔悴似人髡。飞走树间啄虫蚁，岂忆往日天子尊。念此死生变化非常理，中心恻怆不能言。

——［南朝宋］鲍照《行路难》十八首之七，
载［宋］郭茂倩《乐府诗集》卷七十

当七国称王，独杜宇称帝于蜀。以褒、斜为前门，熊耳、灵关为后户，玉垒、峨眉为池泽，汶山为畜牧，中南为园苑。时有荆人，是后荆地有一死者名鳖冷，其尸亡至汶山却更生，见望帝，帝以为蜀相。时巫山壅江，蜀地洪水。望帝使鳖冷凿巫山，治水有功。望帝自以德薄，乃委国禅鳖冷，号曰开明，遂自亡去，化为子归。故蜀人闻鸣，曰："我望帝也。"又云：望帝使鳖冷治水而淫其妻。冷还，帝惭，遂化为子归。杜宇死时适二月，而子归鸣，故蜀人怜之皆起。

——［北魏］阚骃《十三州志》，［宋］李昉《太平御览》卷一百六十六引

蜀之先，肇于人皇之际。至黄帝子昌意娶蜀山氏女，生帝喾，后封其支庶于蜀，历夏、商、周，始称王者，纵目，名蚕丛，次曰鱼凫。其后有

王，曰杜宇，称帝，号望帝，自以功德高诸王，乃以褒斜为前门，熊耳、灵关为后户，玉垒、峨眉为城郭，江、潜、绵、洛为池泽，以汶山为畜牧，南中为园苑。时荆地有一死者，名鳖令。其尸亡至汶山，却更生。见望帝，以为蜀相。时巫山壅江，蜀地洪水。望帝使鳖令凿巫山，治水有功。望帝自以德薄，乃委国于鳖令，号曰开明，遂自亡去，化为子规。故蜀人闻鸣，云：我望帝也。望帝使鳖令治水，而淫其妻。令还，帝惭，遂化为子规。杜宇死时适二月，而子规鸣，故蜀人闻之皆起。自开明以下五叶，始立宗庙。时蜀有五丁力士，能徙山岳。每一王死，五丁辄为立大石以志墓，今石笋是也，号曰笋里。未有谥号，但以五行色为主，故其庙称青、赤、黑、白帝也。

——［北魏］阚骃《十三州志》，［清］张澍辑

江水又东，迳巫峡，杜宇所凿，以通江水也。

——［北魏］郦道元《水经注·江水》

来敏《本蜀论》曰："荆人鳖令死，其尸随水上，荆人求之不得。令至汶山下复生，起见望帝。望帝者，杜宇也，从天下。女子朱利，自江源出，为宇妻。遂王于蜀，号曰望帝。望帝立以为相。时巫山峡而蜀水不流，帝使令凿巫峡通水，蜀得陆处。望帝自以德不若，遂以国禅，号曰开明。"

——［北魏］郦道元《水经注·江水》

问君西游何时还，畏途巉岩不可攀。但见悲鸟号古木，雄飞从雌绕林间。又闻子归啼，夜月愁空山（杨齐贤注："《蜀记》曰：'昔有人姓杜，名宇，王蜀，号曰望帝。宇死，俗说云：宇化为子归。'子归，鸟名也。蜀人闻子归鸣，皆曰望帝也。"）。

——［唐］李白《蜀道难》，载［元］杨齐贤集注《分类补注李太白诗》卷三

君不见，昔日蜀天子，化为杜鹃似老乌。寄巢生子不自啄，群鸟至今与哺雏。虽同君臣有旧礼，骨肉满眼身羁孤。业工窜伏深树里，四月五月偏号呼。其声哀痛口流血，所诉何事常区区？尔岂摧残始发愤，羞带羽翮伤形愚。苍天变化谁料得，完事反复何所无。万事反复何所无，岂忆当殿群臣趋？

——［唐］杜甫《杜鹃行》，载［明］陆时雍《唐诗镜》卷二十四

古时杜宇称望帝，魂作杜鹃何微细。跳枝窜叶树木中，抢佯瞥捩雌随雄。毛衣惨黑自憔悴，众鸟安肯相尊崇。隳形不敢栖华屋，短翮唯愿巢深丛。穿皮啄朽觜欲秃，苦饥始得食一虫。谁言养雏不自哺，此语亦足为愚蒙。声音咽咽若有谓，号啼略与婴儿同。口干垂血转迫促，似欲上诉于苍穹。蜀人闻之皆起立，至今教学传遗风。乃知变化不可穷，岂知昔日居深宫，嫔妃左右如花红。

——［唐］杜甫《杜鹃》，载［宋］阙名集注《分门集注杜工部诗》卷二十三

巂，户圭反。《说文》："周燕也。蜀王望帝淫其相妻，惭亡去，为子巂鸟，故蜀人闻子巂鸣，皆起曰：'是望帝也。'"

——［唐］陆德明《经典释文》卷三十

杜宇曾为蜀帝王，化禽飞去旧城荒。年年来叫桃花月，似向春风诉国亡。

——［唐］胡曾《成都》，载［明］陆时雍《唐诗镜》卷五十三

郫县，次畿，东至府五十里，本郫邑。蜀望帝理汶山下，邑曰郫是也。秦灭蜀，因而县之不改。

——［唐］李吉甫《元和郡县志》卷三十二

望帝祠，在（彭州导江县）灌口镇城内。

——［唐］李吉甫《元和郡县志》卷三十二

旧说鱼凫政于湔山，仙去后，有男子从天堕，曰杜宇，为西海君，自立为蜀王，号望帝，徙都于郫或瞿上。自功高诸王，乃以褒斜为前门，熊耳、灵关为后户，玉垒、峨眉为城郭，江、潜、绵、洛为池泽，岷山为蓄牧，南中为园苑。时鳖令死，尸随水上，荆人求之不得。至蜀起，见望帝。望帝以之为相，后禅以国去之，隐于西山。民俗思之，时适二月，田鹃方鸣，因号杜鹃，以志其隐去之期。一云宇禅之而淫其妻，耻之，死为子嶲，故蜀人闻之皆起，云："我望帝也。"

——［宋］罗泌《路史·余论一》

郫，杜宇治。

——［宋］罗泌《路史·国名纪》卷己"古国"

望帝祠，在（益）州西五里。杜宇自立为蜀王，号望帝，有墓在郫县南一里，与鳖灵墓相对。杜甫诗云："君不见，昔日蜀天子，化为杜鹃似老乌。寄巢生子不自啄，群鸟至今为哺雏。虽同君臣有旧礼，骨月满眼身羁孤。业工窜伏深树里，四月五月偏号呼。其声哀痛口流血，所诉何事常区区。尔岂摧残始发愤，羞带羽翮伤形愚。苍天变化谁料得，万事反复何所无。万事反复何所无，岂忆当殿群臣趋。"

——［宋］祝穆《方舆胜览》卷五十一

望帝祠，在（益州）府西南五里，齐永宁末，刺史刘仲连置。

——［宋］乐史《太平寰宇记》卷七十二

望帝祠，在（导江）县西二十六里灌口镇。

——［宋］乐史《太平寰宇记》卷七十三

巫峡，在巫山县之西，《水经》云："杜宇所凿，以通江水。"《图经》

云："此山当抗峰岷峨、偕岭衡岳，凝结翼附，并出青云，谓之巫山。有十二峰，上有神女庙、阳云台，高一百二十丈。"

——［宋］祝穆《方舆胜览》卷五十七

蜀王杜宇，号曰望帝，都郫，有墓在焉。

——［宋］欧阳忞《舆地广记》卷二十九

在昔，蜀有贤主曰望帝，获楚人鳖灵以为相。当是时，巫山龙战，崩山壅江，水逆襄陵，蜀沉于海。望帝乃命鳖灵凿巫山、开三峡、决江水，泄通绵雒，合汉、沔，济荆、扬，然后得陆处，人保厥命。望帝以其功高，让位而去，鳖灵遂称丛帝，号开明氏，袭郡于郫。故蜀人诵先王功者，以开明氏比夏后氏焉。

——［宋］张俞《蜀丛帝新庙碑记》，［清］李馨纂修《郫县志书》卷九

扬雄《蜀纪》云："杜宇，一名杜主，代鱼凫王蜀，徙都于郫。"即杜鹃城也，后传其位于鳖灵。宋陈皋《记》云："杜宇、鳖灵墓在郫县南一里，二冢对峙若邱山，俱隶净林寺二里。"

——［明］曹学佺《蜀中广记》卷五"郫县"

李膺《益州记》曰："湔水路西七里灌口山，古所谓天彭阙也。"《华阳国志》："望帝之时，会有水灾。其相开明，决玉垒以除水害，遂委以政事。已而禅位于开明，之西山隐焉。"按：今灌口镇有望帝祠存。

——［明］曹学佺《蜀中广记》卷六"灌县"

杜宇名蒲卑，都于此邑，冢至今存。秦因以卑名邑也。

——［明］曹学佺《蜀中广记》卷五十一"郫县"

蜀在有周之世，限以秦巴。虽奉王职，不得与春秋盟会君长，莫同书轨。先有蜀王杜宇教民务农，始称帝，曰望帝。禅位于相开明，帝升西山隐焉。时适二月子鹃鸟鸣，故蜀人悲子鹃鸟鸣也。巴亦化其教而力务农，迄今巴蜀民农时先祀杜主君。

——［明］曹学佺《蜀中广记》卷五十五"风俗记"

《蜀本纪》："杜宇自天而降为蜀人，主称望帝，号曰天隳，言自天而隳也。"今成都北三十里天回山是其处，回、隳音同。复禅位于鳖灵，乃之西山，得道上升。

——［明］曹学佺《蜀中广记》卷七十一

杜宇亦曰杜鹃，蜀人称为望帝魂所化，其说前人言之详矣。《志》称成都有望帝庙。

——［明］何宇度《益部谈资》卷上

望帝庙有二，一在（成都）府治西五里，齐永宁末建。《九域志》："杜宇自立为蜀王，号望帝。"一在灌县西百步。

——［明］李光先修《四川总志》卷五

杜宇，古蜀主也。蜀尝大水，宇避水于长平山。后鳖灵开峡治水，人得陆处。宇禅位与灵，自居西山，得道生天。

——［明］李光先修《四川总志》卷八

杜宇，继鱼凫后。战国时自称望帝，性好稼穑，教民务农，禅其相鳖灵，升西山隐焉。后民感其惠，于二月方耕时，闻鹃鸣思宇，因呼为杜鹃云。

——［明］李光先修《四川总志》卷二十二

瞿上城，在县东十八里。《华阳国志》"杜宇或治瞿上"，即此。

——［明］李光先修《四川总志》卷二十六"双流县"

杜鹃城，在县北郊。

——［明］李光先修《四川总志》卷二十六"郫县"

杜宇氏，继鱼凫之后，教民务农。时朱提有梁氏女游江源，宇纳为妃，移治郫邑，或治瞿上。七国称王，杜宇称帝，号曰望帝，更名蒲卑。自以功德高诸王，乃以褒斜为前门，熊耳、灵关为后户，玉垒、峨眉为城郭，江、潜、绵、洛为池泽；以汶川为蓄牧，南中为苑囿。会有水灾，其相鳖灵决玉垒山以除水害，帝遂委以政事，法尧舜禅授之义，遂禅位于鳖灵。帝升西山隐焉。

——［明］李光先修《四川总志》卷二十九下

子归桥，（云阳）县西百步。……御史卢雍诗："杜陵老子有诗篇，始信云安有杜鹃。望帝精魂应不散，落花流水自年年。"

——［明］杨鸾纂《云阳县志》卷下

望帝故宫，在县北五十步古郫城，昔杜宇都此。晋时李雄自称益州牧，始亦都此，今宫址俱废。

——［清］朱鼎臣《郫县志》卷十二

《列仙通纪》："杜宇，蜀主也。蜀尝大水。宇与居人避于长平山，筑城垒居。后鳖灵开峡治水，得陆处。宇禅位与之，自居西山，得道升天。"

——［清］庄思恒《增修灌县志》卷九"仙释"

古郫城，在县北郊。《华阳国志》："杜宇初治郫邑。"秦张仪城郫，城

131

周回七里，在郡西北六十里。……《元和志》"县东至成都府五十里，本郫邑，蜀望帝治汶山下邑曰郫"是也。秦灭蜀因而县之不改，故郫城在县北五十里。

杜鹃城，在县北郊。扬雄《蜀纪》："杜主代鱼凫王蜀，徙都于郫。"即杜鹃城也。

——［清］朱鼎臣《郫县志》卷十二

蜀有王曰杜宇，号曰望帝，禅位于鳖灵，号曰开明氏，升西山隐焉。时适二月，子鹃鸟鸣，故蜀人悲之，闻子鹃鸣，即曰望帝也。

——［清］陈祥裔《蜀都碎事》卷一引［汉］李膺《蜀志》

《蜀志》云："望帝以褒斜为前门，熊耳为右户。"熊耳山在青神县。

——［清］陈祥裔《蜀都碎事》卷二

杜鹃城（原注："在县北郊。"）赵抃《成都记》云："杜宇亦曰杜主，自天而降，称望帝，好稼穑，教人务农，治郫。"至今蜀人将农者，必先祀杜主。时荆人鳖灵死，其尸溯流而上，至汶山下复生。见望帝，望帝因以为相。望帝没，其魂化为鸟，名曰杜鹃，亦曰子归（原注："杜鹃城之名，本此。"）。

——［清］李馨纂修《郫县志书》卷七

古来诗人皆传杜鹃为蜀望帝魂所化。左太冲《蜀都赋》云："鸟生望帝之魂。"杜宇者，望帝名也。杜少陵亦云："古时杜宇称望帝，魂化杜鹃何微细。"又："我见常再拜，重是古帝魂。"及观《华阳（国志·）蜀志》云："蜀王杜宇，号望帝，好稼穑，治郫城。会国有水灾，其相开明决玉垒山以除水患，帝遂禅位于开明，升西山隐焉。时适三月，蜀人悲之，闻子归之鸣，即曰望帝。"遂号子归为杜鹃，盖鹃为捐弃之意也，其实非魂化之谓。

——［清］彭遵泗《蜀故》卷九"杜鹃考"

扬雄《蜀本纪》:"蜀有王者,出于天隳山,盖天精也。朱提有梁氏女利,出自江源,宇纳为妃。宇王于蜀,号曰望帝,移居郫邑。"《艺文类聚》引《蜀本纪》云:"鱼凫始称蜀王,都郫邑,又筑杜宇城,因名杜宇。有朱提氏(原注:"一曰朱利。")自江源出,都于玉尺隳山。有女名望帝,美姿色,蜀王纳为妃,不习水土而卒。王痛之,遣五丁力士于武都山担土为冢。"与此舛乖,又以望帝为杜宇之妻,皆诸书所未言。来敏《本蜀论》云:"(杜宇)从天下。女子朱利自江源出,为宇妻。"

—— [清] 张澍《蜀典》卷二"朱提梁氏女"

杜宇山,在县西里许官道旁,俗名兔耳山,高丈许,广约丈余。

杜宇望帝陵,鳖灵丛帝陵,俱在县西南里许,二陵对峙。陈阜有碑记述其事颇详,载《艺文》,今其碑不存。

—— [民国] 李之青修《郫县志》卷六

3 鳖灵(鳖令、鳖泠)

荆人鳖令死,其尸随水上,荆人求之不得。令至汶山下复生,起见望帝。望帝者,杜宇也。从天下女子朱利,自江源出,为宇妻。遂王于蜀,号曰望帝。望帝立以为相。时巫山峡而蜀水不流,帝使令凿巫峡通水,蜀得陆处。望帝自以德不若,遂以国禅,号曰开明。

—— [汉] 来敏《本蜀论》,[北魏] 郦道元《水经注·江水》引

荆鳖令死,亡随水上,荆人求之不得也。鳖令至岷山下邑,起见蜀望帝。使鳖令凿巫山,然后蜀得陆处。望帝自以德不如,以国禅与鳖令,为蜀王,号曰开明。

—— [汉] 应劭《风俗通》,[宋] 李昉《太平御览》卷五十六引

鳖灵于楚死，尸溯乃流上，至汶山下，忽复更生，乃见望帝，望帝立以为相。时巫山壅江，蜀民多遭洪水，灵乃凿巫山，开三峡口，蜀江陆处。后令鳖灵为刺史，号曰西州皇帝。以功高，禅位与灵，号开明氏。

——［宋］李昉《太平广记》卷三七四引《蜀记》

仙穴山，在（阆中）县东北十里。《周地图记》云："灵山，峰多杂树。昔蜀王鳖灵帝登此，因名灵山。山东南有五女捣练石，山顶有池常清，有洞穴绝微，有一小径通旧灵山。"天宝六年，敕改为仙穴山。

——［宋］乐史《太平寰宇记》卷八十六"果州"

按诸《蜀记》，杜宇末年，逊位鳖令。鳖令者，荆人也。旧说鱼凫畋于湔山仙去，后有男子从天堕，曰杜宇，为西海君，自立为蜀王，号望帝。徙都于郫，或瞿上。自恃功高，诸王乃以褒斜为前门，熊耳、灵关为后户，玉垒、娥眉为城郭，江、潜、绵、洛为池泽，岷山为蓄牧，南中为园苑。时鳖令死，尸随水上，荆人求之不得，至蜀起，见望帝，望帝以之为相。后禅以国，去之，隐于西山，民俗思之。时适二月，田鹃方鸣，因号杜鹃，以志其隐去之期。一云宇禅之而淫其妻，耻之，死为子巂。故蜀人闻之，皆起曰："我望帝也。"杜甫每每起叹，所谓"杜宇曾为蜀帝王"者。据《风俗通》等，鳖令化从井出，既死，尸逆江，至岷山下起，见望帝。时巫山拥江，蜀洪水，望帝令（鳖）令凿之，蜀始陆处，以为刺史，号曰西州。自以德不如令，从而禅焉，是为蜀。开明氏年号万通，生芦保，亦号开明，时武都出五力士辅之。开明子孙八代都郫，九世至开明，尚始去帝号，称王，治成都。自开明五世，开明尚始立宗庙于蜀，则犹在五帝时。以今《蜀记》望帝，远记周襄王，至鳖令王蜀，十一代三百五十年，当始皇时，号蜀芦子霸王。夫始皇时，蜀灭久矣。《（蜀）记》言仪、错伐蜀，蜀王开明拒战不利，退走武阳，获之。乐史（《太平寰宇记》）云在彭山县，则是张仪灭之也。鳖，水名也，字一作鳖，音别，县在牂柯，《集韵》音币，而刺史乃秦官，故王充、刘知幾以（扬）子云之纪杜魄、荆尸为妄。鳖令，亦作鳖灵，墓在郫西五里。

——［宋］罗泌《路史·余论》卷一"杜宇、鳖令"

蜀之先，肇于人皇之际。黄帝子昌意，娶蜀人女，生帝喾，后封其支庶于蜀。始称王者，自名蚕丛。蜀之后主名杜宇，号望帝。有荆人鳖灵死，其尸浮水上，至汶山下又复生。望帝见之，用为相。以己之德不如鳖灵，让位鳖灵，立号开明。望帝自逃之后，欲复位不得，死化为鹃。每春月间，昼夜悲鸣。蜀人闻之，曰："我帝魂也。"名杜鹃，又名杜宇，又号子规。

——［明］陶宗仪《说郛》卷六十辑《寰宇记》

《图经》："怀安军，县二而镇九。"以县而言，金堂为大；以镇而言，古城为富。谚谓：'军不如县，县不如镇。'旧县在峡口，距东南四十里；镇在北一里；下为古城。河水由灌子滩入斜潭也。《志》云："峡口，相传鳖泠所凿。"

——［明］曹学佺《蜀中广记》卷八"金堂县"

《水经注》云："（嘉定州，）蜀王开明故治也。来敏《本蜀论》曰：'荆人鳖令死，其尸随水上，荆人求之不得。鳖令至汶山下邑复生，起见望帝。望帝者，杜宇也，从天下。女子朱利，自江源出，为宇妻。遂王于蜀，号曰望帝。望帝立，鳖令以为相。时巫山峡壅而蜀水不流，帝使鳖令凿巫峡通水，蜀得陆处。望帝自以德不若，遂以国禅，号曰开明。'"

——［明］曹学佺《蜀中广记》卷十一"嘉定州"

四渎，惟江最大。蜀水自江之外有七，皆注于瞿唐（塘），由荆达扬，以入于海。世传杜宇命其相鳖灵作三陜（峡）以通江水，而李冰离堆之凿，最有功于蜀。然总之，则大禹平成，功在万世矣。《书》曰："岷山导江，东别为沱。"盖水出于岷者，皆谓之江。出于江而别流，别而复合，皆谓之沱。此禹治功之神，流泽之远也。思昔若鳖灵、李冰，仅因禹迹，效一疏凿之力耳。谓之有功于蜀则可，谓之配禹则未也。

——［明］李光先修《四川总志》卷二十"水利"

从帝，名鳖灵，号开明氏。治水有功，受禅，城于郫。传九世，至孙开明，尚移治成都，不修武备，秦惠王遣司马错灭之。

——［明］李光先修《四川总志》卷二十二"初王"

鳖灵庙，在府东灵山上。郡人以古丛帝开明氏鳖灵王蜀有功，故立庙祀之。

——［明］李贤等《明一统志》卷六十八"保宁府"

灵山，峰多杂树，昔蜀王鳖灵帝登此，因名灵山。山东南有五女梼练石，山顶有池常清；有洞穴，绝微。有一小径通旧灵山。

——［清］王谟《汉唐地理书钞》辑《周地图记》

灵山，在县东十里。杜甫诗："阆州城东灵山白。"昔蜀王鳖灵帝登此，因名灵山。唐天宝六年，敕改为仙穴山。峰多杂树，东南峰有玉女捣练石。山顶有池常清，有洞穴悬绝微，有一小径相通。《新志》："上有龙女洞，能兴云雨。"

——［清］许治修、张晋生编《四川通志》卷二十三"阆中县"

鳖灵祠，在（保宁府）灵山上。

——［清］许治修、张晋生编《四川通志》卷二十八上

金堂山，……《明统志》："两山拱峙，河流其中。相传望帝相鳖灵所

凿。"宋转运使韩璹复修之，以通舟楫。亦曰金堂峡口。

————［清］仁宗敕修《大清一统志》卷三百八十四

灵山，在（阆中）县东十里。昔蜀王鳖灵登此，故名。上有龙女洞，唐天宝六年赐名仙穴山。此山盖即今之所谓梁山也。

————［清］徐继镛《阆中县志》卷一《山川志》

4 开明

鳖灵即位，号曰开明帝。帝生卢保，亦号开明。

————［汉］扬雄《蜀王本纪》，
载《全上古三代秦汉三国六朝文·全汉文》卷五十三辑

（鱼凫）后有王曰杜宇，教民务农，一号杜主。时朱提有梁氏女利，游江源，宇悦之，纳以为妃，移治郫邑，或治瞿上。七国称王，杜宇称帝，号曰望帝，更名蒲卑。自以功德高诸王，乃以褒斜为前门，熊耳、灵关为后户，玉垒、峨眉为城郭，江、潜、绵、洛为池泽；以汶山为畜牧，南中为园苑。会有水灾，其相开明决玉垒山以除水害，帝遂委以政事，法尧舜禅授之义，遂禅位于开明。……开明位号曰丛帝。丛帝生卢帝，卢帝攻秦，至雍生保子帝。帝攻青衣，雄张獠僰。九世有开明帝，始立宗庙。以酒曰醴，乐曰荆，人尚赤，帝称王。……开明王自梦郭移，乃徙治成都。周显王之世，蜀王有褒汉之地，因猎谷中，与秦惠王遇。惠王以金一笥遗蜀王，王报珍玩之物。物化为土，惠王怒，群臣贺曰："天承有矣，王将得蜀土地！"惠王喜，乃作石牛五头，朝泄金其后，曰牛便金，有养卒百人。蜀人悦之，使使请石牛。惠王许之，乃遣五丁迎石牛，既不便金，怒遣还之，乃嘲秦人曰："东方牧犊儿。"秦人笑之曰："吾虽牧犊，当得蜀也。"……蜀王别封弟葭萌于汉中，号苴侯，命其邑曰葭萌焉。苴侯与巴王为好，巴与蜀仇，故蜀王怒伐苴侯。苴侯奔巴，求救于秦。秦惠王方欲谋楚，群臣议曰："夫蜀，西僻之国，戎狄为邻，不如伐楚。"司马错、中尉田真黄曰："蜀有桀纣之乱，其国富饶，得其布帛金银，足给军用。水通于楚，有巴之劲卒，浮大舶船以东向楚，楚地可得。得蜀则得楚，楚亡则天下并矣。"惠王曰："善。"周慎王五年秋，秦大夫张仪、司马错、都尉墨等，从石牛道伐蜀，蜀王自于葭萌拒之。败绩，王遁走至武阳，为秦军所害，其相、傅及太子退至逢乡，死于白鹿山，开明氏遂亡。凡王蜀十二世。

——［晋］常璩《华阳国志·蜀志》

（南安）县治青衣江会衿、带二水矣，即蜀王开明故治也。来敏《本蜀论》曰："荆人鳖令死，其尸随水上，荆人求之不得。令至汶山下复生，起见望帝。望帝者，杜宇也，从天下。女子朱利，自江源出，为宇妻，遂王于蜀，号曰望帝。望帝立以为相。时巫山峡而蜀水不流，帝使令凿巫峡通水，蜀得陆处。望帝自以德不若，遂以国禅，号曰开明。"

——［北魏］郦道元《水经注·江水》

《志》云："治有开明王城故址。"《华阳国志》："蜀王开明以灵关为前门。"《寰宇记》："灵关山在县北二十里，峰岭嵯峨，傍夹大路。下有山峡口，阔三丈，长二百步，俗呼为重关，通蛮貘之乡，入白狼夷界。"

——［明］曹学佺《蜀中广记》卷十四"芦山县"

开明氏，蜀古国号也，都南安，今之嘉定州是。

——［明］曹学佺《蜀中广记》卷七十一

开明氏造七宝楼，以珍珠为帘。其后蜀郡火，民家数千与七宝楼俱毁。

——［明］曹学佺《蜀中广记》卷二引李膺《益州记》

开明王城，在芦山县西七里。旧经云开明王所筑。

——［明］李贤等《明一统志》卷七十二

望妃楼在子城西北隅，亦名西楼；开明妃之墓在武担山，为此楼以望之。

——［明］陶宗仪《说郛》卷六十二辑《成都古今记》

开明氏，名鳖灵，既受杜宇氏禅嗣位，治郫，号曰丛帝。丛帝生卢帝，卢帝攻秦，至雍生保子帝。帝攻青衣，雄张獠僰，九世有孙开明，尚始立宗庙。以酒曰醴，乐曰荆，色尚赤，帝复称王。周显王时，蜀王有褒汉之地，因猎谷中，与秦惠王遇。惠王以金一笥遗蜀王，王报以珍玩之物。物化为土，惠王怒，群臣贺曰："天奉我矣，王将得蜀土地！"惠王乃作石牛五头，朝泄金其后，曰牛便金。蜀王悦，使使请石牛，惠王许之。蜀王乃遣五丁力士开道迎牛，至不便金，怒遣还之。初，蜀王别封弟葭萌于汉中，号苴侯，命其邑曰葭萌。苴侯与巴王结好，遂与蜀仇。蜀王怒，伐苴侯。苴侯奔巴，求救于秦。秦惠王方欲谋楚，司马错、中尉田真黄皆请伐蜀。惠王曰："善。"周慎靓王五年秋，秦大夫张仪、司马错、都尉墨等从石牛道伐蜀，蜀王自将于葭萌拒之。败绩，走武阳，为秦军所害。其傅、相及太子退至逢乡，死于白鹿山，开明氏遂亡。

——［清］许治修、张晋生编《四川通志》卷二十九下

5 五丁（武都山精）

天为蜀王生五丁力士，能徙蜀山。王死，五丁辄立大石，长三丈，重千钧，号曰石井，千人不能动，万人不能移。蜀王据有巴蜀之地，本治广都，后徙治成都。秦惠王时，蜀王不降秦，秦亦无道出蜀。蜀王徙万余人传猎褒谷，卒见秦惠王。惠王以金一笥遗蜀王，蜀王报以礼物，礼物尽化为土。秦王大怒，臣下皆再拜稽首，贺曰："土者，地也，秦当蜀矣。"秦王

恐亡相见处，乃刻五石牛，置金其后。蜀人见之，以为牛能大便金。蜀王以为然，即发卒千人，使五丁力士拖牛成道，置三枚于武都，秦道乃得通，石牛之力也。后遣丞相张仪等从石牛道伐蜀。

武都人有善知蜀王者，将其妻女适蜀王。居蜀之后，不习水土，欲归。蜀王爱其女，留之，乃作《伊鸣之声》六曲以舞之。或曰：前武郡有丈夫化为女子，颜色美好，益山之精也。蜀王取以为妻，不习水土，疾病欲归国，蜀王留之。无几物故，蜀王即发卒，之武都担土，于成都郭中葬之。盖地数亩，高七丈，号曰武担，以石作镜一枚表其墓。于是知蜀王好色，乃献美女五人于蜀。王爱之，遣五丁迎女。还至梓潼，见一大蛇入山穴中，一丁引其尾不能出，五丁乃共引蛇。山崩，压五丁，五丁踏蛇而大呼，秦王五女及送迎者皆上山化为石。蜀王登台望之不来，因名候五女台。蜀王亲埋作冢，皆致方石，以志其墓。

　　　　　——〔汉〕扬雄《蜀王本纪》，载〔清〕王谟《汉唐地理书钞》

（开明）帝称王时，蜀有五丁力士，能移山、举万钧。每王薨，辄立大石，长三丈，重千钧，为墓志，今石笋是也，号曰笋里，未有谥列，但以五色为主，故其庙称青、赤、黑、黄、白帝也。……武都有一丈夫，化为女子，美而艳，盖山精也，蜀王纳为妃。不习水土，欲去。王必留之，乃为《东平之歌》以乐之。无几物故，蜀王哀之，乃遣五丁之武都担土，为妃作冢，盖地数亩，高七丈，上有石镜，今成都北角武担是也。后王悲悼，作《臾邪歌》《龙归之曲》，其亲埋作冢者，皆立方石，以志其墓。成都县内有一方折石，围可六尺，长三丈许。去城北六十里，曰毗桥，亦有一折石，亦如之。长老传言：（五）丁士担土担也。……惠王知蜀王好色，许嫁五女于蜀。蜀遣五丁迎之。还到梓潼，见一大蛇入穴中。一人揽蛇尾，掣之不禁。至五人相助，大呼拽蛇。山崩时，压杀五人及秦五女并将从，而山分为五岭，直顶上有平石。蜀王痛伤，乃登之，因命曰五妇冢山。川

（于）平石上为望妇堠，作思妻台，今其山或名五丁冢。

——［晋］常璩《华阳国志·蜀志》

梓潼县郡治有五妇山，故蜀五丁士所拽蛇崩山处也。

——［晋］常璩《华阳国志·汉中志》

秦惠王欲伐蜀而不知道，作五石牛，以金置尾下，言能屎金。蜀王负力，令五丁引之成道。秦使张仪、司马错寻路灭蜀，因曰石牛道。

——［北魏］郦道元《水经注·沔水》引来敏《本蜀论》

褒谷，在梁州褒城县北五十里南中山。昔秦故伐蜀，路无由入，乃刻石为牛五头，置金于后，伪言此牛能屎金以遗蜀。蜀侯贪，信之，乃今五丁共引牛，堑山堙谷，致之成都。秦遂寻道伐之，因号曰石牛道。《蜀赋》以石门在“汉中之西、褒中之北”，是。

——［汉］司马迁《史记·留侯世家》正义引《括地志》

秦惠王献五美女于蜀，王遣五丁迎女，乃见大蛇入山穴中。五丁拽蛇，山崩。五女上山，遂化为石。

——［梁］任昉《述异记》卷上

昔蜀王从卒数千，出猎于褒谷。秦惠王亦畋于山中，怪而问之，以金一筐遗蜀王。及报，欺之以土，秦王大怒。其臣曰：“此秦得土之瑞也。”秦王未知蜀道，乃刻石牛五头，置金于尾下，伪如养之者，言此天牛，能屎金。蜀人见而信之，乃令五丁共引牛成道，致之成都。秦始知蜀道，使张仪伐之。蜀王开明战不胜而亡蜀。今地接故金牛县界。

——［北魏］阚骃《十三州志》，张澍辑

五丁，秦时力士也。始皇欲伐蜀，但以道险不通，乃作石牛，置于界道，遗金于石牛上，而进入蜀，又献蜀美女。时有一丈蟒蛇，从山腹而入穴。五女往就观之，五丁力士遂共拔蛇。山崩，压煞（杀）五女，因名其山曰五妇山也。秦王遣兵，随石牛后伐蜀，遂即灭之也。出扬雄《蜀王本纪》。

——［唐］佚名《琱玉集》卷十二《壮力篇》

蜀王将此镜，送死置空山。冥寞怜香骨，提携近玉颜。众妃无复叹，千骑亦虚还。独有伤心石，埋轮月宇间。

——［唐］杜甫《石镜》，载《杜工部集》卷十一

剑泉，在梓潼县北十二里。昔蜀五丁至此，见大蛇入穴，兄弟忿而拔之。山摧，五丁毙焉，余剑隐于路隅，化为一泉。每庚申甲子日，其剑见光。

——［宋］祝穆《方舆胜览》卷六十七

武担山，在（成都）城北二百步，一名武都山。《蜀记》云："武都山精，化为女子，蜀王纳为妃，不习水土而死。王遣五丁于武都山担土为冢，故曰武担山。"今山有石照表其门焉。开明悼念不已，为作《臾邪之歌》《龙归之曲》。今成都及毗桥有一折石，长三丈，相传是五丁担土担。

——［宋］祝穆《方舆胜览》卷五十一

武担山，在（成都）府西北一百二十步，一名武都山。《蜀记》云："武都山精，化为女子，美而艳。蜀王纳为妃，不习水土，欲去。王必留之，作《东平之歌》以悦之。无几物故，蜀王乃遣五丁于武都山担土为冢，盖地数亩，高七丈。上有一石，厚五寸，径五尺，莹彻，号曰石镜。王见悲悼，遂作《臾邪之歌》《龙归之曲》。今都内及毗桥侧有一折石，长丈许，

云是五丁担土担也。"

—— ［宋］乐史《太平寰宇记》卷七十二

武担山，《蜀王纪》云："武担山精，化为女子，蜀王纳以为妃。妃死，王怜之，令五丁力士担土于成都为冢以葬妃，故曰武担。"今山上有石照存焉。

—— ［宋］欧阳忞《舆地广记》卷二十九

五妇山，西蜀王使五丁力士迎秦五女，还到梓潼，见一大蛇入穴，五丁乃引之，力极山崩，压杀五丁及秦五女，迄今谓之五妇山，连亘入梓州界。

—— ［宋］乐史《太平寰宇记》卷八十三"绵州"

五妇山在（梓潼）县北一十二里，高四百二十丈。按《蜀记》云："梓潼仙有五妇山，秦王遗蜀王美女五人，蜀王遣五丁迎女至梓潼。五丁蹋地大呼，惊五女，并化为石。蜀王筑台而望之不来，因名为五妇侯台。"《汉书·地理志》云："梓潼五妇山碑志存，有五妇山神庙。"

—— ［宋］乐史《太平寰宇记》卷八十四"剑州"

隐剑泉，在（梓潼）县北十二里。五丁力士庙，西一十步。古老相传云：五丁开剑路迎秦女，拔蛇山摧，五丁与秦女俱毙于此，余剑隐在路傍，忽生一泉。又云：此剑每庚申日现。

—— ［宋］乐史《太平寰宇记》卷八十四"剑州"

石笋，在（成都）城内。《寰宇记》："蜀之五丁，每一王死，辄为立大石，长三丈，重千均，以为墓志，今石笋是也。"杜甫诗："君不见，（益州）城西门，陌上石笋双高蹲。古来相传是海眼，苔藓蚀尽波涛痕。雨多往往得瑟瑟，此事恍惚难明论。恐是昔时卿相墓，立石为表今仍存。惜哉俗态好蒙蔽，亦如小臣媚至尊。政化错连失大体，坐看倾危受厚恩。嗟尔石笋

143

擅虚名，后生未识犹骏奔。安得壮士掷天外，使人不疑见本根。"

——［宋］祝穆《方舆胜览》卷五十一

石镜，在武担山。杜甫诗："蜀王将此镜，送死至空山。冥漠怜香骨，提携近玉颜。众妃无复叹，千骑亦虚还。独有伤心石，湮沦玉宇间。"

——［宋］祝穆《方舆胜览》卷五十一

武都山，在绵竹县，即蜀王妃所生之地。《蜀王本纪》："武都山精，化为女子，颜色美绝，蜀王纳以为妃。未几物故，乃发卒之武都担土，葬于成都郭中。"

——［宋］祝穆《方舆胜览》卷五十四

玉妃溪，在绵竹县。《成都耆老传》载："妃与五丁同生，父母弃之溪中，后闻呱呱之声，就视，乃一女五男。女即蜀文并妃，男即五丁。"

——［宋］祝穆《方舆胜览》卷五十四

开明妃墓，今武担山也。本曰武都，在府西百二十步，周三百五十步，云妃始武都男子，化为女，美艳。开明尚纳之，不习水土欲去，王作《东平之歌》。未几物故，既葬，表以二石阙、石镜。武陵王萧妃掘之，得玉石。棺中美女，容貌如生，体如冰，掩之而寺其上，镜周三丈五尺。乐史云："厚五寸，径五尺。"

——［宋］罗泌《路史·前纪》卷四"蜀山氏"，罗苹注

武都山有玉妃溪。《成都耆老传》载："妃与五丁同生，父母弃之溪，后闻呱呱声，就视，乃一女五男。女即蜀妃，男即五丁。"故《华阳国志》云"武都山精，化为美女"也。

——［明］曹学佺《蜀中广记》卷九"绵竹县"

（梓潼县）又有五妇山，在县北十二里，高四百二十丈。按《蜀记》云："梓潼县有五妇山。秦王遣蜀王美女五人，蜀王遣五丁迎女。至梓潼，五丁踏地大呼，惊五女，并化为石。蜀王筑台而望之不来，因名为五妇侯台。"《汉书·地理志》云："梓潼五妇山碑志存有五妇神庙。"……又有隐剑泉，在五丁力士庙西一十步。古老云：五丁开剑（路），路迎秦女，拔蛇山摧，五丁与秦女俱毙于此，余剑隐在路旁，忽生一泉。又云：此剑每庚申日现。

——［明］曹学佺《蜀中名胜记》卷二十六"梓潼县"

武都山精，化为女子，色美而艳，蜀之所无。蜀王闻，纳为妃，未几物故，王念之不已，筑墓使高，以示不忘。武都长人费氏五丁，从而媚王，以大力负武都山土增垒之。不日，墓与山齐，王名之曰武担山，谓妃死而怀土也，以石镜表其门。杜甫诗曰："蜀王将此镜，送死至空山。冥冥（漠）怜香骨，提携近玉颜。众妃无复叹，千骑亦虚还。犹有伤心石，埋轮月宇间。"事见《蜀本纪》及《文昌化书》。

——［明］詹詹外史《情史》卷十九"武都山女"

武都山精，化为女子，色美而艳，蜀之所无。有闻于王，开明尚纳以为妃。未几物故，王念之不已，筑墓使髙，以示不忘。武都长人费氏五丁，从而媚王，以大力负武都山土增垒之。不日，墓与山齐，王名之曰武担山，谓妃死而怀土也。

——［明］曹学佺《蜀中广记》卷七十九

五妇山，在梓潼县北一十二里。相传秦惠王遗蜀王美女五人，蜀王遣五丁力士迎之。至此，五丁蹋地大呼，五女并化为石，故名。

——［明］李贤等《明一统志》卷六十八

五丁庙，在梓潼县北一十二里。相传五丁力士开剑路迎秦女，拔蛇山摧，五丁与秦女俱毙于此，后人立庙祀之。

——［明］李贤等《明一统志》卷六十八

武担山精，化为美女，蜀王纳为妃，不习水土而死。王乃遣五丁，于武都担土为冢，故名武担，盖地数亩，高七尺。上有一石，厚五寸，径五尺，莹彻，号曰石镜。王见悲悼，作《臾邪之歌》《龙归之曲》。

——［清］陈祥裔《蜀都碎事》卷一引《蜀记》

五丁力士遗剑于梓潼县之龙潭岩，时发宝光。

——［清］彭遵泗《蜀故》卷二十一

旱山上有云即雨，故谚云："牛头戴，旱山晦，家中干谷莫相贷。"旁有石牛十二头，一云五头，盖秦惠王所造，以镇蜀者。山下有石池，水多蓴菜。

——［清］王谟《汉唐地理书钞》辑《周地图记》

6 苌弘

苌弘死于蜀，藏其血，三年而化为碧（郭象注："藏血化碧，精诚之至也。"成玄英疏："碧，玉也。……苌弘遭谮，被放归蜀。自恨忠而遭谮，遂刳肠而死。蜀人感之，以匮盛其血，三年而化为碧玉，乃精诚之至也。"）。

——［战国］庄周《庄子·杂篇·外物》

叔向之谗苌弘也，为书曰："苌弘谓叔向曰：'子为我谓晋君，所与君期者，时可矣，何不亟以兵来？'"因佯遗其书周君之庭而急去行。周以苌弘为卖周也，乃诛苌弘而杀之。

——［战国］韩非《韩非子·内储说下》

苌弘死，藏其血三年而为碧（高诱注："苌弘，周敬王大夫，号知天道，欲城成周，支天之所坏，故卫奚知其不得没也。及范吉射、荀寅叛其君，苌弘与知之周。刘氏、范氏世为婚姻，苌弘事刘文公，故周人与范氏。晋人让周，周为之杀苌弘，不当其罪，故血三年而为碧也。"）。

——［战国］吕不韦《吕氏春秋·必己》

昔者苌弘，周室之执数者也（许慎注："苌弘，周景王之人夫也，数历术。"）。天地之气，日月之行，风雨之变，律历之数，无所不通。然而不能自知，车裂而死（许慎注："晋、范中行氏之难，以畔其君也。周刘氏与晋范氏世为婚姻，苌弘事刘文公，故周人助范氏，至敬王二十八年，晋人让周，周为杀苌弘以释之，故曰而不能自知，车裂而死也。"）。

——［汉］刘安《淮南子·氾论训》

叔向之杀苌弘也，数见苌弘于周。因佯遗书曰："苌弘谓叔向曰：'子起晋国之兵以攻周，吾废刘氏而立单氏。'"刘氏请之君曰："此苌弘也。"乃杀之。

——［汉］刘向《说苑》卷十三

碧出苌弘之血，鸟生杜宇之魄。妄变化而非常，嗟见伟于畴昔。

——［魏晋］左思《蜀都赋》，载《六臣注文选》卷四

碧，石之青美者，从玉、石，白声。臣锴按：《庄子》："苌弘死于蜀，埋其血，三年化为碧。"臣以云："道家云'积精成青碧'，亦精气之所为也。"

——［唐］徐锴《说文解字系传》卷一

佣刓抱水含满唇，暗洒苌弘冷血痕。

——［唐］李贺《杨生青花紫石砚歌》，载《李长吉歌诗》卷三

《庄子》曰："苌弘死于蜀，藏其血，三年化为碧。"司马彪曰："苌必忠而流，故其血不朽而化为碧也。"

—— ［宋］李昉《太平御览》卷八百九

苌弘，资中人，即夫子问乐者也。

—— ［宋］祝穆《方舆胜览》卷六十三"资州"

苌弘祠，弘无辜受戮，死而血碧，故后人立祠以祀之。

—— ［宋］乐史《太平寰宇记》卷七十六"资阳县"

碧，丙昔切，音壁。……苌弘死于蜀，血三年化为碧。

—— ［明］张自烈《正字通》卷七

《礼记》苌弘氏，孔子尝问乐焉。死之三年，而血化为碧。按《图经》，苌弘，资中人，有祠在青泥坊，数里之内，土色尚青。

—— ［明］曹学佺《蜀中名胜记》卷八

苌弘，资中人，事刘文公，为其属大夫，孔子尝问乐焉。敬王元年，王居狄泉谓之东王时，南宫极震。弘谓文公曰："君其勉之，先君之功可济也。周之亡也，其三川震。今西王之大臣亦震，是天弃之矣，东王必克。"初，晋赵氏、范氏不相能，而范氏、刘氏世为婚姻。苌弘事刘文公，故周与范氏。二十八年，赵鞅以为讨，于是周人杀弘以谢之，藏其血于地，三年化为碧。按：《封禅书》曰："苌弘以方事周。灵王时，诸侯莫来朝周。周力少，弘乃明鬼神之事，设射狸首。"狸首者，诸侯之不来也，弘乃依物怪欲以致之。诸侯不从，而晋人怒，遂执杀苌弘。

—— ［明］曹学佺《蜀中广记》卷四十一

《蜀纪》："周大夫苌弘死，蜀人藏其血，三年变为碧珠。"

——〔明〕曹学佺《蜀中广记》卷六十七

周苌弘，资中人，敬王时为大夫，孔子尝从之问乐。景王二十一年一月乙卯，周毛得杀毛伯，过而代之。苌弘曰："毛得必亡，是昆吾稔之日也，不亡何待？"景王崩，敬王立，居狄原为东王。尹氏与毛得立王子，朝于王城，是为西王。二十八年八月丁卯，南宫极震。弘谓刘文公曰："君其勉之，先君之力可济也。周之亡也，其三川震。今西王亦震，天弃之矣，东王必大克。"六月癸卯，周人杀苌弘。弘死，蜀人藏其血，三年化为碧玉，蜀人祀之。

——〔明〕李光先修《四川总志》卷八

周末，杀苌弘于蜀，血碧色，入地化为碧玉，数里内土皆青色，故蜀有青泥坊。杜工部诗云"煮饭青泥坊里芹"，即此。

——〔清〕陈祥裔《蜀都碎事》卷一

苌弘被放归蜀，刳肠而死。蜀人以匮藏其血。三年而化为碧玉。

——〔清〕彭遵泗《蜀故》卷二十七

苌公祠，在（资）州北，祀周大夫苌弘。

——〔清〕许治修、张晋生编《四川通志》卷二十八

7 李冰

蜀守冰，凿离碓，辟沫水之害，穿二江成都之中（张守节正义："《风俗通》云："秦昭王使李冰为蜀守，开成都县两江，溉田万顷。神须取女二人以为妇，冰自以为女与神婚，径至祠劝神酒，酒杯澹澹，因厉声责之，因忽不见。良久，有两苍牛斗于江岸。有间，辄还流江〔汗〕，谓官属曰：

149

'吾斗疲极，不当相助耶？南向腰中正白者，我绶也。'主簿刺杀北面者，江神遂死。"）。

　　——［汉］司马迁《史记·河渠书》

　　秦昭王遣李冰为蜀郡太守，开成都两江，溉田万顷。江水有神，岁取童女二人以为妇，不然，为水灾。主者白："出钱百万以行聘。"冰曰："不须，吾自有女。"到时，装饰其女，当以沉江水。径至神祠，上神坐，举杯酹曰："今得传九族，江君大神，当见尊颜。"相敬酒，冰先投杯，但澹淡不耗。冰厉声曰："江君相轻，当相伐耳！"拔剑，忽然不见。良久，有两苍牛斗于岸旁。有间，冰还流汗，谓官属曰："吾斗太极，当相助也。若欲知我，南向腰中正白者，我绶也。"主簿乃刺杀北面者，江神遂死。蜀人慕其气决，凡壮健者，因名冰儿。

　　——［汉］应劭《风俗通》，见［宋］李昉《太平御览》卷二百六十二引，
另见［清］卢文弨《群书拾补》辑《风俗通逸文》

　　秦昭王遣李冰为蜀郡太守，开城（成）都两江，辟田万顷。江神每岁须童女二人，不然，为水灾。冰曰："以女与神，因（应）责之。"良久，有苍牛斗于岸上。有间冰还，谓官属曰："斗太极，可相助也。若欲知向，南腰中正白者我绶也。"主簿刺杀北向者，神遂绝。

　　——［汉］应劭《风俗通》，见［宋］李昉《太平御览》卷六百八十二引

　　秦昭王伐蜀，令李冰为守。江中有神，岁取童女二人为妇，主者自出钱百万以行聘。冰曰："不须，吾自有女。"到时装饰其女，当以沉江。冰径上坐，举酒酹，曰："今得传九族，江君天神，当见尊颜。"相为进酒。冰先投杯，但澹淡不耗。厉声曰："江君相轻，当相伐耳！"拔剑，忽然不见。良久。有苍牛斗于岸。有顷冰还，谓官属，令相助，曰："南向腰中正白，

是我绶也。"还复对斗，主簿刺杀其北面者。江神死，后无复患。

——［汉］应劭《风俗通》，见［宋］李昉《太平御览》卷八百八十二引

江水为害，蜀守李冰作石犀五枚，二枚在府中，一枚在市桥下，二枚在水中，以厌水精，因曰石犀里也。

李冰以秦时为蜀守，谓汶山为天彭阙，号曰天彭门，云亡者悉过其中，鬼神精灵数见。

（湔氐道）县前有两石，对对阙，号曰彭门。

——［汉］扬雄《蜀王本纪》，
载《全上古三代秦汉三国六朝文·全汉文》辑

周灭后，秦孝文王以李冰为蜀守。冰能知天文地理，谓汶山为天彭门。乃至湔氐县，见两山对如阙，因号天彭阙，仿佛若见神。遂从水上立祀三所，祭用三牲，圭、璧、沉渍。汉兴，数使者祭之。冰乃壅江作堋，穿郫江、检江，别支流，双过郡下，以行舟船。岷山多梓柏大竹，颓随水流，坐致材木，功省用饶。又溉灌三郡，开稻田，于是蜀沃野千里，号为陆海。旱则引水浸润，雨则杜塞水门，故《记》曰，"水旱从人，不知饥馑，时无荒年，天下谓之天府也。"外作石犀五头，以厌水精；穿石犀溪于江南，命曰犀牛里。后转置犀牛二头，一在府市市桥门，今所谓石牛门是也；一在渊中，乃自湔堰上分穿羊摩江、灌江；西于玉女房下白沙邮作三石人，立三水中，与江神要（约）："水竭不至足，盛不没肩。"时青衣有沫水，出蒙山下，伏行地中，会江南安，触山胁溷崖，水脉漂疾，破害舟船，历代患之。冰发卒凿平溷崖，通正水道。或曰：冰凿崖时，水神怒，冰乃操刀入水中与神斗，迄今蒙福。僰道有故蜀王兵栏，亦有神作大滩江中，其崖崭竣不可凿，乃积薪烧之，故其处悬崖有赤、白五色。

——［晋］常璩《华阳国志·蜀志》

昔沫水自蒙山至南安而溷崖，水脉漂疾，破害舟船，历代为患。蜀郡太守李冰发卒，凿平溷崖。河神虓怒，冰乃操刀入水与水神斗，遂平溷崖，通水路，开处即水所穿也。

——［晋］皇甫谧《帝王世纪》，见［宋］李昉《太平御览》卷五十九引

《风俗通》曰："秦昭王使李冰为蜀守，开成都两江，溉田万顷。江神岁取童女二人为妇。冰以其女与神为婚，径至神祠劝神酒。酒杯恒澹澹，冰厉声以责之，因忽不见。良久，有两牛斗于江岸旁。有间，冰还流汗，谓官属曰：'吾斗太亟，当相助也。南向腰中正白者，我授也。'主簿刺杀北面者，江神遂死。蜀人慕其气决，凡壮健者，因名冰儿也。"

——［北魏］郦道元《水经注·江水》

昔沫水自蒙山至南安西溷崖，水脉漂疾，破害舟船，历代为患。蜀郡太守李冰，发卒凿平溷崖。河神虓怒，冰乃操刀入水与神斗，遂平溷崖，通正水路。开处，即冰所穿也。

——［北魏］郦道元《水经注·若水》

（僰道）县有蜀王兵栏，其神作大难江中，崖峻阻险，不可穿凿。李冰乃积薪烧之，故其处悬岩犹有五色焉。赤白照水玄黄。鱼从僰来，至此而止，言畏崖屿不更上也。

——［北魏］郦道元《水经注·江水》

李冰为蜀郡守，有蛟岁暴，漂垫相望。冰乃入水戮蛟，已为牛形。江神龙跃，冰不胜。及出，选卒之男者数百，持强弓大箭，约曰："吾前者为牛，今江神必亦为牛矣。我以大白练自束以辨，汝当杀其无记者。"遂吼呼而入。须臾，雷风大起，天地一色。稍定，有二牛斗于上。公练甚长白，武士乃齐射其神，遂毙。从此，蜀人不复为水所病。至今大浪冲涛，欲及

公之祠，皆弥弥而去，故春冬设有斗牛之戏，未必不由此也。祠南数千家，边江低圮虽甚，秋潦亦不移适。有石牛，在庙庭下。唐大和五年，洪水惊溃，冰神为龙，复与龙斗于灌口，犹以白练为志。水遂漂下，左绵梓潼，皆浮川溢峡，伤数十郡，唯西蜀无害。

——［唐］卢求《成都记》，见［宋］李昉《太平广记》卷二九一"李冰"条引

越巂旧本有僰人，有荔枝、姜蒟，有（蜀）王岳（兵？）兰（栏）。李冰烧之崖有五色，赤白映水玄黄。鱼从楚来，至此而止，畏崖映其水故也。

——［唐］李贤《后汉书·郡国志》注

蜀朝庚午年夏，大雨，岷江泛涨，将坏京江。灌口堰上，夜闻呼噪之声，若千百人。列炬无数，大风暴雨，如火影不灭。及明，大堰移数百丈，堰水入新津江。李冰祠中，所立旗帜皆湿。导江令黄璟及镇静将军同奏其事。是时新津、嘉、眉水害尤多，而京江不加溢焉。

——［五代］杜光庭《录异记》卷四

《风俗通》云："秦昭王遣李冰为蜀太守，开成都两江，溉田万顷，江神每岁须童女二人。不然，为水灾。冰因自以女与神为婚，径至神祠前劝酒。酒杯常竭，冰厉声责之，因不见。良久，有两苍牛斗于江岸。有间，冰还流汗，谓官属曰'斗太极，当相助也。若知南向腰中正白者，即我也。'顷复斗，主簿因刺杀北面江神，从此绝其患矣。后民思其惠，今有祠存。"

——［宋］乐史《太平寰宇记》卷七十二

沫水，《华阳国志》："青衣、沫水出濛山下，伏行地中，会江於南安，水脉漂疾。李冰为蜀守，乃发卒凿平溷崖。时水神瘨怒，冰乃操刀入水中与神斗。"即此水也。水中出麸金。

——［宋］乐史《太平寰宇记》卷七十四

离崖，秦蜀守李冰所凿以道（导）江，是此崖音雅。

——［宋］乐史《太平寰宇记》卷七十七"雅州"

开宝五年，壬申岁秋八月初，成都大雨，岷江暴涨，永康军大堰将坏，水入府。江知军薛舍人文宝与百姓忧惶，但见惊波怒涛，声如雷吼，高十丈已来。中流有一巨材，随骇浪而下，近而观之，乃一大蛇耳。举头横身，截于堰上。至其夜，闻堰上呼噪之声，列炬纵横，虽大风暴雨，火影不灭。平旦，广济王李公祠内，旗枳皆濡湿，堰上唯见一面沙堤，堰水入新津江口。时嘉、眉州漂溺至甚，而府江不溢。初，李冰自秦时代张若为蜀守，实有道之士也。蜀困水难，至于臼灶生蛙，人罹垫溺且久矣。公以道法，役使鬼神，擒捕水怪，因是壅江泛浪，凿山离堆，辟沫水于南北；为二江，灌溉彭、汉、蜀之三郡，沃田亿万顷。仍作三石人，以誓江水，曰："俾后万祀，水之盈缩，竭不至足，盛不没肩。"又作石犀五，所以厌水物。于是蜀为陆海，无水潦之虞，万井富实，功德不泯，至今赖之。咸云：理水之功，可与禹偕也。不有是绩，民其鱼乎？每临江浒，皆立祠宇焉。

——［宋］黄休复《茅亭客话》卷一

石犀，去（成都）城三十五里犀浦。太守李冰作五石犀沉江，以压水怪。杜甫诗："君不见，秦时蜀太守，刻石立作三石牛。自古虽有厌胜法，天生江水向东流。蜀人矜夸一千载，泛溢不近张仪楼。今年灌口损户口，此事或恐为神羞。终藉隄防出众力，高拥木石当清秋。先王作法皆正道，诡怪何得参人谋。嗟尔三犀不经济，缺讹只与长川逝。但见元气常调和，自免洪涛恣凋瘵。安得壮士提天纲，再平水土犀奔茫。"

——［宋］祝穆《方舆胜览》卷五十一

誓水碑，《集古录》载："秦李冰为蜀守，凿山导江，以去水患。其神怒，化为牛，出没波上。君操刀入水，杀之，因刻石以为五犀牛，立之

154

水旁。与江（神）誓曰：'后世浅无至足，深无至肩。'谓之誓水碑，立在彭州。"

——［宋］祝穆《方舆胜览》卷五十四

《集古录》载："秦李冰为蜀守，凿山导江，以去水患。其神怒，化为牛，出没波上。君操刀入水杀之，因刻石以为五犀，立之水旁。与江（神）誓曰：'后世浅无至足，深无至肩。'谓之誓水碑，立在彭州。"

——［明］曹学佺《蜀中广记》卷五"彭州"

道将又云："秦李冰为蜀守，知天文地理，谓汶山为天彭门，乃至湔。及县，见两山相对如阙，仿佛若有神见，遂于水上立祠三所，祭用三牲，珪璧沉瓒。汉兴，数使使者祭之。"按扬雄《蜀记》："李冰以亡者过天彭阙，精灵数见焉。"

《古今集记》曰："李冰使其子二郎作三石人以镇湔江，五石犀以厌水怪，凿离堆山以避沫水之害，穿三十六江灌溉川西南十数州县稻田。自禹治水之后，冰能因其旧迹而疏广之。今县西三十三里犍尾堰索桥有李冰祠。"

范石湖《离堆诗序》："沿江两厓中断，相传秦李冰凿此以为江水：上有伏龙观，是冰锁孽龙处。蜀汉水涸，则遣官致祭，壅都江水以自足，谓之摄水。民祭赛者，率以羊岁，杀羊四五万计。"

——［明］曹学佺《蜀中广记》卷六"灌县"

《华阳国志》："李冰导水于洛。"《通山志》云："章山后厓有大冢。碑云：秦李冰葬所。"按《开山记》云："什邡公墓化，上有升仙台，为李冰飞升之处。"古《蜀记》谓李冰功配夏后，升仙在后城化，藏衣冠于章山冢中矣。

——［明］曹学佺《蜀中广记》卷九"什邡县"

《水经注》云："僰道县有蜀王兵兰，其神作大难江中，崖峻岨险，不可穿凿。李冰乃积薪烧之，故其处悬崖犹有赤、白、玄、黄五色照水。鱼从楚来，至此而止，言畏崖屿不更上也。"

——［明］曹学佺《蜀中广记》卷九"宜宾县"

《华阳国志》云："青衣有沫水，出濛山下，伏行地中，会江南安，触山胁溷崖，水脉漂疾，破害舟船，历代患之。李冰发卒，凿平溷崖，通正水道。"或曰："冰凿崖时，水神怒。冰乃操刀，入水中与神斗，至今蒙福。"按《汉书·沟洫志》："蜀守李冰凿离崋，避沫水之患。"晋灼云："崋，古堆字。"即此。

——［明］曹学佺《蜀中广记》卷十一"嘉定州"

（秦）时江神为孽，大为民害。冰乃使其子二郎作三石人及五石犀，以厌其怪，而蜀地至今无复水患。相与神之，以主蜀土。

——［明］曹学佺《蜀中广记》卷四十七"李冰"

秦孝文王时，蜀守李冰壅江作堋，穿郫江、检江，别支流，双过郡下，以行舟船。岷山多梓柏大竹，颓随水流，坐致材木，功省用饶。又溉灌三郡间稻田，于是蜀沃野千里，号为陆海。旱则引水浸润，雨则杜塞水门，故记曰："水旱从人，不知饥馑。时无荒年，谓之天府也。"应劭《风俗通》云："李冰为蜀太守，开成都两江，溉田万顷。江神每岁须童女二人，不然，为水灾。冰因自以女与神婚，径至神祠前劝酒，酒杯常竭。冰厉声责之，因不见。良久，有两苍牛斗于江岸。有间，冰还流汗，谓官属曰：'斗太极，当相助也。若知南向腰中正白者，即我也。'顷复斗，主簿因刺杀北面者，江神从此绝患。民思其惠，今有祠存。"宋祁作庙碑云："俗岁击羊豕雉鱼，伐鼓吹箫，倾数十州之人，奔走鼓舞，以娱悦神。"

——［明］曹学佺《蜀中广记》卷五十五"风俗记"

《成都记》曰："秦李冰为蜀郡守，有蛟岁为暴，漂垫相望。冰入水戮蛟，己为牛形，江神为龙跃。冰不胜，出，选卒之勇者数百，持强弓大箭，约曰：'吾前者为牛，江神今必亦为牛。吾束白练以辨，汝当射其无记者。'遂吼呼而入。须臾，雷风大起，天地一色。稍定，有二牛斗于上，卒乃齐射其无记者，江神遂毙，从此蜀人不复为水所苦。今大浪冲涛，欲及公祠，皆弥弥而去，故春冬设有斗牛之戏，未必不由此也。祠傍数千家，边江低圮，虽甚秋潦，亦不迁移。有石牛，在祠庭下。唐太和五年洪水，人见冰神为牛，复与龙斗于灌，牛犹有白练。水遂漂下，左绵、梓、潼，皆浮川溢峡，没数十郡，唯西蜀无害。"又云："蜀守冰穿三江、过郡下，琢石犀五头，以厌水怪；立石人二，与江神约，皆其子二郎之智也。后人神其功，号为川主，处处祀焉。"

——［明］曹学佺《蜀中广记》卷七十九

九井河，新繁治南五里，李冰所凿，象九宫以压水怪。

——［明］李光先修《四川总志》卷五

秦李冰仕秦，为蜀郡太守。行部至湔山，见水为民患，使其子二郎作三石人以镇江流、五石犀以压水怪，凿离堆山以避沫水之害，穿三十六江灌溉稻田，国号天府，野称陆海。冰之功，伟矣！

——［明］李光先修《四川总志》卷六

李冰谓蜀守。冰始凿三江，引水以行舟楫。岷山多梓柏、大竹，坐致材木，又即水开稻田，于是沃野千里，号为陆海。置绵、洛二水，用便溉灌；作石犀五，以压毒蛟，命曰犀牛，后更为耕牛二。又作二石人，立水中。冰非常人也，与江神约曰："水竭不至足，盛不没肩。"大凿岩崖，通沫水道。江之龙大怒，冰乃持刀入水与龙斗。龙死，遂无水害，迄今蒙利。蜀人称郫、繁为膏腴，绵、洛为浸沃。

——［明］李光先修《四川总志》卷二十四

秦强代蜀，命其臣李冰为守。是时江妖为暴，沫水淫流，沃野岁灾，民受其害。冰乃诛水妖，通水道，凿二山，酾二江，灌溉千里，变凶为沃，人赖其利。

——［清］李馨纂修《郫县志书》卷九

二郎庙在县治北郭山口堰上小山。雍正五年，敕封蜀守李冰为"敷泽兴济通祐王"，其子李二郎为"承续广惠显英王"（原注："令地方官制造神牌，每岁仲春、仲秋致祭，大邑遵照奉行，共一庙。"）。

——［清］宋载纂修《大邑县志》卷三

《史记·河渠书》《汉（书·）地理志》云："周赧王十四年，秦蜀守李冰凿离堆，避沫水之害。"《水经注》曰："沫水自蒙山至南安西溷崖，水脉漂疾，破害舟船，历代为患。蜀郡太守李冰凿平溷崖，河神颓怒。冰乃操刀入水与神斗，遂平溷崖，通正水路。"《华阳国志》云："青衣有沫水，出蒙山下，伏行地中，会江南安，触山胁溷崖，水脉漂疾，破害舟船，历代患之。冰发卒，凿平溷崖，平正水道。"案：溷崖即离堆也，在今嘉定，即南安也。离堆，即乌牛，亦谓之乌尤。颜鲁公《记》谓在新政。新政，今阆中。洪氏《隶释》云在夹江，王象之《舆地纪胜》云："离堆有二处，一在永康，一在沈黎。"《元和郡县志》云在雅州，近人谓名山、南部、苍溪三县皆有之。《明史·地理志》以湔堋江为离堆，是谓在灌县矣，均属瘝说。夫知凿离堆为避沫水，即可知离堆之定所矣。《隶释》有《汉南安王君平乡道碑》，云："永元六年，南安长扶风王君遣掾何童史道兴取崖，通道驰驱，无所谓难。"所平之碓，即离堆也，尤可见离堆之在嘉定矣。《前汉（书·）沟洫志》作离堻，晋灼云："堻，古堆字，岸也。"《河渠书》作离碓，《晋书·胡奋传》作离堆，《桂阳太守周憬碑》作犁魋。

——［清］张澍《蜀典》卷一下

8　文翁

蜀有回复水，江神尝溺杀人。文翁为守，祠之，劝酒不尽，拔剑击之，遂不为害。

——［北魏］郦道元《水经注·江水》，又［明］陈耀文《天中记》卷九、［清］张英《渊鉴类函》卷三十引《水经注》文同

巴属重庆府，峡深滩险，宜多灵怪，其棕精不审是何物，余疑其名久矣。偶读《水经·江水》注云：“蜀有回复水，江神常溺杀人。文翁为守，祀之，劝酒不尽，拔剑击之，遂不为害。”然亦不言江神何状也。又引《风俗通》言“秦昭王时，蜀守李冰与江神斗，两俱作牛形”，而江神以被刺死，则似非文翁所击者也。

——［清］郝懿行《晒书堂集》卷四

仙众编

1 天真皇人（中皇丈人）

昔黄帝……到峨眉山见天真皇人于玉堂，请问真一之道。皇人曰："子既君四海，欲复求长生，不亦贪乎？"其相覆不可具说，粗举一隅耳。夫长生仙方，则唯有金丹；守形却远，则独有真一，故古人尤重也。

——［晋］葛洪《抱朴子·内篇·地真》

今传《灵宝经》者，则是天真皇人于峨眉授于轩辕黄帝，又天真皇人授帝喾于牧德之台，夏禹感降于钟山，阖闾窃窥于句曲。其后有葛孝先之类、郑思远之徒，师资相承，蝉联不绝。

——［宋］张君房《云笈七签》卷三"道教所起"

昔天真皇人于峨嵋山中告黄帝曰："一人之身，一国之象也。胸腹之位，犹宫室也；四肢之列，犹郊境也；骨节之分，犹百官也；神犹君也，血犹民也；能知治身，则知治国矣。夫爱其民所以安其国，啬其气所以全其身。民散则国亡，气竭则身死。亡不可复存，死不可复生。至人，消未生之患，治未病之疾；坚守之于无事之前，不追之于既逝之后。民难养而易散，气难保而易失。审威德者保其理，割嗜欲者保其炁，得不勤哉？得不成哉？"

——［宋］张君房《云笈七签》卷二十九"禀受章"

黄帝谒娥眉，见天真皇人（罗苹注："《三一经》云：黄帝游灵台青城山绝岩之下，见天真皇人。而《上清记》《龙跷经》《四极明科》《苞元玉箓》《抱朴子》等皆言黄帝谒娥眉，其事甚著。或云在青城，乃见宁封于青城尔，事见《玉匮》。宁封告帝曰'天真皇人在峨眉山，因授龙跷'等事，见《上清记》及《青城〔山记〕》等记。今青城有宁封洞室、轩后坛，及黄帝辙迹甚多。"），拜之玉堂，曰："敢问何为三一之道？"皇人曰："而既已，君统矣。"

——［宋］罗泌《路史·前纪》卷三

天真皇人，不知其得道之始，然是前劫修真极道之人也。身长九尺，玄毛被体，皆长尺余。黄帝时在峨嵋绝阴之下，苍玉为屋，黄金为座，张华罗幡，然百和香，侍者、仙童、玉女，座宾三人，皆称泰清仙王。黄帝再拜问道，授以《五牙》《三一》之文。又在峨嵋山以《太上灵宝度人经》授黄帝，又授帝訾于牧德之台。一云蜀岷山江北有慈母山，天真皇人修炼之所。山有龙池，池中有金、银、铜、铁鱼，各从其色。得食者，味同干姜，服之可以长生，谓之肉芝。

——［元］赵道一《历世真仙体道通鉴》卷四

蜀多名山，为神仙所会。……昔黄帝与宁先生、天真皇人会众真于此，号其地为三会台，有铜马隐于林间，今龙桥乃其旧迹。后之人于（新繁）铜马隐处筑台以志之。

——［元］赵道一《历世真仙体道通鉴》卷四十二

《三皇经》云："皇人者，泰帝之所使，在峨眉山。黄帝往受'真一五牙'之法。"

——［明］曹学佺《蜀中广记》卷十一

《先天本纪》："黄帝南至青城山，礼中皇丈人，问真一之道。丈人曰：'子既居有海内，复求长生，不亦贪乎？'频相反复，而后授道。"按《山海经》有中皇之山，即此。

——［明］曹学佺《蜀中广记》卷七十一

黄帝至峨眉山，见天皇真人于玉堂，咨问三一（原注："三才合一。"）之道。帝受其说，终身弗违而天下治。

——［清］许治修、张晋生编《四川通志》卷二十九下

❷ 赤松子

赤松子者，神农时雨师也。服水玉以教神农，能入火自烧。往往至昆仑山上，常止西王母石室中，随风雨上下。炎帝少女追之。亦得仙俱去、至高辛时，复为雨师，今之雨师本是焉。

——［汉］刘向《列仙传》卷上

赤松观在古松（潘）之南，世传三皇时雨师，随风雨上下，莫知其迹，于此地飞升，后人立祠焉。元鼎失驭，兵燹之余，其迹尚存。

——［明］曹学佺《蜀中广记》卷三十一"松潘"

❸ 宁封子（宁封先生、五岳丈人）

宁封子者，黄帝时人也，世传为黄帝陶正。有人过之，为其掌火，能出五色烟，久则以教封子。封子积火自烧，而随烟气上下，视其灰烬，犹有其骨，时人共葬于宁北山中，故谓之宁封子焉。

——［汉］刘向《列仙传》卷上

丈人观，在青城北二十里，今名会庆建福宫。旧记云："昔宁封先生栖于北岩之上，黄帝师焉，乃筑坛，拜宁君为五岳丈人。"或云故基在今重庆府天国寺中。

——［宋］祝穆《方舆胜览》卷五十五

　　宁封先生栖于蜀之青城山北岩。黄帝师焉，请问三一之道。先生曰：
"吾闻天真皇人被太上敕，近在峨嵋，达三一之源，可师而问之也。"因以
《龙蹻经》授黄帝。黄帝受之，能策云龙，以游八极。乃筑坛其上，拜宁君
为五岳真人，使川岳百神清都受事。乃入峨嵋北岩，受皇人三一之道，周
旋海岳，车辙存焉。又云：黄帝封宁君主五岳上司，岳神以水报刻漏于此，
是谓六时水。阴时即飘然而洒，阳时即无。

——［元］赵道一《历世真仙体道通鉴》卷三

　　《道教灵验经》曰："黄帝诣青城宁先生，受《龙蹻经》，封先生为五岳
丈人，戴盖天之冠，著朱光之袍，佩三庭之印，与灊山司命、庐山使者并
称五岳上司，敕五岳神，月再朝焉。虚中洒水，以代晷漏，今名六时水是
也。"按：宁先生名封，居青城之大面山，黄帝礼之，见《玉匮经》《上清》
及《青城》等记。刘向《列仙传》以宁封子为黄帝陶正，能作五色烟，积
火而自燔云。

——［明］曹学佺《蜀中广记》卷七十一

　　天国山在灌县，左连大面，右连鹤鸣；前临狮子，后枕大隋。上有龙
池及融照寺，按即天国寺，云是黄帝筑坛封宁封处。（出）《蜀本记》。

——［清］陈祥裔《蜀都碎事》卷一

　　宁封，《一统志》："黄帝时人，隐居青城山丈人峰下，黄帝从之问道。
自唐以来，号五岳丈人、储福定命真君。"《列仙传》："世传为黄帝陶正，积
火自烧，而随烟气上下。视其灰烬，犹有其骨。时人共葬于宁北山中，故
谓之宁封子。"旧志："青城丈人观，即其修真处。宋赐名会真建福宫。"

——［清］庄思恒《增修灌县志》卷九"仙释"

4 彭祖

彭铿斟雉帝何飨（王逸注："彭铿，彭祖也，好和滋味，善斟雉羹，能事帝尧，尧美而飨食之。"）？受寿永多，决何久长（王逸注："言彭祖进雉羹于尧，尧飨食之以寿考。彭祖至八百岁，犹自悔不寿，恨枕高而唾远也。"）？

——［战国］屈原《天问》

（舜）摄政八年而尧崩。三年丧毕，让丹朱，天下归舜，而禹、皋陶、契、后稷、伯夷、夔、龙、垂、益、彭祖皆举用，未有分职（司马贞索隐："彭祖即陆终氏之第三子，篯铿之后，后为大彭，亦称彭祖。"张守节正义："彭祖，自尧时举用，历夏殷，封于大彭。"）。

——［汉］司马迁《史记·五帝本纪》

彭祖寿年八百岁，犹恨唾远。

——［汉］应劭《风俗通》逸文，见［清］卢文弨《群书拾补》辑

彭祖九子，据德不殆；南山松柏，长受嘉福。

——［汉］焦延寿《焦氏易林·乾之第一》

彭祖者，殷大夫也。姓篯，名铿，帝颛顼之孙，陆终氏之中子，历夏至殷末，八百余岁，常食桂芝，善导引行气。历阳有彭祖仙室，前世祷请风雨，莫不辄应。常有两虎在祠左右，祠讫，地即有虎迹云。后升仙而去。

——［汉］刘向《列仙传》卷上

彭祖者，殷时大夫也。姓钱，名铿。帝颛顼之孙，陆终氏之中子。历

夏而至商末，号七百岁，常食桂芝。历阳有彭祖仙室。前世云：祷请风雨，
莫不辄应。常有两虎在祠左右。今日祠之讫，地则有两虎迹。

——［晋］干宝《搜神记》卷一

……（殷王）乃令采女乘辎轶往问道于彭祖，既而再拜，请问延年益
寿之法。彭祖曰："……吾遗腹而生，三岁而失母，遇犬戎之乱，流离西域，
百有余年。加以少枯，丧四十九妻，失五十四子，数遭忧患，和气折伤，
冷热肌肤不泽，荣卫焦枯，恐不度世，所闻浅薄，不足宣传。"……乃去，
不知所之。其后七十余年，闻人于流沙之国西见之。

——［晋］葛洪《神仙传》卷一

按《彭祖经》云："其自帝喾佐尧，历夏至殷为大夫。殷王遣彩女从
受房中之术，行之有效，欲杀彭祖以绝其道。彭祖觉焉而逃去，去时年
七八百余"，非为死也。《黄石公记》云："彭祖去后七十余年，门人于流沙
之西见之"，非死明矣。又彭祖之弟子青衣乌公、黑穴公、秀眉公、白兔公
子、离娄公、太足君、高丘子、不育来七八人，皆历数百岁，在殷而各仙
去，况彭祖何冒死哉。

——［晋］葛洪《抱朴子·内篇·极言》

彭祖言天上多尊官大神，新仙者位卑，所奉事者非一，但更劳苦，故
不足役役于登天，而止人间八百余年也。又云：古之得仙者，或身生羽翼，
变化飞行，失人之本，更受异形，有似雀之为蛤、雉之为蜃，非人道也。
人道当食甘旨，服轻暖，通阴阳，处官秩，耳目聪明，骨节坚强，颜色悦
怿，老而不衰，延年久视，出处任意，寒温风湿不能伤，鬼神众精不能犯，
五兵百毒不能中，忧喜毁誉不为累，乃为贵耳。若委弃妻子，狂独处山泽，
邈然断绝人理，块然与木石为邻，不足多也。

——［晋］葛洪《抱朴子·内篇·对俗》

彭祖本生蜀，为殷太史，夫人为国史，作为圣则仙自上世、见称在昔。

——［晋］常璩《华阳国志·序》

（彭）城之东北角，起层楼于其上，号曰彭祖楼。《地理志》曰："彭城县，古彭祖国也。"《世本》曰："陆终之子，其三曰篯，是为彭祖，彭祖城是也。"下曰彭祖冢。彭祖长年八百，绵寿永世，于此有冢，盖亦元极之化矣。其楼之侧，襟汳带泗，东北为二水之会也。耸望川原，极目清野，斯为佳处矣。

——［北魏］郦道元《水经注·获水》

江水自武阳东至彭亡聚。昔岑彭与吴汉溯江水入蜀，军次是地，知而恶之。会日暮不移，遂为刺客所害，谓之平模水，亦曰外水。此地有彭冢，言彭祖冢焉。

——［北魏］郦道元《水经注·江水》

彭门山，两峰如阙，相去四十步，名天彭门，因以名州。又曰：彭祖出入此山，因名彭门。

——［宋］祝穆《方舆胜览》卷五十四"彭州"

隆山郡，隋开皇初属陵州，唐贞观元年省隆山入通义，二年复置来属。先天元年，改为彭山，取彭女山为名，有彭亡聚，相传彭祖亡于此。

——［宋］欧阳忞《舆地广记》卷二十九

彭祖墓在彭亡山，旧亦有祠。苏辙诗："猖狂战国古神仙，曳尾泥涂老更安。厌世乘云人不见，空坟聊复葬衣冠。"

——［明］李光先修《四川总志》卷十五

　　彭祖，古陆终氏第三子篯铿也。自尧历夏，殷时封于天彭。周衰，始浮游四方，晚复入蜀，抵武阳家焉。按《神仙传》，彭祖姓篯名铿，帝颛顼之玄孙也，殷末已七百六十七岁而不衰，专好恬静，不恤世务，不营名誉，不饰车服，唯以养生治身为事。殷王闻之，以为大夫，常称疾不与政事，善于补导之术，恒有少容。然性沉重，终不自言，有道亦不作诡惑、变化、鬼怪之事。又有采女者，亦少得道，知养性之方，年二百七十岁，视之如五六十，殷王奉事之于掖庭。乃令采女往问道于彭祖，请延年益寿之法，具授采女以教王。王试之有验，屡欲秘之，乃下令国中有传祖之道者诛，又欲害祖以绝之，祖知之乃去。其后七十余年，有人于流沙国西见之。按：今彭山县有彭祖冢，苏轼（编者按：当为苏辙）题诗曰："猖狂战国古神仙，曳尾泥涂老更安。厌世乘云人不见，空坟聊复葬衣冠。"又有烧香盘在县治仪门外，以石为之。其形四方，有台高八尺许，相传为祖烧香祝延之地。

　　——［明］曹学佺《蜀中广记》卷七十四

　　周彭祖，古陆终氏第三子钱铿也。自尧历夏，殷时封于天彭。周始衰，浮游四方，晚入蜀，抵武阳家焉。

　　——［明］李光先修《四川总志》卷十五"仙释"

　　彭祖善御女致寿，而卒以晚妻郑氏妖淫败道而死。

　　——［清］吕抚《纲鉴二十四史通俗演义》第四十三回

　　亡山，在（彭山）县东十里，一名彭望，《寰宇记》作彭女山。俗传：周末，彭祖家于此而亡，遂名。今其地有彭祖冢。

　　——［清］许治修、张晋生编《四川通志》卷二十五

　　彭祖庙，在彭山县江口山。

　　——［清］许治修、张晋生编《四川通志》卷二十八上

❺ 葛由

葛由者，羌人也，周成王时，常刻木为羊卖之。一旦，骑羊而入蜀，蜀中王侯贵人追之，上绥山。绥山在峨眉山西南，高无极也，随之者不复还，皆得仙道。故里谚曰："得绥山一桃，虽不得仙，亦足以豪。"山下立祠数十处云。

——［汉］刘向《列仙传》卷上

前周葛由，蜀羌人也。周成王时，好刻木作羊卖之。一旦，乘木羊入蜀中。蜀中王侯贵人追之，上绥山。绥山多桃，在峨眉山西南，高无极也。随之者不复还，皆得仙道，故里谚曰："得绥山一桃，虽不能仙，亦足以豪。"山下立祠数十处。

——［晋］干宝《搜神记》卷一

葛由，蜀羌人，能刻木为羊卖之。一旦，乘羊入蜀城，蜀之豪贵或随之上绥山。绥山高峻，在峨眉之西，随者皆得道不复还，故里语曰："得绥山一桃，虽不能仙，亦足以豪。"山下多立祠焉（出《法苑珠林》）。

——［宋］李昉《太平广记》卷二百二十五，
另见《太平御览》卷四十四引《列仙传》

废绥山县在州西四十里，汉为武阳县。地有废城，在今县东。隋招慰生獠于此，置绥山县，因山为名。

绥山，《列仙传》："葛由，周威王时好刻木为牛卖之。一日，骑木牛见人，蜀中王侯追之上绥山。绥山，在峨眉山西南，其高无极。随之者不复还，皆得仙道。谚云：'得绥山一桃，虽不得仙，亦足以豪。'"

——［宋］祝穆《太平寰宇记》卷七十四"眉州"

《列仙传》："葛由者，羌人也，周成王时，常刻木为羊卖之。一旦，骑羊入蜀，蜀中王侯贵人追之上绥山。绥山在峨眉山西南，其高无极，随之者不复还，皆得仙道。故里谚曰：'得绥山一桃，虽不得仙，亦足以豪。'山下立祠数十处。"

——［明］曹学佺《蜀中广记》卷七十四"神仙传"

葛由，蓬（州）人，尝乘木羊上绥山，随者皆得道上升。

——［明］李光先修《四川总志》卷十"顺庆府"

大蓬山，在县东北七十里，一名绥山，与小蓬山相去二里。《列仙传》云："有葛由者，周成王时乘木羊入蜀。蜀中王侯宾之，后去，追上绥山，随之者皆得仙术。"山在安固县东三十里，即此。其山高险，方圆四十里，上起十二峰，崖高数十丈，松木秀茂，状若海中蓬莱。中有朝隐洞，空阔可容数百人。又有透明岩，孔穴相连，宛如穿凿。俯瞰州郭，天气清明，渠、达诸山，历历可数。又有双龙池，其水分黄黑二色，旱祷辄应焉。

——［清］许治修、张晋生编《四川通志》卷二十四"营山县"

《列仙传》："绥山，在峨眉山西南，无极。山上有桃，羌人葛由居焉，常牧羊卖桃。一旦，牵羊入蜀城，王侯贵人追之上绥山，皆得仙。故谚云：'得绥山一桃，虽不得仙，亦足以豪。'"

——［清］许治修、张晋生编《四川通志》卷三十八之三

葛由者，蜀之羌人也。周成王时，刻木为羊卖之。一旦，乘木羊入蜀。蜀中王侯宾客追上绥山，随之者皆得仙术。

——［清］彭遵泗《蜀故》卷二十一"仙"

葛由者，蜀之羌人也，周成王时，刻木为羊卖之。一旦，乘木羊入蜀。

蜀中王侯宾客追上绥山，随之者皆得仙术（原注："《列仙传》。"）。按：绥山，即大蓬山。梁于此置绥山县，唐改为蓬山。山在顺庆府蓬州。

——［清］陈祥裔《蜀都碎事》卷二

6 邢子

邢子者，自言蜀人也，好放犬子。时有犬走入山穴，邢子随入。十余宿，行度数百里，上出山头。上有台殿宫府，青松树森然，仙吏侍卫甚严。见故妇主洗鱼，与邢子符一函并药，便使还与成都令乔君。乔君发函，有鱼子也，著池中养之。一年，皆为龙形，复送符还山上，犬色更赤，有长翰，常随邢子往来。百余年，遂留止山上，时下来护其宗族。蜀人立祠于穴口，常有鼓吹传呼声，西南数千里共奉祠焉。

——［汉］刘向《列仙传》卷下，

亦见［宋］李昉《太平御览》卷九百五引，文略异

邢子者，自言蜀人也，好放犬，知相犬。时有犬走入山穴，邢子随入。十余宿，行度数百里，上出山头。上有台殿宫府，青松森然，仙吏侍卫甚严。见故妇主洗鱼，与邢子符一函，便使还与成都令乔君。乔君发函，有鱼子也，著池中养之。一年，皆为龙，复送符还山上。犬色更赤，有长翰，常随邢子往来。百余年，遂留止山上，时下来护其宗族。蜀人立祠于穴口，常有鼓吹传呼声，西南数十里共奉祠焉。

——［宋］张君房《云笈七签》卷一百八、

［元］赵道一《历世真仙体道通鉴》卷三

邢子，蜀人也，好放犬子。时有犬走入山穴，邢子深追之，见有台殿宫室，侍卫甚严。故妇主洗鱼，与邢子符一函并药，使还与成都令桥君。桥君发函，有鱼子，著池中养之，一年皆为龙形。后送符还山，犬色更赤，

有长翰，常随邢子往来。百余年，遂留止山上，时下护其宗族。蜀人立祠穴口，常有鼓吹传呼声。

———［明］王圻《续文献通考》卷二百四十一

《列仙传》："邢子者，蜀人也，好畋猎，知相犬（编者按：余文略同上引）。"按《道钥记》，"昔蜀邢子已成丹，不能出神。有仙童来告，曰：'月生之月，君之亲族犹有不禁者，阴德未远，故迟君成仙期耳。'邢子于是家书一纸与之。明年，蜀大疫，邢子亲族无一人染者。"予考辑柳编所载：鸡生于寅，正月食鸡者夺算；豕生于卯，鸭生于辰，鱼生于巳，蟮生于午，虾生于未，鳖生于申，鹅生于酉，犬生于戌，蟹生于亥，羊生于子，牛生于丑，当其月食之，俱不利。此即仙童月生之说也。《华阳国志》巴郡名山有石书邢山，即邢仙逐犬处也。

———［明］曹学佺《蜀中广记》卷七十五

邢子，周时人，居蜀好道，往来蜀山百余年。

———［明］夏树芳《奇姓通》卷二

郭元祖《列仙传·邢子赞》曰："邢子寻犬，宕入仙穴。馆阁峨峨，青松列列。受符传药，往来交结。遂栖灵岑，音响昭彻。"

———［清］张澍《蜀典》卷十上

7 陆通

陆通者，云楚狂接舆也。好养生，食橐卢木实及芜菁子，游诸名山，在蜀峨眉山上，人世世见之，历数百年去。

———［汉］刘向《列仙传》卷上，亦见［宋］张君房《云笈七签》卷一百八狂接舆，楚人也，耕而食。楚王闻其贤，使使者持金百镒聘之，曰："愿先生治江南。"接舆笑而不应。使者去，妻从市来，曰："门外车马迹何深也？"接舆具告之。妻曰："许之乎？"接舆曰："富贵，人之所欲，子何恶之？"妻曰："吾闻至人乐道，不以贫易操，不为富改行。受人爵禄，何以待之？"接舆曰："吾不许也。"妻曰："诚然，不如去之。"夫负金甑，妻戴纴器，变姓名，莫知所之。尝见仲尼，歌而过之，曰："凤兮凤兮，何德之衰？往者不可谏，来者犹可追。"后更名陆通，好养性，在蜀峨嵋山上，世世见之。

——［宋］李昉《太平御览》卷五百九引［晋］嵇康《高士传》

陆通者，楚狂接舆也，好养性，食桃楂实。游诸名山，蜀峨嵋山上世世见之，历数百年，不知其终。

——［唐］王松年《仙苑编珠》卷下

陆通，字接舆，与妻俱隐蜀峨嵋诸名山，食菌栌实，服黄菁子，寿数百年，俗传以为仙。

——［宋］陈与义《增广笺注简斋诗集》卷一［宋］胡稚笺注引皇甫谧《高士传》

《列仙传》云："陆通者，楚狂接舆也。好养生，食橐卢木实及芜菁子，游诸名山，住蜀峨眉山上，人世世见之，历数百年也。"按：晋皇甫谧作《高士传》、宋刘孝标注《世说》、唐陈子昂赋《感遇》诗，皆以接舆为避楚入蜀，隐于峨眉，今有接舆歌凤台焉。

——［明］曹学佺《蜀中广记》卷七十四"神仙传"

陆通，即楚狂接舆也。春秋时，王使聘于江南，通笑而不应。妻曰："妾与先生躬耕而食，秦绩而衣，据义而动，乐亦足矣。今受人重禄，将何以待之？"通曰："吾不许也。"妻又曰："君使不从，非忠也；从之，违义也，不如去之。"遂与通变易姓名，入蜀之峨眉山阴焉。

———［清］仁宗敕修《大清一统志》卷四百五"嘉定府"

皇甫谧《高士传》："陆通，字接舆，时人谓之楚狂，隐蜀峨眉山。"案《集仙传》，接舆与妻索氏同隐也。

———［清］张澍《蜀典》卷三

⑧ 瑶姬（云华夫人、高唐神女、巫山神女）

又东二百里，曰姑媱之山。帝女死焉，其名曰女尸，化为䔄草。其叶胥成，其华黄，其实如菟丘，服之媚于人。

———［先秦］佚名《山海经·中次七经》

楚襄王与宋玉游于云梦之浦，使玉赋高唐之事。其夜王寝，果梦与神女遇，其状甚丽。王异之，明日以白玉。玉曰："其梦若何？"王曰："晡夕之后，精神恍忽，若有所喜，纷纷扰扰，未知何意。目色仿佛，乍若有记。见一妇人，状甚奇异，寐而梦之，寤不自识。罔兮不乐，怅然失志。于是抚心定气，复见所梦。"王曰："状何如也？"玉曰："茂矣美矣，诸好备矣；盛矣丽矣，难测究矣。上古既无，世所未见，瑰姿玮态，不可胜赞。其始来也，耀乎若白日初出照屋梁；其少进也，皎若明月舒其光。须臾之间，美貌横生，晔兮如华，温乎如莹，五色并驰，不可殚形。详而视之，夺人目精。其盛饰也，则罗纨绮缋盛文章，极服妙采照万方。振绣衣，被袿裳，秾不短，纤不长，步裔裔兮曜殿堂。忽兮改容，婉若游龙乘云翔。嫷被服，侻薄装，沐兰泽，含若芳，性和适宜，侍旁顺序，卑调心肠。"王曰："若此盛矣，试为寡人赋之。"玉曰："唯唯。"

———［战国］宋玉《神女赋·序》，载［梁］萧统《文选》卷十九

　　昔者，楚襄王与宋玉游于云梦之台，望高唐之观。其上独有云气，崒
兮直上，忽兮改容；须臾之间，变化无穷。王问玉曰："此何气也？"玉对
曰："所谓朝云者也。"王曰："何谓朝云？"玉曰："昔者先王尝游高唐，怠
而昼寝，梦见一妇人曰：'妾，巫山之女也，为高唐之客。闻君游高唐，愿
荐枕席。'王因幸之。去而辞曰：'妾在巫山之阳，高丘之阻，旦为朝云，暮
为行雨。朝朝暮暮，阳台之下。'旦朝，视之如言，故为立庙，号曰朝云。"

　　　　　　　　　——［战国］宋玉《高唐赋》，载［梁］萧统《文选》卷十九

　　赤帝女曰姚姬，未行而卒，葬于巫山之阳，故曰巫山之女。楚怀王游
于高唐，昼寝，梦见与神遇，自称是巫山之女。王因幸之，遂为置观于巫
山之南，号为朝云。后至襄王时，复游高唐。

　　　　　　　　　——［战国］宋玉《高唐赋》李善注引《襄阳耆旧传》，

　　　　　　　　　　　　　　　　　载［梁］萧统《文选》卷十九

　　楚襄王与宋玉游于云梦之野，望朝云之馆，有气焉，须臾之间，变化
无穷。王问："此是何气？"玉对曰："昔先王游于高唐，怠而昼寝，梦见一
妇人，自云：'我，帝之季女，名曰瑶姬，未行而亡，封于巫山之台。闻王
来游，愿荐枕席。'王因幸之。去乃言：'妾在巫山之阳，高丘之阻，旦为朝
云，暮为行雨，朝朝暮暮，阳台之下。'旦而视之，果如其言，为之立馆，
名曰朝云。"

　　——［晋］潘岳《悼亡》李善注引《宋玉集》，载［梁］萧统《文选》卷三十一

　　楚襄王与宋玉游于云梦之浦，使玉赋高唐之事。其夜王寝，果梦与神
女遇，其状甚丽。王异之，明日以白玉。玉曰："其梦若何？"王曰："晡夕
之后，精神恍忽，若有所喜；纷纷扰扰，未知何意；目色仿佛，乍若有记。
见一妇人，状甚奇异，寐而梦之，寤不自识。罔兮不乐，怅然失志。于是
抚心定气，复见所梦。"王曰："状何如也？"玉曰："茂矣美矣，诸好备矣；

盛矣丽矣，难测究矣。上古既无，世所未见，环姿玮态，不可胜赞。其始来也，耀乎若白日初出照屋梁；其少进也，皎若明月舒其光。须臾之间，美貌横生，烨兮如华，温乎如莹，五色并驰，不可殚形。详而视之，夺人目精。其盛饰也，则罗纨绮缋盛文章，极服妙采照万方；振绣衣，被桂裳，被不短，纤不长，步裔裔兮曜殿堂。忽兮改容，婉若游龙乘云翔，嫮被服，侻薄装，沐兰泽，含若芳，性和适宜，侍旁顺序，卑调心肠。"王曰："若此盛矣，试为寡人赋之。"玉曰："唯唯。"

——［战国］宋玉《神女赋·序》，载［梁］萧统《文选》卷十九

右詹山，帝女化为詹草．其叶郁茂，其华黄，实如豆，服者媚于人。

——［晋］张华《博物志·异草木》

舌垣山，帝之女死，化为怪草，其叶郁茂，其华黄色，其实如兔丝，故服怪草者，恒媚于人焉。

——［晋］干宝《搜神记》卷十四

（大巫山，）帝女居焉。宋玉所谓"天帝之季女，名曰瑶姬。未行而亡，封于巫山之阳，精魂为草，实为灵芝"，所谓"巫山之女，高唐之阻，旦为行云，暮为行雨。朝朝暮暮，阳台之下。旦早视之，果如其言，故为立庙，号朝云"焉。其间首尾百六十里，谓之巫峡，盖因山为名。

——［北魏］郦道元《水经注·江水》

襄王与宋玉游于云梦之台，望朝云之馆，其上有云气，变化无穷。玉曰："昔者先王游于高唐，息而昼寝，梦见一妇人，暧乎若云，皎乎若星，将行未止，如浮忽停，详而观之，西施之形。王悦而问之。曰：'我，夏帝之季女也，名曰瑶姬，未行而亡，封乎巫山之台。精魂为草，摘而为芝，媚而服焉，则与梦期。所谓巫山之女、高唐之姬。闻君游于高唐，愿荐寝

席。'王因幸之。既而言之曰：'妾处之瀹，尚莫可言之，今遇君之灵，幸妾之搴。将抚君苗裔，藩乎江、汉之间。'王谢之。辞去，曰：'妾在巫山之阳，高邱之岨，旦为朝云，暮为行雨，朝朝暮暮，阳台之下。'王朝视之，如言，乃为立馆，号曰朝云。"

——［唐］余知古《渚宫旧事》卷三引《襄阳耆旧传》

楚襄王与宋玉游于云梦之野，将使宋玉赋高唐之事。望朝云之馆，上有云气，崒乎直上，忽而改容，须臾之间，变化无穷。王问宋玉曰："此何气也？"对曰："昔者先王游于高唐，怠而昼寐，梦一妇人，暖乎若云，焕乎若星，将行未至，如浮如停，详而视之，西施之形。王悦而问焉，曰：'我，帝之季女也，名曰瑶姬。未行而亡，封巫山之台，精魂依草，实为荥之（芝）。媚而服焉，则与梦期，所谓巫山之女、高唐之姬。闻君游于高唐，愿荐枕席。'主因而幸之。"

——［宋］李昉《太平御览》卷三九九引《襄阳耆旧记》

自古言楚襄王梦与神女遇，以《楚辞》考之，似未然。《高唐赋·序》云："昔者先王尝游高唐，怠而昼寝，梦见一妇人，曰：'妾，巫山之女也，为高唐之客，朝为行云，暮为行雨。'故立庙，号为朝云。"其曰"先王尝游高唐"，则梦神女者怀王也，非襄王也。又《神女赋·序》曰："楚襄王与宋玉游于云梦之浦，使玉赋高唐之事。其夜王寝，梦与神女遇，王异之，明日以白玉。玉曰：'其梦若何？'对曰：'晡夕之后，精神恍惚，若有所喜。见一妇人，状甚奇异。'玉曰："状如何也？"王曰：'茂矣美矣，诸好备矣；盛矣丽矣，难测究矣。环姿玮态，不可胜赞。'王曰：'若此盛矣，试为寡人赋之。'"以文考之，所云"茂矣"至"不可胜赞"云云，皆王之言也。宋玉称叹之可也，不当却云"王曰：'若此盛矣，试为寡人赋之。'"又曰："明日以白玉。"人君与臣语，不当称"白"。又其赋曰："他人莫睹，玉览其状。望余帷而延视兮，若流波之将澜。"若宋玉代王赋之，若玉之自言者，则不

179

当自云"他人莫睹，玉览其状"。既称"玉览其状"，即是宋玉之言也，又不知称"余"者谁也。以此考之，则"其夜王寝梦与神女遇"者，"王"字乃"玉"字耳；"明日以白玉"者，"以白玉"也，"王"与"玉"字误书之耳。前日梦神女者，怀王也；其后梦神女者，宋玉也。襄王无预，焉从来枉受其名耳。

——［宋］沈括《梦溪笔谈·补笔谈》卷一

宋玉《高唐赋》云："昔楚襄王与玉游于云梦之台，望高唐之观，其上独有云气。王曰："此何气也？"玉对曰："昔先王尝梦见一妇人，曰："妾，巫山之女也。闻君游高唐，愿荐枕席。'王因幸之。"又《神女赋》云："襄王使玉赋高唐之事，其夜王寝，梦与神女遇。"详其所赋，则神女初幸于怀，再幸于襄，其证葳亦甚矣，流传未泯。凡此山之片云滴雨，皆受可疑之谤，神果有知，则必抱长愤于沉冥恍惚之间也。于濆有诗云："何山无朝云？彼云亦悠扬；何山无暮雨？彼雨亦苍茫。宋玉恃才者，凭虚构高唐。自重文赋名，荒淫归楚襄；峨峨十二峰，永作妖鬼乡。"或可以泄此愤之万一也。

——［宋］范晞文《对床夜语》卷五

云华夫人，王母第二十三女，太真王夫人之妹也，名瑶姬，受徊风、混合、万景、炼神、飞化之道。尝东海游，还过江上，有巫山焉，峰岩挺拔，林壑幽丽，巨石如坛，留连久之。时大禹理水，驻山下，大风卒至，崖振谷阴不可制，因与夫人相值，拜而求助。即敕侍女，授禹策召鬼神之书，因命其神狂章、虞余、黄魔、大翳、庚辰、童律等，助禹斫石疏波、决塞导厄，以循其流，禹拜而谢焉。禹尝诣之崇巘之巅，顾盼之际，化而为石。或倏然飞腾，散为轻云，油然而止，聚为夕雨；或化游龙，或为翔鹤，千态万状，不可亲也。禹疑其狡狯怪诞，非真仙也，问诸童律。律曰："……云华夫人，金母之女也。……非寅胎禀化之形，是西华少阴之气也。……在人为人，在物为物，岂止于云雨龙鹤、飞鸿腾凤哉！"禹然之。后往诣焉，忽见云楼玉台，瑶宫琼阙森然，既灵官侍卫，不可名识。狮子抱关，天马启涂，毒龙电兽，八威备轩，夫人宴坐于瑶台之上。禹稽首问道，……因命侍女陵容华出丹玉之笈，开上清宝文以授，禹拜受而去。又得庚辰、虞余之助，遂能导波决川，以成其功；奠五岳，别九州，而天锡玄圭，以为紫庭真人。

　　——［宋］李昉《太平广记》卷五六"云华夫人"条引《集仙录》，

　　　　［明］曹学佺《蜀中广记》卷七十五引作《集仙传》，文同

　　萧总，字彦先，南齐太祖族兄环之子。总少为太祖，以文学见重。时太祖已为宋丞相，谓总曰："汝聪明智敏，为官不必资。待我功成，必荐汝为太子詹事。"又曰："我以嫌疑之故，未即遂心。"总曰："若谶言之，何啻此官？"太祖曰："此言狂悖，慎钤其口。吾专疚于心，未忘汝也。"总率性本异，不与下于己者交。自建业归江陵，宋后废帝元徽后四方多乱，因游明月峡。爱其风景，遂盘桓累岁，常于峡下枕石漱流。时春向晚，忽闻林下有人呼萧卿者数声，惊顾去坐石四十余步，有一女把花招总。总匆异之，又常知此有神女从之。视其容貌，当可笄年。所衣之服，非世所有；所佩之香，非世所闻。谓总曰："萧郎遇此，未曾见邀。今幸良晨，有同宿契。"总恍然行十余里，乃见溪上有宫阙台殿甚严，宫门左右有侍女二十人，皆十四五，并神仙之质。其寝卧服玩之物，俱非世有。心亦喜幸，一夕绸缪，以至天晓。忽闻山鸟晨叫，岩泉韵清。出户临轩，将窥旧路，见烟云正重，残月在西。神女执总手，谓曰："人间之人，神中之女，此夕欢会，万年一也。"总曰："神中之女，岂人间常所望也。"女曰："妾实此山之神。上帝三百年一易，不似人间之官。来岁方终一易，之后遂生他处。今与郎契合，亦有因由，不可陈也。"言讫乃别。神女手执一玉指环，谓曰："此妾常服玩，未曾离手。今永别，宁不相遗。愿郎穿指，慎勿忘心。"总曰："幸见顾录，感恨徒深。执此怀中，终身是宝。"天渐明，总乃拜辞，掩涕而别。携

手出户，已见路分明。总下山数步，回顾宿处，宛是巫山神女之祠也。他日持玉环至建邺，因话于张景山。景山惊曰："吾常游巫峡，见神女指上有此玉环，世人相传云是晋简文帝李后曾梦游巫峡，见神女。神女乞后玉环。觉后，乃告帝。帝遣使赐神女，吾亲见在神女指上。今卿得之，是与世人异矣。"总齐太祖建元末方征召，未行，帝崩，世祖即位，累为中书舍人。初总为治书御史，江陵舟中遇而忽思神女事，悄然不乐，乃赋诗曰："昔年岩下客，宛似成今古。徒思明月人，愿湿巫山雨。"

    ——［宋］李昉《太平广记》卷二百九十六"萧总"条引《八朝穷怪录》

明月峡中有二溪，东西流。宋顺帝升平二年，溪人微生亮钓得一白鱼，长三尺，投置船中，以草覆之。及归取烹，见一美女在草下，洁白端丽，年可十六七，自言高堂（唐）之女，偶化鱼游，为君所得。亮问曰："既为人，能为妻否？"女曰："冥契使然，何为不得？"其后三年，为亮妻。忽曰："数已足矣，请归高唐。"亮曰："何时复来？"答曰："情不可忘者，有思复至。"其后一岁三四往来，不知所终。

    ——［宋］李昉《太平广记》卷四百六十九"微生亮"条引《三峡记》

（乾道六年十月）二十三日，过巫山凝真观，谒妙用真人祠。真人，即世所谓巫山神女也。祠正对巫山，峰峦上入霄汉；山脚直插江中，议者谓太华、衡庐，皆无此奇。然十二峰者，不可悉见。所见八九峰，惟神女峰最为纤丽奇峭，室宜为仙真所托。祝史云：每八月十五夜月明时，有丝竹之音，往来峰顶，山猿皆鸣，达旦方渐止。庙后山半，有石坛平旷，传云夏禹见神女，授符书于此。坛上观十二峰，宛如屏障。是日，天宇晴霁，四顾无纤翳，惟神女峰上有白云数片，如鸾鹤翔舞徘徊，久之不散，亦可异也。祠旧有乌数百，送迎客舟，自唐夔州刺史李贻诗已云"群乌幸胙余'矣。近乾道元年忽不至，今绝无一乌，不知其故。

    ——［宋］陆游《入蜀记》卷六

（神女）庙有驯鸦，客舟将来，则迓于数里之外，或直至县下，船过亦送数里。人以饼饵掷空，鸦仰喙承取，不失一。土人谓之神鸦，亦谓之迎船鸦。

——［宋］范成大《吴船录》卷下

余旧尝用韩无咎韵题陈季陵《巫山图》。考宋玉《赋》，意辨高唐之事甚详。今过阳台之下，复赋《乐府》一首。世传瑶姬为西王母女，尝佐禹治水，庙中刻在焉。

——［宋］范成大《古乐府·序》，载［明］李光先修《四川总志》卷三十一

十二峰在巫山，曰望霞、翠屏、朝云、松峦、集仙、聚鹤、净坛、上升、起云、飞凤、登龙、圣泉。其下即巫山神女庙。

——［宋］祝穆《方舆胜览》卷五十七"夔州"

高唐神女庙，在巫山县西北二百五十步，有阳台。《浸叟诗话》："高唐事，乃怀王，非襄王也。"《苕溪渔隐》曰："《高唐赋》云：'昔楚襄王与宋玉游于云梦之台。玉曰：昔先王尝游高唐，怠而昼寝，梦一妇人，曰：妾，巫山之女也。'"李善注："楚怀王"，则漫叟之言是也。然《神女赋》复云："襄王与宋玉游云梦之浦，使玉赋高唐之事，其夜与神女遇。"异同当考。《襄阳耆旧传》曰："楚襄王游于高唐，怠而昼寝，梦见一妇人云：'我，帝之女，名瑶姬。未行而亡，封于巫山之台。'乃辞去，曰：'妾在巫山之阳、高丘之岨，朝为行云，暮为行雨。'比旦视之，如其言，乃立庙号为朝云。"年代已久，今无遗迹。

——［宋］祝穆《方舆胜览》卷五十七"夔州"

巫山县，故楚之巫郡，秦昭王伐楚取之，以为县，属南郡。二汉因之，晋立建平郡，宋、齐、梁、西魏、后周皆因之。隋开皇初，郡废，属信州，

曰巫山。唐属夔州，有巫山及高都山。昔楚襄王游高唐，昼寝，梦一妇人曰："妾居巫山之阳、高唐之岨。且为朝云暮行雨，朝朝暮暮阳台下。"觉而命宋玉赋之，此其地也，有大江。

——［宋］欧阳忞《舆地广记》卷三十三

（巫）峡中有十二峰，曰望霞、翠屏、朝云、松峦、集仙、聚鹤、净坛、上升、起云、栖凤、登龙、圣泉，其下即神女庙。

——［明］曹学佺《蜀中广记》卷二十二

高唐神女事，宋苏子瞻以为：瑶姬，天帝之女，乃助禹治水而成功者，本《山海经》。然李太白《感兴》诗曰："瑶姬天帝女，精彩化朝云。宛转入宵梦，无心向楚君。"则是已咏言之矣。

——［明］曹学佺《蜀中广记》卷一百一

巫峡神女庙，有神鸦迎送客舟，陆放翁入蜀，恨不一见。予壬子冬下三峡至十二峰，果有鸦十余，往来旋绕，以肉食投之即攫去，十不失一。其鸦比常鸦差小，栖绝壁石洞中，得食即入洞去。

——［清］王士禛《池北偶谈》卷二十一

楚江富池镇，有吴王庙，祀甘将军宁也，宋时以神风助漕运，封为王。有鸦数百，飞集庙傍林木，往来迎舟数里，舞噪帆樯上下，舟人恒投肉空中喂之，百不一堕。其送舟亦然。云是吴王神鸦。洞庭君山亦有之，传为柳毅使者。

——［清］宋荦《筠廊偶笔》卷上

元刘埙《隐居通议》云："巫山十二峰，终未悉其何名，今因《蜀江图》所载，始得其详。曰独秀、曰笔峰、曰集仙、曰起云、曰登龙、曰望霞、曰聚鹤、曰栖凤、曰翠屏、曰盘龙、曰松峦、曰仙人。"其裔孙凝附注云："按别书有朝云、净坛、上升、圣泉，而无独秀、笔峰、盘龙、仙人，俟更考定。"

——〔清〕俞樾《茶香室丛钞》卷十二

9 蜀八仙

道士张素卿者，简州人也，少孤贫，性好画，在川主谯国夏侯公孜宅，多见隋唐名画。艺成之后，落拓无羁束，遂衣道士服，唯画道门尊像，豪贵之家少得其画者。乾符中，居青城山常道观焚修。……素卿有老子过沙图、五岳朝真图、九皇图、五星图、老人星图、二十四化真人像、太无先生像。素卿于诸图画而能敏速，落锥之后，下笔如神，自始及终，更无改正。今龙兴观甚有画壁，年深皆尽颓损余张，百子堂板龛内门两畔，龙虎两躯，素卿笔见存。王蜀先主修青城山丈人观，请素卿于丈人真君殿上画五岳四渎、十二溪女、山林溪沼树木诸神及岳渎曹史，诡怪之质，生于笔端，上殿观者，无不恐惧。又于简州开元观画容成子、董仲舒、严君平、李阿、马自然、葛玄、长寿仙、黄初平、葛永瑰、窦子明、左慈、苏耽十二仙君像，各写当初卖卜卖药、书符导引时真，笔踪洒落，彩画因循。当代名流，皆推画手。

——〔宋〕黄休复《益州名画录》卷上，
又〔明〕曹学佺《蜀中广记》卷一百六文略异

西蜀道士张素卿，神仙人也，曾于青城山丈人观绘画五岳四渎真形并十二溪女数堵，笔迹遒健，精彩欲活，见之者心竦神悸，足不能进，实画中之奇绝也。蜀主累遣秘书少监黄筌令取模样。及下山，终不相类。因生日，或有收得素卿所画八仙真形八幅以献孟昶。观古人之形相，见古人之笔妙，欢赏者久之，且曰："非神仙之人，无以写神仙之质也。"赐物甚厚。

一日，令伪翰林学士欧阳炯次第赞之，又遣水部员外郎黄居宝八分题之。每观其画，叹笔迹之纵逸；览其赞，赏文词之高古；视其书，爱点画之宏壮。顾谓八仙，不让三绝（原注："八仙者，李己、容成、董仲舒、张道陵、严君平、李八百、长寿、葛永璝。出《野人闲话》。"）。

——［宋］李昉《太平广记》卷二百一十四"八仙图"

道士张素卿，神仙人也，曾于青城山丈人观绘画五岳四渎真形并十二溪女数壁，笔迹遒健，精彩欲活，见之者心竦神悸，足不能进，实画之极致者也。孟蜀后主数遣秘书少监黄筌令依样摹之。及下山，终不相类。因蜀主诞日，忽有人持素卿画八仙真形以献蜀主。蜀主观之，且叹曰："非神仙之能，无以写神仙之质。"遂厚赐以遣。一日，命翰林学士欧阳炯次第赞之，复遣水部员外郎黄居宝八分题之。每观其画，叹其笔迹之纵逸；览其赞，赏其文词之高古；玩其书，爱其点画之雄壮。顾谓八仙，不让三绝（原注："八仙者，李阿、容成、董仲舒、张道陵、严君平、李八百、长寿、葛永瑰。"）。

——［宋］郭若虚《图画闻见志》卷六

谯秀《蜀记》载："蜀之八仙：首容成公，云即鬼容区，隐于鸿冢，今青城山也；次李耳，生于蜀，今之青羊宫；三曰董仲舒，亦青城山隐士，非三策之仲舒也；四曰张道陵，今大邑鹤鸣观；五曰庄（严）君平，卜肆在成都；六曰李八百，龙门洞在新都；七曰范长生，在青城山；八曰尔朱先生，在雅州，有手书石刻五经在洞中，好事绘为图。"

——［明］杨慎《升庵集》卷四十八"蜀八仙"

明杨慎《升庵集》有"蜀八仙"，云："谯秀《蜀记》载：'蜀之八仙：首容成公，云即鬼容区，隐于鸿冢，今青城山也；次李耳，生于蜀，今之青羊宫也；三曰董仲舒，亦青城山隐士，非三策之仲舒也；四曰张道陵，今大邑鹤鸣观；五曰庄（严）君平，卜肆在城（成）都；六曰李八百，龙门洞在新都；七曰范长生，在青城山；八曰尔朱先生，在雅州，有手书石刻五经在洞中。'"

——［清］俞樾《茶香室续钞》卷十八 "蜀八仙"

①容成公

唯黄帝与容成子居空峒之上，同斋三月，心死形废。徐以神视，块然见之，若嵩山之阿；徐以气听，硜然闻之，若雷霆之声。

——［战国］列御寇《列子·汤问》

容成公者，自称黄帝师，见于周穆王，能善补导之事，取精于玄牝，其要谷神不死，守生养气者也。发白更黑，齿落更生，事与老子同，亦云老子师也。

——［汉］刘向《列仙传》卷上

容成公行玄素之道，延寿无极。

——［晋］葛洪《神仙传》卷七

有容成公善补导之术，守生养气，谷神不死，能使白发复黑、齿落复生。黄帝慕其道，乃造五城十二楼，以候神人。

——［元］赵道一《历世真仙体道通鉴》卷一

崆峒山，（龙安府治）西北十里，山谷深险，西接蕃界。

——［明］李光先修《四川总志》卷十四 "龙安府"

崆峒山，在（平武）县西北二十五里，崖谷深险，不通行人。自雪山

187

中岭分派，迤逦层叠，突兀峥嵘。

——［清］许治修、张晋生编《四川通志》卷二十四"龙安府"

崆峒山，在（中江）县北十里。有洞，可容千人。

——［清］许治修、张晋生编《四川通志》卷二十五"中江县"

晋容成公，谯秀《蜀记》载："蜀之八仙，首容成公。云即鬼容区，隐于鸿蒙，今青城山也。"按：葛洪《枕中书》云："容成子、力黑子为岷山真人。"今元子、五子为岷山侯，鬼谷先生为太元师，治青城山。

——［清］彭洵《青城山记》卷下

② 李耳（老子）

老子者，楚苦县厉乡曲仁里人也，姓李氏，名耳，字聃，周守藏室之史也。孔子适周，将问礼于老子。老子曰："子所言者，其人与骨皆已朽矣，独其言在耳。且君子得其时则驾，不得其时则蓬累而行。吾闻之，良贾深藏若虚，君子盛德容貌若愚。去子之骄气与多欲，态色与淫志，是皆无益于子之身。吾所以告子，若是而已。"孔子去，谓弟子曰："鸟，吾知其能飞；鱼，吾知其能游；兽，吾知其能走。走者可以为罔，游者可以为纶，飞者可以为矰。至于龙，吾不能知其乘风云而上天。吾今日见老子，其犹龙邪！"老子修道德，其学以自隐无名为务。居周久之，见周之衰，乃遂去。至关，关令尹喜曰："子将隐矣，强为我著书。"于是老子乃著书上下篇，言道德之意五千余言而去，莫知其所终。

——［汉］司马迁《史记·老庄申韩列传》

《蜀记》曰："老子西度函谷关，为关令尹喜著《道德经》。临别谓曰：'千日后，于成都青羊肆寻吾。'及期喜往，果见于大官李氏之家。授喜玉册金文，名之曰《文始》。"按：今成都西南五里青羊宫是其处，有青铜铸成羊，其大如麇。岁二月二十有五日，四方来集，以为老君与喜相遇日也。

——［明］曹学佺《蜀中广记》卷七十一

《志》云："县东门外有青羊桥，相传老子骑青羊过此而入成都。"

——［明］曹学佺《蜀中广记》卷十二"青神县"

老子，楚李耳也，为周柱下史。得长生数，尝驾青牛，西度函谷关，为关令尹喜著《道德（经）》五千言，曰："千日之外，求我于蜀中青羊之肆。"至期，果见于大官李氏之家。授喜玉册金文，赐以文始先生之号。

——［明］李光先修《四川总志》卷八

画卦石，南充治东四十里。其石平如砥，上有八卦。相传周柱下史李耳具此，足迹尚存。

——［明］李光先修《四川总志》卷十

老子姓李，名耳，楚之苦县人，为周柱下史。得长生术，欲开化西域，乃驾青牛之车，西度函谷关。以长生术授令尹喜，著《道德（经）》五千言，曰："千日之外，寻我于蜀中青羊之肆。"至期，果见于大官李氏之家。授喜玉册金文，赐以文始先生之号。

——［明］李贤《明一统志》卷六十七

成都城外西南有青羊宫，老子谓关令尹曰："千日之外，求我于蜀中青羊之肆。"即此。

成都玉局观，老君与张道陵至此，有局脚玉床自地涌出。老君升坐，为道陵说《南北斗经》，故名。

——［清］彭遵泗《蜀故》卷七

③董仲舒（青城山隐士）

谯秀《蜀记》载："蜀之八仙，首容成公，云即鬼容区，隐于鸿蒙，今青城山也；次李耳，生于蜀，今之青羊宫；三曰董仲舒，亦青城山隐士，非三策之仲舒也；四曰张道陵，今大邑鹤鸣观；五曰严君平，卜肆在成都；六曰李八百，龙门洞在新都；七曰范长生，在青城；八曰尔朱先生，在雅州。"

——［清］彭洵《青城山记》卷下

④张道陵

天师张道陵，字辅汉，沛国丰县人也。本太学书生，博采五经，晚乃叹曰："此无益于年命。"遂学长生之道，得《黄帝九鼎丹经》，修炼于繁阳山。丹成服之，能坐在立亡，渐渐复少。后于万山石室中得隐书秘文，及制命山岳众神之术，行之有验。初，天师值中国纷乱，在位者多危，退耕于余杭。又汉政陵迟，赋敛无度，难以自安，虽聚徒教授而大道凋丧，不足以拯危佐世。陵年五十，方退身修道。十年之间，已成道矣。闻蜀民朴素可教化，且多名山，乃将弟子入蜀，于鹤鸣山隐居。既遇老君，遂于隐居之所备药物，依法修炼。三年丹成，未敢服饵。谓弟子曰："神丹已成，若服之，当冲天为真人。然未有大功于世，须为国家除害兴利，以济民庶，然后服丹即轻举，臣事三境，庶无愧焉。"老君寻遣清和玉女，教以吐纳清和之法，修行千日，能内见五藏，外集外神，乃行三步九迹，交乾履斗，随罡所指，以摄精邪。战六天魔鬼，夺二十四治，改为福庭，名之化宇，降其帅为阴官。先时，蜀中魔鬼数万，白昼为市，擅行疫疠，生民久罹其害。自六天大魔推伏之后，陵斥其鬼众，散处西北不毛之地，与之为誓曰："人主于昼，鬼行于夜，阴阳分别，各有司存。违者正一有法，必加诛戮。"于是幽冥异域，人鬼殊途。今西蜀青城山有鬼市并天师誓鬼碑，石天地、石日月存焉。

——［晋］葛洪《神仙传》卷五

张道陵，字辅汉，沛国丰人也。本大儒生，博综五经，晚乃计此无益于年命，遂学长生之道，弟子千余人。其九鼎大要，惟付王长。后得赵升，七试皆过。第一试：升初到门不通，使骂辱之，四十余日，露霜不去；第二试：遣升于草中守稻驱兽，暮遣美女，诈言远行过寄宿，与升接床。明日又称脚痛未去，遂留数日，颇以姿容调升，升终不失正；第三试：升行路上，忽见遗金四十余饼。升趋过，不取不视；第四试：升入山伐薪，三虎交搏之，持其衣服但不伤。升不恐怖，颜色自若，谓虎曰："我道士也，少不履非，故远千里来事师，求长生之道，汝何以尔？岂非山鬼使汝来视也，汝不须尔！"虎乃去；第五试：升使于市买十余匹，物已估直，而物主诬言未得直。升即舍去，不与争讼，解其衣服卖之于他交，更买而归，亦不说之；第六试：遣升守别田谷，有一人来乞食，衣不蔽形，面目尘垢，身体疮脓，臭恶可憎。升为之动容，即解衣衣之，以私粮为食，又以私米遗之；第七试：陵将诸弟子登云台山。绝岩之上有桃树，大如臂，生石壁，下临不测之谷。去上一二丈，桃树大有实。陵告诸弟子，有能得此桃者，当付以道要。于时，伏而窥之三百许人，皆战栗却退汗流，不敢久临其上，还谢不能得，唯升一人曰："神之所护，何险之有？圣师在此，终不使吾死于谷中矣。师有教者，是此桃有可得之理。"乃从上自掷，正得桃树上，足不蹉跌，取桃满怀。而石壁峭峻，无所攀缘，不能得还，于是一一掷上桃得二百枚。陵乃赐诸弟子各一枚，余二枚，陵食一留一以待升。于是陵乃临谷，伸手引升，众人皆见陵臂不加长，如掇一二尺物。忽然引手，升已得还，仍以向余一桃与升。食毕，陵曰："赵升犹以正心自投桃上，足不蹉跌。吾今欲试自投，当得桃否？"众人皆谏言不可，唯赵升、王长不言。陵遂自投，不得桃上，不知陵所在。四方则皆连天，下则无底，往无道路，莫不惊咄，唯升、长二人嘿然无声。良久，乃相谓曰："师则父也。师自投于不测之谷，吾等何心自安？"乃俱自掷谷中，正堕陵前，见陵坐局脚玉床斗帐中。见升、长，笑曰："吾知汝二人当来也。"乃止谷中，授二人道要。

——［宋］张君房《云笈七签》卷一百九

　　天师真人姓张氏，讳道陵，字辅汉，沛丰邑人，留侯子房八世孙也。……母初梦天人自北斗魁星中降至地，长丈余，衣绣衣，以蘅薇香授之。既觉，衣服居室皆有异香，经月而不散，感而有孕，于东汉光武建武十年甲午正月望日生于吴地天目山。时黄云覆室，紫气盈庭，室中光气如日月。复闻昔日之香，浃日方散。年及冠，身长九尺二寸，庞眉广颡，绿睛朱顶，隆准方颐，目有三角，伏犀贯脑，玉枕峰起，垂手过膝，美须髯，龙踞虎步，丰下锐上，望之俨然，虽亲友见之，肃如也。……一日，谓王长曰："五岳多仙子，三蜀足名山。吾将能偕游乎？"……遂复寻西极（原注："一作西海。《成都记》云：'昔江峡阻塞，蜀为西海。'"）名山。其地胜，多名物，因入阳平山（原注："阳平治在彭州九陇县。"），精思服炼，能飞行远。听得分形散影之妙，通神变化，坐在立亡。每泛舟池中，诵经堂上，隐几对客，杖藜行吟，一时并赴，人皆莫测其灵异也。真人惟读五千文，昼夜无倦色，后往西城山筑坛朝真，以降五帝。忽一乡夫告曰："西城房陵间有白虎神，好饮人血，每岁其民杀人祭之。"真人召其神，戒之遂灭。又告梓州有大蛇藏山穴中，鸣则山石振动。时吐毒雾，行人未及三五里，率中毒而死。真人以法禁之，不复为害（原注："《青城山记》云：'誓龙台在丈人峰。古有龙穴，每年夏秋出水，暴害禾稼。天师立石台镇毒龙，以压水怪。'"）。在葛璝山（原注："葛璝治在彭州九陇县。"），隐形岩舍，服气调神。在秦中山（原注："秦中治在汉州德阳县。"），修九真秘法。在昌利山（原注："昌利治在汉州金堂县。"），采服五芝众药。在隶上山（原注："隶上治在汉州德阳县。"），始授弟子养形轻身法。在涌泉山（原注："一作平刚山。涌泉治在汉州德阳县，平刚治在蜀州新津县。"），得入水入火之术，于是度人救物，已著阴功矣。在真多山（原注："真多治在汉州德阳县。"），思神念真。在北平山（原注："一云斗山。斗山治在蜀州新津县。"），有猛兽数百，驯扰户外。在稠粳山（原注："稠粳治在眉州彭山县。"），有一老翁化为狞鬼来恐，真人诵经，不敢逡巡自退。在鹤鸣山（原注："鹤鸣治在邛州大邑县。"），服五云气。其间石鹤鸣，则有升天者。先是章和间，其鹤鸣焉（原注："《青城山记》云：'羊马台在赤石城崖上，是天师与鬼担石如羊马。'或云羊马自鸣，则有升天者。天师居鹤鸣山，此羊马频鸣。"）。后居渠亭山（原注："《成都记》云：'广都县天师观坛下有井，名曰伏鬼井，妖怪藏其中。汉中微人鬼交，混卭蜀之间，人被其害。方天师被汉家之诏，而居蜀之瞿亭石室，因命神人运青城玄石以镇其井鬼，妖遂乃绝。'"），修炼九鼎神丹，三年将成，未敢服。……汉安二年七月一日，佩盟威秘录往青城山。……（后）真人因至苍溪县云台山（原注："云台治在梁州西县。《唐书》：'阆州君溪县有云台山。'"），睹山水秀异，群峰朝挹，地无邪毒，乃谓王长曰："此山乃吾成功飞腾之地。"遂卜居，以修九还七返之功。……永寿二年丙申，真人自以功成道著，乃于治之西北半崖间，举身跃入石壁中，自崖顶而出，因成二洞。……是日亭午之际，复见一人朱衣青襟，曳履持版；一人黑帻绡衣，结履佩剑，各捧玉函，从朱衣使者趋前再拜，曰："奉上清真符，迎真人于阆苑。"须臾，东北有二十四人，皆龙虎鸾鹤之骑，各执青幢绛节，狮子、辟邪、天骍、甲卒皆至，称景阳吏；即有黑龙驾一紫舆、玉女二人，引真人与夫人雍氏登车，前导后从，天乐引迎，于云台峰白日升天。时真人年一百二十三岁也。

——［元］赵道一《历世真仙体道通鉴》卷十八

《玄都律》云："治者，性命魂之所属也。"《张天师二十四治图序》曰："太上以汉安二年正月七日中时下二十四治，上八、中八、下八，应二十四气，合二十八宿，付天师奉行布化。天师讳道陵，字辅汉，禀性严直，经明行修，学道有方。先是永平二年拜巴郡江州县令，元和元年三月辛丑拜司空，封食冀县侯，以芝草图经历神仙为事任。汉安元年丁丑，有诏书迁改不拜，遂解官入益部，栖蜀郡临卭县渠亭山赤石城中，静思精至。五月一日夜半时，有千乘万骑来下，至赤石城前，金车羽盖，部从龙虎鬼兵，不可称数。有五人，其一云是周柱下史也；一新出太上老君也；一太上高皇帝中黄真君也；一汉师张良子房也；一佐汉子渊，即天师外祖也，各言子骨法合道，又承老君忠臣之后，合授子瑰号，传世子孙为国师，抚民无期。于是道陵亲受太上宝敕，步纲蹑纪，统承三天，佐国扶命，养育群生，整理鬼气，传为国师。依度数，开立二十四治、十九静庐，复授正一明威之道，伐诛邪伪，与天下万神盟。"

——［明］曹学佺《蜀中广记》卷七十二

　　汉张道陵，生于吴之天目山。及长，学长生之道，游于蜀之大邑，居鹤鸣山。山有石鹤，鸣则仙人出。道人居此，炼丹服焉。汉安元年，感老君降，授以秘录，遂领弟子赵升、王长来云台山，炼大丹服之。老君再降，曰："吾昔为汝说经，今再令汝普度生灵，证汝功行。"道陵拜谢，于是驱邪诛妖、佐国庇民。汉永寿二年，自以功成道著，乃于半崖跃入石壁中，自崖顶而出，因成两洞，崖上曰峻仙洞，下曰平仙洞。是年九月九日，将诸秘录、斩邪剑、玉册、玉印授长子衡，乃与夫人雍氏登云台峰，白日升天，年一百二十三岁。

——［清］宋载纂修《大邑县志》卷二

　　汉张道陵，居阆中鹤鸣山炼丹修道，感老君授以秘录，遂领弟子赵升、王长来云台山，炼大丹服之。汉永寿二年，自以功成道著，乃于半崖跃入石壁中，自崖顶而出，因成两洞，崖上曰峻仙洞，下曰平仙洞。是年九月九日，将诸秘录、玉册、斩邪剑、玉印授长子衡，乃与夫人雍氏登云台峰，白日升天，年一百二十三岁。

——［清］许治修、张晋生编《四川通志》卷三十八之三"保宁府"

　　云台山，（苍溪）县东南，接阆中县界。唐宋之问《送田道士诗》："风驭忽冷然，云台路几千。"《寰宇记》："在县东南三十五里，一名天柱山，高四百丈，上方百里，有鱼池，宜五谷，无恶毒，可度灾。汉末，张道陵学道于此。"

——［清］丁映奎修《苍溪县志》卷二

思依山，在县西北一百四十里。汉罗冲霄、张道陵隐居此，有东、西二观。东观有峻仙洞、捣药台、浴丹井、炼丹炉；西观有平仙洞、捣药臼、卓剑穴、围棋局，俱称名胜。

——［清］王道履《南部县乡土志》

⑤严君平

真君姓庄氏，名遵，字君平，蜀隐君子也，事略载汉史，杂见于丛书，异说者尚多弗著。按《益州记》："汉州雁桥东有真君卜台，高丈余，有通仙井，真君常潜迹变通，从井中出，启肆卖卜。"又故老相传，州治形势，南高而北下，多火灾。真君凿井廛间，工宪七星，杓指南方，以厌胜之，则真君之德，阴被广汉尤厚，自昔至今，越千百年。卜台既已隳落，井之应辅星者，堙塞久矣。此岁，郡人往往逢灾应或疑焉。今太守王公，忧民之忧，乃如其说，汰故堙井，于是灾口不作，民皆按堵。一日过卜台下顾，其陋寻加修筑，绘真君像其上，前临通道，蔽以短垣，盖使邦人无忘真君之德也。

——［宋］郭印《汉州庄真君卜台记》，载［明］李光先修《四川总志》卷二十六

兰登山，（阆中府城）西八十里，三面峻绝，俯临西江。汉严君平尝隐此山，有君平洞，洞有君平像。又有观，曰崇福。

——［明］李光先修《四川总志》卷十一

严君平墓，崇宁县西南二十里，侧有卖卜片、洗砚池、读书台。

——［明］李光先修《四川总志》卷五

卜卦台，《元和志》："君平卜台，在汉州雒县东一里。"《寰宇记》："君平卜台，在雁桥东，台高数丈。"

——［清］戴肇辰《汉州志》卷十"古迹志"

⑥李八百

（王）敦纳之时，有道士李脱者，妖术惑众，自言八百岁，故号李八百。自中州至建邺，以鬼道疗病，又署人官位，时人多信事之。

——［唐］李世民《晋书》卷五十八《周礼传》

李八百者，蜀人也，莫知其名，历世见之。时人计之，已八百岁，因名云李八百。或隐山林，或居廛市。知唐公房有志而不遇明师，欲教授之。乃先往试之，为公房作佣客，公房乃不知仙人也。八百驱使任意，过于他人，公房甚爱之。后八百诈为病，困劣欲卒，公房乃命医合药，费用数十万钱，不以为损，忧念之意，形于颜色。……（李八百）以《丹经》一卷授公房，入云台山中合作丹。丹成，乃服之仙去。

——［宋］张君房《云笈七签》卷一百九辑《神仙传》

《集仙录》曰："李八百，名脱，蜀郡人，居金堂山龙桥峰下修道，蜀人历代见之，约其往来八百余年，因号曰李八百焉。初以周穆王时，来居广汉栖玄山，合九华丹成，去游五岳十洞。后二百余年，于海上遇飞阳君，授水玉之道，还归此山。炼之药成，又去数百年。或隐或显，游于市朝。复登龙桥峰，作金鼎九丹。丹成，年已八百矣。三于此山学道，故世人号为三学山，亦号为栖贤山。初，八百丹成，试抹于岩石之上，顽石化玉，光彩莹润。或有凿崖取之，即风雷迅变。"按《蜀志补遗》，八百于什邡仙居山白日升天，为三月初八日也，唐时赐号紫阳真人。符载厚之《八百洞诗》云："太极之年混沌圻，此山亦是神仙宅。后世何人来飞升，紫阳真人李八百。"

——［明］曹学佺《蜀中广记》卷七十一

第一昌利治在怀安军金堂县东四十里，去成都百五十里，昔蜀郡李八百初学道处。八百常旦出戏成都市，暮还宿于青城山，几数百里，故号八百也。

——［明］曹学佺《蜀中广记》卷七十二

李八百，蜀人，初居筠阳之五龙冈，历夏、商、周，年八百岁，又动则行八百里，时人因号李八百。或隐山林，或居廛市，又修炼于华林山石室，丹成，还蜀中。周穆王时，居金堂山，号紫阳真君，女弟亦得仙，封妙应真人。

——［明］李光先修《四川总志》卷八，李贤《明一统志》卷六十七

⑦范长生

（李）特起兵为蜀，承制，以（李）雄为前将军。（李）流死，雄自称大都督、大将军、益州牧，都于郫城。罗尚遣将攻雄，雄击走之。李骧攻犍为，断尚运道，尚军大馁，攻之又急，遂留牙门罗特固守。尚委城夜遁，特开门内雄，遂剋成都。于时雄军饥甚，乃率众就谷于郪，掘野芋而食之。蜀人流散，东下江阳，南入七郡。雄以西山范长生岩居穴处、求道养志，欲迎立为君而臣之。长生固辞，雄乃深自挹损，不敢称制。

——［唐］李世民《晋书·李雄载记》

（李流）乃攻（罗）尚军。尚保大城，雄渡江害汶山太守陈图，遂入郫城。流移营据之，三蜀百姓并保险结坞，城邑皆空。流野无所略，士众饥困。涪陵人范长生率千余家，依青城山。

——［唐］李世民《晋书·李流载记》

长生观，旧名碧落观，在青城县北二十里。昔有范寂，字无为，刘先主时栖止青城山中，以修炼为事。先主征之不起，就封为逍遥公，得长生

久视之道。刘禅易其宅为长生观。有巨楠高数十寻，围三十尺，世传长生手植。上有赤城阁，临眺甚远。

——［宋］祝穆《方舆胜览》卷五十五，

［明］曹学佺《蜀中广记》卷六引此文同

范寂，字无为，后汉涪陵处士，昭烈征之不起，封逍遥公，得长生久视之道，因称范长生。晋元康中蜀乱，率数千家保青城山。今赤石城，长生旧居也。谯秀《蜀记》称"蜀八仙"，为容成公、李耳、董仲舒、张道陵、庄君平、李八百、尔朱先生及长生也。董仲舒乃孝子董永之子，织女所生，与广川同姓名。

——［清］陈文述《颐道堂诗选》卷二十六《范长生诗·序》

晋范长生，旧志云范友，字子元，涪陵人，隐居西山，蜀人敬之，号曰长生。晋惠时，李雄攻成都，百姓保险自守，长生率千余家依青城山，后仙去。《方舆胜览》云："范寂，字无为。刘先帝时，栖青城山，修炼得长生久视之术。征之不起，就封逍遥公，后主易其宅为长生观。"《晋书·李雄传》云："范长生，涪陵人，率千余家居青城。徐舆说之，以粮资李流，流军复振。又以长生岩居穴处，求道养志，欲迎为君，长生固辞。永兴元年，雄僭称王，改元建兴。长生自西山乘素舆诣成都，雄迎于门，执版延坐，即拜丞相，尊曰范贤。长生劝雄称尊号，遂僭位，改元大成，加长生天地太师，封西山侯。复其部曲不预，军征租税，一入其家。"《蜀录》又称"八年四月卒，以子贲为丞相。长生善天文，有术数，蜀民奉之如神"云云，足补《晋书》之缺。

——［清］彭洵《青城山记》卷下

李鼎祚《周易集解》三十家有蜀才，颜之推云即范长生也。李昊《汉之书》曰："长生自称蜀才。"澍按：长生一名延久，又名九重，又名支，字元寿，年过百岁，涪陵丹舆人。李雄立，拜丞相，又加为天地太师，尊之曰范贤，故又名贤。《艺林伐山》云:"长生先事汉昭烈帝,至特时一百三十余年。"《方舆胜览》云:"范寂,字无为,刘先主时栖止青城山中,以修炼为事。先主征之不起,就封为逍遥公,得长生久视之道。刘禅易其宅为长生观。"《仙传》言寂得久视之术,年百余岁,蜀人奉为仙,称曰长生,是长生即寂也。

——[清]张澍《蜀典》卷二

⑧尔朱

尔朱先生,忘其名,蜀人,功行甚至。遇异人与药一丸,先生欲服,异人曰:"今若服必死。未若见浮石而后服之,则仙道成矣。"先生如其教,自是每一石必投之水,欲其浮如此者。殆一纪,人皆以为狂,或聚而笑之,而先生之心愈坚。居无何,因游峡上,将渡江,有叟舣舟相待。先生异之,且问曰:"如何姓氏?"对曰:"石氏。""此地何所?"答曰:"涪州。"先生豁然悟曰:"异人浮石之言,斯其应乎?"遂服其药,即轻举矣。

——[宋]陶岳《五代史补》卷一

老君悯周衰之末,俗益浇讹,乃分身住世以拯救。时遁迹陕河之滨,不显姓字,人因呼为河上丈人,亦曰河上公。尝以道授安期生,安期生后授马鸣生,马鸣生授阴长生,阴长生授尔朱先生,后莫知其所传。

——[宋]谢守灏《混元圣纪》卷七

石钟山,在(大宁)监东北十五里,与二仙山相望。有巨石如钟,下有三足,烟火之迹宛然,父老以为尔朱丹炉云。

——[宋]祝穆《方舆胜览》卷五十八"大宁监"(今巫溪县)

(土产)松屏,出石山间。相传尔朱先生种松于此,映山之石,皆有松纹。匠人欲采,先祈祷山神,焚爇方得佳者。不加人力,天然成文。

——[宋]祝穆《方舆胜览》卷六十一"涪州"

《混元实录》云："安期生后以道授马明生，马授阴长生，阴授尔朱先生。"

—— ［元］赵道一《历世真仙体道通鉴》卷十三

李浩，字太素，不知何许人也，隐青城山牡丹坪，尝与尔朱先生同游从。注：尔朱，《菩萨蛮》词作大丹，诗百首行于世，其后不知所终，人或传举家仙去。

—— ［元］赵道一《历世真仙体道通鉴》卷四十四

金鸡山，在严道北三十五里，俗传有金鸡鸣于此。循金鸡山而上二百步，有石室，中有石像，为尔朱真人。

—— ［明］曹学佺《蜀中广记》卷十四"雅州"

《方舆胜览》："州西一里白鹤滩，尔朱真人冲举之处。"《志》云："尔朱既浮江而下，渔人有白石者，举网得之，击磬方醒，遂于涪西滩前修炼，后乘白鹤仙去，因以名滩。"又云："尔朱先生种松山，在州东二里。种时松影映石，石皆有松纹，至今呼松屏石。采者祷于先生乃得佳。不烦人力，自然成文。"

—— ［明］曹学佺《蜀中广记》卷十九"涪州"

有朱凤山，《寰宇记》："在州南十里，高百七十二丈，周回二十里。昔有凤凰集于此，因置凤山观。"《方舆（胜览）》云："乃尔朱仙、李淳风养炼之地。回视郡城，如在掌握。"

—— ［明］曹学佺《蜀中广记》卷二十七"顺庆府"

（蓬）山有透明岩，孔穴相连，宛如穿凿之状。《方舆（胜览）》云："亦名栖真岩，在大蓬山前，俯瞰县郭。天气清明，渠达诸山，隐隐可数。"

《（舆地）碑目》云："透明岩下有尔朱真人书'隔凡石'三大字。"……
《志》云："隋尔朱真人修炼于透明岩成道。"

——［明］曹学佺《蜀中广记》卷二十八"蓬州"

丹砂，生符陵山谷，光色如云母。陶隐居云符陵是涪州。《（东坡）志林》云："尔朱道士晚客于眉山，自言受记于师云：'汝后遇白石浮，当飞仙去。'尔朱虽以此语人，自亦莫识所谓。后客涪州，爱其地产丹砂，虽琐细而皆矢镞状，莹彻不杂土石，遂止炼丹，数年竟于涪州白石仙去。"长老道其事甚多，然不记名字。

——［明］曹学佺《蜀中广记》卷六十四"药石"

张商英《尔朱仙传》："先生名通微，自号归元子。一日遍游成都、新都、广都间，至暮仍还丹室，有'日游三都，夜宿金鸡'之谚。"

——［明］曹学佺《蜀中广记》卷七十五

尔朱真人，眉山人，隐居飘然山，修炼升仙，见有石炉、丹井、石床、石洞。

——［明］李光先修《四川总志》卷十五"仙释"

《续博物志》："尔朱先生，伪蜀广政中饮酒、食猪脏，渝州刺史谓其幻惑目，竹笼盛之，沈诸江。至夔，为渔人所得，上升。严补阙得青金丹方，朱桃椎、薛稷图其形传于世。"案：尔朱先生名洞，字通微，尔朱荣族弟，在蜀时与陈复休相善，号归元子。《神仙传》："洞卖丹药于成都市，每粒要钱十二万。太守欲买之，洞曰：'太守金多，非百二十万不可。'太守怒，命纳竹笼沈于江。"大宁石钟山有尔朱先生丹炉，《十国春秋》以为服药轻举也。

——［清］张澍《蜀典》卷二"尔朱洞"

⑩ 李真多

真多化，五行金节大寒，上应女宿、乙丑、丁丑人，属汉州金堂县西北二十五里，老君天师道会之所，王方平、李真多上升，一名上真化。

——［唐］杜光庭《洞天福地岳渎名山记》之"灵化之二十四"

《列仙传》："李真多者，神仙李脱之妹也。随兄修炼，而兄授之以朝元之要，行仅百年，状如二十许。遇太上降，授以飞升之道，今蜀中有真多治"是也。

——［宋］陈葆光《三洞群仙录》卷十二

老君与玄古三师降于蜀绵竹之三学山，授李真多以飞升之道（原注："今号真多治。"）。

——［元］赵道一《历世真仙体道通鉴》卷八

《集仙录》曰："蜀郡李真多，八百妹也。随兄修道，居绵竹山中，古迹尚在。或来往浮山之侧，今之真多化，即古浮山也，亦如肺得水而浮矣。真多幼挺仙姿，耽尚玄理，八百授以朝元默真之要，行之数百年，状如二十许人，神气庄肃，风骨英伟，异于女弱之态。人或见之，不敢正视。其后太上老君与玄古三师降而度之，先于八百得道，白日升天。化侧有泽，其水常赤，古神仙炼丹泉也。以此浮山，亦名万安山。上有二师井，饮者愈疾。"按《蜀志补罅》，真多观在旧新都之栖贤山。山有巨松，常见一婴儿出没其傍。真多迹之，得茯苓饵服。既久身轻，登巨楠而仙去。足之所履，有七窍如斗状，号曰星楠。唐赐号妙应真人。《神仙传》云："怀安军，真多化女人发之治。"是其处。

——［明］曹学佺《蜀中广记》卷七十一

⓫ 李常在

《神仙传》云："李常在者，蜀郡人也，少治道术，百姓累世奉事。计其年已四五百，恒无（如）五十许。家有二男一女，皆已嫁娶，乃去。去时从其弟子曾、孔二家，各请一小儿，年皆十七八。二家亦不知何以，即遣送之。常在以青竹杖度二儿身遣归，置其家所卧处，云：'径来，勿与家人语。'二儿承教，以杖归家。家人了不见，儿去后乃见。儿死在床上，二家哀泣，各殡埋之。百余日，它弟子过郫县，逢常在将此二儿俱行。二儿各附书到家，发棺视之，唯青竹杖耳。后三十余年，居地肺山，更娶妇。有先妇儿来寻，未至前十日，常在谓后妻曰：'吾儿欲来见寻，吾当去，可将金饼与之。'儿至，求父所在，妇以金与之。儿曰：'父舍我去数十年，日夜思恋。昨闻在此，故来觐省，不求财也。'更止三十日，乃谓母曰：'父不还，我去矣。'至外，藏于草间。常在还，与妇曰：'此儿诈言，当即还。汝语之：儿长不复须我。我去，不复与儿相见。'乃去。少顷，儿果来。母语之如此，乃泣涕而去。后七十余年，常在忽去，弟子见在虎寿山下居，复娶妻，有少子，世世见之如故，故号曰常在。"

——［明］曹学佺《蜀中广记》卷七十一

李常在，蜀郡人，少治道术，百姓累世见之。初有二男一女，皆已嫁娶，乃去，二弟子随之，后各以青竹杖度其归。迨归家，置杖卧床。继还其家，见儿尸在床，各泣而埋之。有人于郫县逢二子随常在行，附书到家，各发棺视之，惟一青竹杖。常在又娶妇，前妇子往寻之，常在曰："吾儿欲来见我，法不得见儿。"儿泣而别去。

——［明］李光先修《四川总志》卷八，
另见［明］李贤《明一统志》卷六十七

🔢 葛洪

晋葛洪，句容人，为求丹砂，乞补勾漏令。后入蜀，取雄黄于武都山，得之，色如鸡冠，喜曰："吾丹成矣。"至洪雅之花溪，因居岩洞，存神养气。道成，白日升天，岩前影迹尚存。

——［清］许治修、张晋生编《四川通志》卷三十八之三

葛洪，唐人诗："洞里真人葛稚川。"稚川，今在洪雅、夹江两邑之间，溪阔十余丈。昔洪为勾漏令，后入蜀，取雄黄于武都山，得之，色如鸡冠，喜曰："吾丹成矣。"因至洪雅与夹江之山，存神养气，道成仙去，隐迹尚在，地名稚川溪，今土人呼为川溪。

——［清］彭遵泗《蜀故》卷二十一"仙家"

🔢 张远霄（挟弹张仙）

张远霄，眉州人。一日，见老人持竹弓一、铁弹三，质钱三百文，张无靳色。老人曰："吾弹可辟疫疠，宜宝而用之。"再见，老人遂授以度世法，熟视其目中，各有两瞳子。后往白鹤山垂钓，西湖峰上见一老人，叩之不答。旁一人指曰："此君之师四目老翁也，不记授竹弓铁弹时耶？"张大悟。按《舆地纪胜》，仙人张远霄故宅在眉州治西北，宋时园中双桧犹存。李石诗："野草间花不记年，亭亭双桧欲参天。读书却得骑鲸老，买药来寻跨鹤仙。"又按《临邛志》，白鹤山卢舍那院，异时张远霄仙迹俱在。远霄生眉山，自号四郎，以灵符神弹救世病苦。忽一日，书符于壁，如四目老翁状。符就落壁，隐身不见，人即其地立祠焉。

——［明］曹学佺《蜀中广记》卷七十四

世所盛传张仙像，张弓挟弹若贵游公子，以为即梓潼之神、文昌之宿。然梓潼自有像，氅衣纱帽，与张仙殊不类。且道家言梓潼出处，谓文昌尚近之，祈嗣绝无干也。偶阅陆文裕《金台纪闻》云："张仙像是蜀王孟昶挟弹图。初花蕊夫人入宋宫，念其故主，偶携此图，遂县于壁，谨祀之。一日，太祖幸而见之，诘焉。花蕊跪答曰：'此蜀中张仙神也，祀之能令人有子。'"非实有所谓张仙也。余按：《纪闻》以此说，得之蜀中一士夫，或颇近实。盖以张弓为张仙，挟弹为诞子。而梓潼之神本蜀人，且张姓，因缪相传，今又以梓潼化书傅文昌耳。王长公《勘书图跋》云："宋初诸降王中，独孟昶有天人相，见于花蕊夫人所供其童子为玄喆、武士为赵廷隐，当时进御者以胜国，故不敢具其实，故目为文皇耳。然则孟昶之像，一讹而为梓潼，又再讹而为太宗，皆可笑也（原注：孟昶尝刻石经于蜀，又有与花蕊纳凉词。世但知李重光，昶文雅殊不减也。唐末名画皆入蜀，故应屡见于图。）。"

—— ［明］胡应麟《少室山房笔丛·庄岳委谈上》

眉山张霄远，寓居邛之崇真观，常持竹弓铁弹向空中打。人问之，曰："打天上孤辰寡宿耳。"人有求嗣者，祷之辄应。又以篆符救世病苦，由是人争奉之。居数年，忽一日书符于壁，如四目老翁状。符就落笔，隐身不见，至今城内锄犁掘土者常得其弹子，上有红点，坚实异常，相传女子佩之生子，观中有石镌遗像云。

—— ［清］彭遵泗《蜀故》卷二十一"仙家"

张远霄，眉山人，见老人授竹弓一、铁弹一、质钱三百千，而张无靳色。老人曰："吾弹能辟疫疠，宜宝而用之。"再见老人，遂授以度世法。熟视举首，见其目有重瞳。后往白鹤山垂钓，西湖峰上有异人，曰："此乃四目老人翁君之师也，宁遂忘授竹弓铁弹时耶？"张大悟。

—— ［清］许治修、张晋生编《四川通志》卷三十八之三"仙释"

陆深《金台纪闻》："世所传张仙像，乃《蜀王孟昶挟弹图》也。蜀亡，花蕊夫人入宋宫，念其故主，偶携此图悬于壁，且祀之谨。太祖幸而见之，致诘焉，诡曰：'此我蜀中张仙神，祀之，令人有子。'非实有所谓张仙也，蜀中刘希向余如此说。"按郎瑛《七修类稿》所载，言张仙名远霄，五代时游青城山得道。苏老泉曾梦挟二弹，以为诞子之兆，敬奉之，果得苏辙。有赞见集中，人但谓花蕊假托，不知真有一张仙也。按高青邱有《谢雪海道人赠张仙画像诗》，亦云苏老泉尝祷而得二子。孟昶曾屡入朝，太祖宁不辨其貌，而为花蕊所绐耶？或以为即张仲九，非。按《询刍录》云："张远霄，眉山人。一日，见老人持竹弓，以铁弹三，质钱三百千，张无靳色。老人曰：'吾弹能辟疫疠，宜宝而用之。'后再见老人，遂授以度世法。熟视举首，见其目中各有两瞳子。"此其证也。又《纂要》云："邛州崇真观，昔仙人张远霄者往来于此，每挟弹，视人家有灾者，为击散之，此其故居也。"《大玉匣记》云："十一月二十三日为张仙生辰。此日设位求子，大吉。"按挟弓弹之说，亦有所本。《月令》："玄鸟至，以太牢祠高禖。后妃率大嫔乃礼，天子所御于高禖之前。"疏云："天子所御，谓令有娠者于祠，大祝酌酒，饮于高禖之前，以神惠显之也。"带以弓韣，授以弓矢，求男之祥也。王居明堂，礼曰："带以弓韣，礼之媒下，其子必得。"《天材疏》云："礼此所御之人于媒神之前，媒神必降幅。故曰：其子必得天材。"此张仙弓弹之本也。

——［清］李调元《新搜神记》卷十二"张仙"

世所称张仙像，张弓挟弹，似贵游公子，或曰即张星之神也。陆文裕《金台纪闻》云："后蜀主孟昶挟弹图，花蕊夫人携入宋宫，念其故主，尝悬于壁。一日，太祖诘之，诡曰：'此蜀中张仙神也。祀之，能令人有子。'于是传之人间，遂为祈子之祀云。"郎瑛《七修类稿》亦载此说。又王弇州《勘书图跋》："宋初降王惟孟昶，具天人相，见于花蕊夫人所供。其童子为元喆、武士为赵廷隐。当时进御者以胜国故，不敢具其寔，乃目为文皇耳。"据此，则此像又有托之为唐太宗者。余谓此二说，皆未必然。昶之入汴也，宋祖亲见之。花蕊果携其像，宋祖岂不能识别而敢以诡辞对？至托为唐文皇，则更无谓。按高青邱有《谢海雪道人赠张仙像》诗，云："余未有子，海雪以此像见赠，盖苏老泉尝祷之而得二子者，因赋诗以谢云：道人念我书无传，画图卷赠成都仙。云昔苏夫子，建之玉局祷甚虔。乃生五色两凤鸮，和鸣上下相联翩。"然则此像本起于蜀中。闺阁祈子，久已成俗，是以花蕊携以入宫。后人以其来自蜀道，转疑为孟昶像耳。按：《苏老泉集》有《张仙赞》，谓张名远霄，眉山人，五代时游青城山成道。陆放翁《答宇文使君问张仙事》诗自注云："张四郎常挟弹，视人家有灾者，辄以铁丸击散之。"又《赠宋道人》诗云："我来欲访挟弹仙，嗟哉一失五百年。"《续通考》云："张远霄一日见老人持竹弓一、铁弹三，来质钱三百千，张无靳色。老人曰：'吾弹能辟疫，当宝用之。'后老人再来，遂授以度世法。熟视其目，有两瞳子。越数十年，远霄往白鹤山，遇石像，名四目老翁，乃大悟——即前老人也。"眉山有远霄宅故址，李石诗云："野草闲花不计年，亭亭双桧欲参天。读书却得骑驴老，卖药来寻跨鹤仙。"是蜀中本有是仙，今所画张弓挟弹，乃正其生平事实，特未知何以为祈子之祀。胡应麟又谓："古来本有此张弓挟弹图，后人因附会以张弓为张、挟弹为诞，遂流传为祈子之祀。"此亦不加深考而为是臆说也（原注："按：古者男子生，悬弧矢。又：祀高禖之礼，于所御者带以弓韣，授以弓矢，此本是祈子之事。后人或缘此写为图，以为祈子之神像，遂辗转附会，而实以姓名耳。"）。

——〔清〕赵翼《陔余丛考》卷三十五"张仙"

🔢 费长房

葛陂，周回三十里，在（平舆）县东北四十里，费长房投杖成龙处。

——〔唐〕李吉甫《元和郡县志》卷十，

另见〔宋〕乐史《太平寰宇记》卷十一"平舆县"

费长房，东汉时为市掾，从壶公学仙后辞归。与一竹杖，曰："骑此任所之。既至，可投葛陂中。"又为作一符，曰："以此主地上鬼神。"长房乘杖，须臾来归，自谓去家旬日而已。十余年，所投陂中杖，顾视之，已化为龙矣。按：葛陂，在双流西十五里之龙池寺，近温江界。

——［明］曹学佺《蜀中广记》卷七十一

费长房，东汉时为市掾。从壶公学仙后辞归，与一竹杖，曰："骑此任所之。既至，可投之葛陂中。"又作符，曰："以此主地上鬼神。"乘杖，须臾来归，自谓去家旬日，而已十余年矣。以杖投陂中，顾视，则化龙矣。葛陂，今号龙池寺。

——［明］李光先修《四川总志》卷八，
［清］许治修、张晋生编《四川通志》卷三十八之三文同

⓯ 栾巴

栾巴，蜀人也。……巴为尚书，正旦会群臣饮酒，巴乃含酒起，望西南噀之，奏云："臣本乡成都市失火，故为救之。"帝驰驿往问之，云正旦失火，时有雨自东北来灭火，雨皆作酒气也。

——［晋］葛洪《神仙传》卷五

栾巴，后汉人，为尚书郎。正朝大会，得酒不饮，西南噀之。有司奏巴大不敬，巴谢曰："臣本县成都失火，故喷酒以为雨。"后成都奏：火得雨而灭，雨中作酒气也。

——［宋］祝穆《方舆胜览》卷五十一"成都府"

《神仙传》："栾巴者，蜀郡成都人也。少好道，不修俗事。时蜀守躬诣，巴屈为功曹。它日问巴：'有神术，宁可试见一奇乎？'巴曰：'唯。'即

平坐，却入壁中去，冉冉如云气状，须臾失巴所在。壁外人见巴化成一虎，人并惊。虎径还功曹舍，复为人。后举孝廉，除郎中，迁豫章太守。庐山庙有神，能于帐中共外人语，饮酒投杯空中，又能使宫亭湖中分风，举帆船行。相逢巴至郡，往庙中，便失神所在。巴曰：'庙魅诈为天官，损百姓日久，罪当诛。'乃以郡事付功曹，自行捕逐，云：'若不时讨，恐游行天下，枉病良民。'所至推问山川社稷，求魅踪迹。此魅于是走至齐郡，化为书生，美谈五经，太守即以女妻之。巴表请解郡往捕。既至，谓太守曰：'献婿非人也，请见之。'太守骇，甚召婿不出。巴曰：'出之甚易，请太守笔砚奏案作符。'符成，长啸空中，若有人将符去，一坐皆惊。须臾，婿自赍符至庭，见巴不敢前。巴叱曰：'老魅何不复尔形？'应声即变为一狸，叩头乞活。巴敕杀之，人见空中刀下，狸头堕地。太守女已生一儿，复化为狸，亦杀之，巴乃还豫章。豫章旧多魅及独足鬼，为百姓病，从此消灭，后征为尚书郎。正旦大会，巴到已有酒容。上赐百官酒，巴不饮，而西南向噀之。有司奏巴不敬，诏问巴，巴曰：'臣乡里以臣能治鬼护病生，为臣立庙。今旦，有耆老皆至庙中享臣，不能早委之，是以有酒容。臣适见成都市上火起，故漱酒为尔救之，非敢不敬。'诏发驿书问，成都已奏言：'正旦食后失火，须臾有大雨三阵从东北来，火乃止，雨着人皆作酒气。'"按：《后汉书》："巴字叔元，顺帝世，以宦者给事掖庭，补黄门令，迁桂阳、豫章二郡太守，有罪禁锢。灵帝即位，大将军窦武太傅陈蕃辅政，征拜议郎。蕃、武被诛，巴以其党复谪永昌太守。以功自劾，辞病不行。上书极谏，理陈、窦之冤。帝怒，下诏切责，收付廷尉，巴自杀。"予读《剑经》："栾巴昔作《兵解》，去入林虑山中，积十三年而后还家，今在鹄鸣赤石山中。"注云："巴下狱死，是用灵丸解去也。"

——［明］曹学佺《蜀中广记》卷七十一

栾巴寺，在县西百里。栾巴真人建法座，下有石穴。每岁仲夏，一蛇长三尺许先出，群蛇大小、颜色不一，络绎随之，游于殿堂、几榻、厨器之间，或至数日，不畏人亦不伤人，人亦弗相害也，必僧为食以饲之。食已，其先出者先至穴口，俟群蛇毕入而后入焉。土人传为四万八千尾，云今尚然。

——［清］许治修、张晋生编《四川通志》卷二十八下"通江县"

栾巴为尚书，正月朔朝见帝，赐酒不饮，向西南噀之。有司奏不敬，巴谢曰："臣本县成都有火患，故噀酒以救之。"数日，成都果奏大灾，得雨从东北来，遂息，雨中有酒气。

——［清］彭遵泗《蜀故》卷二十五

🔟 然独角

渝州仙池，在州西南江津县界，岷江南岸。其池周回二里，水深八尺，流入岷江。古老传者，有仙人姓然，名独角，以其头有角，故表其名，自扬州来居此。池编起楼，聚香草置楼下。独角忽登楼，命仆夫烧其楼。独角飞空而去，因名仙池。见有石岩一所，向岷江而见在。

——［宋］李昉《太平广记》卷三百九十九引《渝州图经》

独角者，巴郡人也，年可数百岁，俗失其名。顶上生一角，故谓之独角。或忽去积载，或累旬不语。及有所说，则旨趣精微，莫能测焉。所居独以德化，亦颇有训导。一日与家辞，因入舍前江中，变为鲤鱼，角尚在首。后时时暂还，容状如平生，与子孙饮宴数日辄去。按《渝州图经》，仙池在州西南江津县界，岷江南岸。其池周回二里，水深八尺，流入岷江。古老传闻：有仙人姓然，名独角，自扬州来居此。池边起楼，聚香草置楼下。独角忽登楼，命仆自下起火，乃飞空而去，因名仙池。见有石岩一所，向岷江西面在。

——［明］曹学佺《蜀中广记》卷七十五"神仙记"

仙池香草楼，在城东南二十五里（原注："今属笋里一都。"），见《渝州图经志》引李膺《益州记》，其说未备。俗以崖下一泓指为仙池古迹，非也。按《图经》，仙池广数十亩，在今大瓦口、小瓦口之间（原注："大瓦口、小瓦口在仙池最低小处，今为两大田。"），仙为然独角（原注："扬州人。"），五代时曾结香草楼于池畔，后焚楼跨鹤飞去。相传鹤山坪仙鹤池亦其遗迹。

——［清］佚名编《江津县乡土志》卷三

俗神、杂神编

❶ 马头娘（蚕女）

旧说，太古之时，有大人远征，家无余人，唯有一女。牡马一匹，女亲养之。穷居幽处，思念其父，乃戏马曰："尔能为我迎得父还，吾将嫁汝。"马既承此言，乃绝缰而去，径至父所。父见马惊喜，因取而乘之。马望所自来，悲鸣不已。父曰："此马无事如此，我家得无有故乎？"亟乘以归。为畜生有非常之情，故厚加刍养。马不肯食，每见女出入，辄喜怒奋击，如此非一。父怪之，密以问女。女具以告父，必为是故。父曰："无言，恐辱家门，且莫出入。"于是伏弩射杀之，暴皮于庭。父行，女与邻女于皮所戏，以足蹙之，曰："汝是畜生，而欲取人为妇耶？招此屠剥，如何自苦？"言未及竟，马皮蹶然而起，卷女以行。邻女忙怕，不敢救之，走告其父。父还求索，已出失之。后经数日，得于大树枝间，女及马皮尽化为蚕而绩于树上。其茧纶理厚大，异于常蚕。邻妇取而养之，其收数倍。因名其树曰"桑"。桑者，丧也。由斯百姓竞种之，今世所养是也。

——〔晋〕干宝《搜神记》卷十四

大古时人远征，家有一女，并马一匹。女思父，乃戏马曰："尔能为我迎得父归，吾将嫁汝。"马乃绝缰而去，之父所。父疑家有故，乘之而还。骏马见女辄怒而夺。父系之，父因而密问其女，女具以实答。父乃射煞马，曝皮于庭所。女以足蹙之，曰："尔马也，欲人为妇，自取屠剥，如何？"言未竟，皮欻然起，抱女而行。父还，失女后，大树之间得，乃尽化为绩蚕于树，其蚕厚大于常蚕。邻妇取养之，其收二倍。今世人谓蚕为女儿，盖古之遗语也。

——〔唐〕马缟《中华古今注》卷下

蚕女者，乃是房星之精也。当高辛之时，蜀地未立君长，唯蜀山氏独王一方，其人聚族而居，不相统摄，往往侵噬，恃强暴寡。蚕女所居，在今广汉之部，亡其姓氏。其父为邻部所掠已逾年，唯所乘马犹在。女念父隔绝，废饮忘食。其母慰抚之，因告誓于其部之人，曰："有能得父还者，以此女嫁之。"部人虽闻其誓，无能致父还者。马闻其言，惊跃振迅，绝绊而去。数月，其父乘马而归。自此，马昼夜嘶鸣，不复饮龁。父问其故，母以誓众之言白之。父曰："誓于人也，不誓于马。安有人而配偶非类乎？马能脱我于难，功亦大矣。所誓之言，不可行也！"马嘶跪愈甚，逮欲害人。父怒，射杀之，曝其皮于庭中。女行过侧，马皮蹶然而起，卷女飞去。旬日，复栖于桑树之上。女化为蚕，食桑叶，吐丝成茧，用织罗绮衾被，以衣被于人间，蚕自此始也。父母悔恨，念之不已。一旦，蚕女乘彩云，驾此马，侍卫数十人，自天而下，谓父母曰："太上以我孝，能致身心不忘义，授以九宫仙嫔之任，长生矣，无复忆念也。"言讫，冲虚而去。今其家在什邡、绵竹、德阳三县界。每岁祈蚕者，四方云集，皆获灵应。蜀之风俗，诸观画塑玉女之像，披以马皮，谓之马头娘，以祈蚕桑焉。俗云阁其尸于树，谓之桑树，耻化为虫，故谓之蚕。《稽圣赋》云"爰有女人，感彼死马，化为蚕虫，衣被天下"是也。《阴阳书》云："蚕与马同类。"乃知是房星所化也。

——［唐］杜光庭《墉城集仙录》卷六"蚕女"条

蚕女者，当高辛帝时，蜀地未立君长，无所统摄。其人聚族而居，递相侵噬。蚕女旧迹，今在广汉，不知其姓氏。其父为邻邦掠去，已逾年，唯所乘之马犹在。女念父隔绝，或废饮食。其母慰抚之，因告誓于众曰："有得父还者，以此女嫁之。"部下之人，唯闻其誓，无能致父归者。马闻其言，惊跃振迅，绝其拘绊而去。数日，父乃乘马归。自此马嘶鸣，不肯饮吃。父问其故，母以誓众之言白之。父曰："誓于人，不誓于马。安有配人而偶非类乎？能脱我于难，功亦大矣，所誓之言，不可行也。"马愈跑。父怒，射杀之，曝其皮于庭。女行过其侧，马皮蹶然而起，卷女飞去。旬日，皮复栖于桑树之上。女化为蚕，食桑叶，吐丝成茧，以皮被于人间。父母悔恨，念之不已。忽见蚕女，乘流云，驾此马，侍卫数十人，自天而下。谓父母曰："太上以我孝能致身，心不忘义，授以九宫仙嫔之任，长生于天矣，无复忆念也。"乃冲虚而去。今家在什邡、绵竹、德阳三县界。每岁祈蚕者，四方云集，皆获灵应。宫观诸化，塑女子之像，披马皮，谓之马头娘，以祈蚕桑焉。《稽圣赋》曰"安有女，感彼死马，化为蚕虫，衣被天下"是也。

——［宋］李昉《太平广记》卷四七九引《原化传拾遗》

《女仙传》："帝高辛时，蜀地未立君长，无所统摄，递相吞噬。蚕女之父为邻所掠，唯所乘马犹在。女念其父，殆废饮食。其母慰抚之，因誓于众，曰：'有得父还者，以此女妻之。'然无能得父归者。一旦，其马绝绊而去，载其父归。自此，马嘶鸣不肯饮啮。父曰：'誓于人，马配人而偶非类，可乎？'父怒射杀之，曝其皮于庭。女过，其皮忽起，卷女飞去。旬日，皮复栖于桑，女化为蚕，食桑，吐丝成茧，衣被人间。父母念之不已，忽见蚕女乘云，驾此马，自天而下，谓父母曰：'太上以我孝，授以九宫仙嫔，无复忧念也。'冲云而去。蜀之风俗，宫观皆塑女子，披以马皮，谓之马头娘子，以祈蚕桑焉。"

——［宋］陈葆光《三洞群仙录》卷九

蚕女冢，在什邡、绵竹、德阳三县界，每岁祈蚕云集。蜀之风俗，塑女像，披马皮，谓之马头娘，以祈蚕焉。初，高辛氏有女子，父为人所掠，（存）所乘马。其母誓于众，曰："有得父还者，以女嫁之。"马闻其言，振迅而去。数日，父乘马归。自此，马嘶鸣不已。父怒，射杀之，曝其皮于庭。（马）蹶然而起，卷女飞去。旬日，皮挂桑上，女化为蚕，食叶，吐丝成茧。一日，蚕女乘云驾马，谓父母曰："太上以我心不忘义，授以九宫仙嫔矣。"

——［宋］祝穆《方舆胜览》卷五十四

217

　　蜀之先有蚕丛帝。又高辛时，蜀有蚕女，不知姓氏，父为人所掠，惟所乘马在。女念父不食，其母因誓于众，曰："有得父还者，以此女嫁之。"马闻其言，惊跃振迅，绝其拘绊而去。数日，父乃乘马而归。自此，马嘶鸣不肯龁。母以誓众之言告父，父曰："誓于人，不誓于马。安有人而偶非类乎？能脱我于难，功亦大矣。所誓之言，不可行也。"马跑，父怒，欲杀之。马愈跑，父射杀之，曝其皮于庭。皮蹶然而起，卷女飞去。旬日，皮复栖于桑上。女化为蚕，食桑叶，吐丝成茧，以衣被于人间。一日，蚕女乘云，驾此马，侍卫数千人，谓父母曰："太上以我心不忘义，授以九宫仙嫔矣，毋复忆念也。"今冢在汉州、什邡、德阳三县界，每岁祈蚕者四方云集。蜀之风俗，宫观诸化塑女像，披马皮，谓之马头娘，以祈蚕焉（原注："《周礼·夏官·马质》掌质马，云：'若有马讼，则听之，禁原蚕者。'郑玄注云：'原，再也。天文，辰为马。《蚕书》：蚕为龙精。月直大火，则浴其种。是蚕与马同气。物不能两大，禁再蚕者，为伤马与？'据此之论，蚕马气类，世必有深究其理者，道一特书之以俟。"）。

——［元］赵道一《历世真仙体道通鉴后集》卷二"蚕女"条

　　蚕神谓之马头娘。

——［明］陶宗仪《南村辍耕录》卷十四引《图经》

　　《仙传拾遗》云："蚕女者，当高辛氏世，蜀地未立君长，无所统摄。其人聚族而居，递相侵噬。广汉之墟有人为邻土掠去已逾年，唯所乘之马犹在。其女思父，语马：'若得父归，吾将嫁汝。'马遂迎父归。乃父不欲践言，马跑嘶不龁。父杀之，曝皮于庖中。女行过其侧，马皮蹶然而起，卷女飞去。旬日，见皮栖于桑树之上。女化为蚕，食桑叶，吐丝成茧。父悔恨，念之不已。忽见女乘流云、驾此马，侍卫数十人，自天而下，谓父母曰：'太上以我孝能致身心不忘义，授以九官仙嫔，居长生屏天矣，无复忆念也。'仍冲虚而去。"按：唐《乘异集》云："蜀中寺观多塑女人披马皮，谓之马头娘，以祈蚕事。今有蚕女冢，在什邡、绵竹、德阳三县界。"而新繁蚕丛祠中，旧亦塑女像，皆本此云。"乘异"，一作"集异"。

——［明］曹学佺《蜀中广记》卷七十一

《周礼·天官·内宰》："中春，诏后率内外命妇，始祭蚕于北郊。"《汉礼仪志》："皇后祠先蚕以中牢。"文帝、景帝、元帝俱诏皇后亲蚕。魏黄初中，依《周礼》，置坛于北郊。晋与高齐，俱置高坛，皇后亲祭，俱躬蚕。后周因之，隋置坛宫北三里，皇后以太牢祭。唐置坛，在长安宫西苑中。贞观、显庆、先天、乾元间，皇后亲蚕，皆先有事于先蚕坛，仪具开元礼。宋用高齐制，后亲享先蚕，贵妃亚献，昭仪终献，其神则祠天驷，星次则黄帝元妃西陵氏。汉加菀窳妇人、寓氏公主，后又益以蚕女马头娘之属，皆有所本。嘉靖之制，虽未尽合古，然农桑并举，固帝王所重。

——［明］沈德符《野获编》卷三"亲蚕礼"

蚕神，天驷也。天文：辰为龙。蚕辰生，又与马同气，谓天驷即蚕神也。淮南王《蚕经》云："黄帝元妃西陵氏始蚕，至汉祀菀窳妇人、寓氏公主，蜀有蚕女马头娘，此历代所祭不同。"然天驷为蚕精，元妃西陵氏为先蚕，实为要典。若夫汉祭菀窳、寓氏公主妇人，蜀有蚕女马头娘，又有谓三娘为蚕母者，此皆后世之溢典也。然古今所传立像而祭不可遗阙，故并附之。稽之古制，后妃祭先蚕，坛壝牲币如中祠，此后妃亲蚕祭神礼也。《蚕书》云："卧种之日，诘旦升香，割鸡设礼，以祷先蚕。"此庶人之祭也。自天子后妃至于庶人之妇，事神之礼虽有不同，而敬奉之心则一，谅为知所本矣。

——［明］王圻《三才图会·人物》卷十"蚕神图"

高辛氏时有蚕女，不知姓氏，父为人所掠，惟所乘马在。女念父不食，其母誓于众曰："有得父还者，以此女嫁之。"马闻其言，警跃振迅，绝其拘绊而去。数日，父乃乘马而归。母以誓众之言告之，父曰："誓于人不誓于马。安有人而偶非类乎？"马跑，父怒欲杀之。马愈跑，父射杀之，曝皮于庭。蹶然而起，卷女飞去。旬日，皮复栖于桑上，女化为蚕，食桑叶，吐丝成茧，以衣被于人间。一日，蚕女乘云，驾此马，侍卫数十人，谓父母曰："太上以我身心不忘义，授以九宫仙嫔矣，无复忆念也。"今冢在什邡、绵竹、德阳三县界，每岁祈蚕者，四方云集。蜀之风俗，宫观皆塑女像，披马皮，谓之马头娘，以祈蚕焉。

——［清］王士祯《渔洋山人精华录训纂》卷五《蚕词四首》引《蜀图经》

蚕家所祀先蚕之神，实马头娘也。高辛时，蜀有夫在外，久不归。妻誓曰："得夫归者，以女妻之。"家有一马，闻而跃去。数日，夫乘马归，马嘶不已。夫审其故，曰："人岂与马配耶？"杀马，曝皮于庭。女过皮傍，皮忽卷女飞去，挂于桑上，遂化为蚕，食桑叶，作一大茧如瓮。后人塑女像为马头娘，以祈蚕焉。

——［清］彭遵泗《蜀故》卷七，褚人获《坚瓠集·续集》卷三"蚕神"条文同

蚕女庙，在县西三十里通江镇。帝高辛时，蜀无君长，人有为邻所掠者。其妻誓曰："能还吾夫，妻以女。"马绝绊去，驼夫归，见女则嘶。妻以誓告，夫怒杀马，曝其皮。女过，卷女飞去。异日，得皮于桑上，化为蚕。人遂谓为马头娘，冢旧在德阳、绵竹、什邡界，事见《搜神记》。

——［清］佚名纂《德阳县乡土志》卷二

饲牛须小儿，饲蚕须小女。小女才上头，灵明已如许。堂中一筐复一筐，屋左屋右皆柔桑。挑桑作蚕奁，挑桑作蚕褥。蚕食蚕衣无不足，闲来习静深闺里。一种心情更堪喜，与蚕同眠复同起。蚕行作茧女嫁夫，裁茧作女身上褥。君不见，养蚕虽劳得蚕效，拜得马头娘上轿。

——［清］洪亮吉《卷施阁诗》，载《洪北江诗文集》卷二十

大风马革飞上天，马革裹侬坠树巅。

蜀蚕如牛，吴蚕如马。剪茧作花，插侬髻鬟。

——［清］彭孙贻《茗斋集》卷九《马头娘曲》

《搜神记》曰："蜀有蚕女，不知姓氏，父为人所掠，惟所乘马在。女念父不食，其母誓于众曰：'有得父还者，以女嫁之。'马闻其言，惊跃振迅，绝其拘绊而去。数日，父乃乘马而归。母告之故，父曰：'安有人而偶非类乎？'马跑，父怒，欲杀之。马愈跑，父射杀之，曝皮于庭，皮蹶然卷女飞去。旬日，皮复栖于桑上，女化为蚕，食桑叶，吐丝成茧，以衣被于人间。一日，蚕女乘云驾此马，侍卫数十，谓父母曰：'太上以儿身心不忘义，授以九宫仙嫔矣，无复忆念也。'今冢在什邡、绵竹、德阳三县之界。每岁祈蚕者四方云集，宫观皆塑女像，披马皮，谓马头娘。"

——［清］张英《渊鉴类函》卷三百五十六"蚕三"

蚕家所祀先蚕之神，实马头娘也。高辛时，蜀有夫在外久不归。妻誓曰："得夫归者，以女妻之。"家有一马，闻而跃去。数日，夫乘马归。马嘶不已，夫审其故，曰："人岂与马配耶？"杀马，曝皮于庭。女过皮傍，皮忽卷女飞去，挂于桑上，遂化为蚕，食桑叶，作一大茧如瓮。后人塑女像为马头娘以祈蚕焉。

——［清］彭遵泗《蜀故》卷七

② 青衣神

青神祠即青衣神，在今嘉州界。

——［唐］李吉甫《元和郡县志》卷三十三

韦相公（昭度）出镇西川，陈太师（敬瑄）与监护田军容（令孜）坚守城垣，不伏除替。韦于城南荷圣寺置行府，制守三年而归。时王太祖建为行军司马，忽梦一青衣神人，大张其口，及问小将山章。章对曰："青衣乃蜀之地名也，亦有青衣之神，其祠在平垒内。今城中百姓则易子而食，三军则守陴而哭，可谓穷危之甚，祠庙固乏蒸尝。今青衣之神口开，是土地于公求飨，亦是启其唇齿，露彼腹心之兆也。"其城梦后十日而降，果如所说。

——［五代］何光远《鉴诫录》卷六"神口开"

青衣津，南去（平羌）县四十里，渡导江水。青衣神，《益州记》云："神号雷堆庙。"班固以为离堆下有石室，名玉女房，盖此神也。

——［宋］乐史《太平寰宇记》卷七十四"嘉州"

《华阳国志》曰青衣，有沫水。《汉志》："蜀李冰凿离堆、避沫水之害。"又《益州记》曰："青衣神，号雷堆庙。"班固以为离塠。

——［宋］李昉《太平御览》卷一百六十六"嘉州"

青神县，本汉南安县地，后周置青神县及青神郡。隋开皇初，郡废，属嘉州。唐武德二年来属，旧治思濛水口。八年，移于今治。昔蚕丛氏衣青衣以劝农桑，县盖取此为名。

——［宋］欧阳忞《舆地广记》卷二十九

上至蚕丛，年祚深眇，最后乃得望帝杜宇，实为满捍，盖蜀之先也。自从以来，帝号芦保，其妻曰妃，俱葬之（罗苹注："永明二年，萧鉴刺益，治园江南。凿石冢，有椁无棺，得铜器数千种、玉尘三斗、金蚕蛇数万。珠砂为阜，水银为池，珍玩多所不识。有篆云'蚕丛氏之墓'。鉴责功曹何仵坟之，一无所犯，于上立神衣。青衣，即今成都青衣神也。"）。

——［宋］罗泌《路史·前纪》卷四

蚕丛祠，蜀王蚕丛氏祠也，今呼为青衣神，在圣寿寺。蚕丛氏教人养蚕，作金蚕数十，家给一蚕。后聚而弗给，后瘗之江上，为蚕墓。《南史》："齐永明间始兴王萧鉴为益州刺史，于州园得古冢，有金为蚕数斗。鉴一无取，复为起冢，且立祠焉。"

——［宋］祝穆《方舆胜览》卷五十一"成都府"

青衣神，即蚕丛氏也。按传：蚕丛氏初为蜀侯，后称蜀王，尝服青衣巡行郊野，教民蚕事。乡人感其德，因为立祠祀之。祠庙遍于西土，罔不灵验，俗概呼之曰青衣神，青神县得名云。宋谢枋得《蚕诗》：

养口资身赖以桑，终成王道泽流长。

吐丝不羡蜘蛛巧，饲叶频催织女忙。

三起三眠时化运，一生一死命天常。

待看献茧盆缲后，先与君王作衮裳。

——［明］佚名《搜神记》，载万历《续道藏》第 1497 册

蚕丛祠，（成都）府治西南。蚕丛氏初为蜀侯，后称蜀王，教民桑蚕，俗呼为青衣神。

——［明］李光先修《四川总志》卷五，
又［明］李贤等《明一统志》卷六十七文同

《寰宇记》云："青衣津在（嘉定州）治南四十里，有青衣神。"《益州记》云："神号雷堆。"庙即《华阳国志》之雷垣也。班固以为"离堆下有石室，名玉女房"，盖此神耳。

——［明］曹学佺《蜀中广记》卷十一"嘉定州"

《益州记》曰："青衣神，号为雷堆。庙，班固以为离堆也。"蜀江至此，

始有峡之称。《华阳国志》:"望帝以熊耳为后户。"熊耳峡,即今之县治矣。

——［明］曹学佺《蜀中广记》卷十二"青神县"

按:青衣,蜀中见者凡三。其一在汉嘉者,即大渡河所经,《汉书》"公孙述僭据,青衣人不宾"是也;其一在青神者,以"蚕丛衣青而教民农事,人皆神之"是也;其一在当县,以古有青衣国,"慕义来宾"云。

——［明］曹学佺《蜀中广记》卷十五"南溪县"

今县以青衣江所注也。蚕丛衣青而教蚕事,蜀人神之,故曰青神。又曰水濯衣即青。

——［明］曹学佺《蜀中广记》卷五十二"青神县"

《本草》:"金蚕始于蜀中,状如蚕,金色,日食蜀锦四寸。"《寰宇记》:"成都圣寿寺有青衣神祠,神即蚕丛氏也。相传蚕丛氏始教人养蚕,时家给一金蚕,后聚而弗给,瘗之江上,为蚕墓。"宋鲁应龙《闲窗括异》云:"金蚕色如金,食以蜀锦。取其遗粪置饮食中,毒人必死。善能致他财,使人暴富,遣之极难,虽水火兵刃不能害。多以金银藏笑置其中,投之路隅,人或收之以去,谓之嫁金蚕也。"

——［明］曹学佺《蜀中广记》卷六十

齐永明二年,萧鉴刺益,治园江南,凿得石冢,有椁而无棺,贮铜器数千种,玉尘三斗,金蚕蛇数万,朱砂为阜,水银为池,珍玩多所不识,有篆文"蚕丛氏之墓"。鉴责功曹何仵坟之,一无所犯,于上立神,衣青衣,即今成都青衣神也。

——［明］曹学佺《蜀中广记》卷七十九

蚕丛祠,(成都)府治西南。蚕丛氏初为蜀侯,后称蜀王,教民桑蚕,俗呼为青衣神。

——［明］李光先修《四川总志》卷五"成都府"

青衣神庙，青神（县）治北。昔蚕丛氏服青衣，教民蚕事，乡人立庙祀之。

——［明］李光先修《四川总志》卷十五，

又［明］李贤等《明一统志》卷六十七文同

《一统志》："蚕丛氏著青衣，劝课农桑。土人思而祀之，号青衣神，邑因名焉。"按扬雄《蜀王（本）纪》："蜀之先曰蚕丛，四世至其相开明。秦惠王始讨灭蜀。"（扬）雄《蜀都赋》"蜀侯尚丛"，谓秦封公子通为侯，可配蚕丛之王，说者谓蜀至秦始通。然岷、嶓载于《禹贡》，庸、蜀见于《牧誓》，岂至秦始通耶？谓蚕丛劝课农桑，则去秦未远，为民之先啬、先蚕，祀而报之宜矣。谓请衣神何？岂以其著青衣，故名其神，因以名其邑耶？乃曰青衣之野，蚕丛尝主之，土人名其邑，以寓思焉，义近之。

——［明］余承勋《青神考》，载《补续全蜀艺文志》卷三十四

青衣神祠，在青神县。昔蚕丛氏衣青衣，教民蚕事，敕封立祠。

——［清］许治修、张晋生编《四川通志》卷二十八上

青衣江，一名清溪源，从罗纯九曲，六十里至县城外，环绕而南流，为县治水。萦回襟带，西下三十里合雅河。按《（四）川总（志）》，蜀本蚕丛氏，嗣蜀侯，周襄王时称王，衣青衣，劝农桑，其庙曰都安王，亦曰青衣神，此青衣江所由名也。保宁府南溪县亦有青衣江，《（四）川总（志）》云："古有青衣国，与叙州邻。"

——［清］陈麟修《雅州府志》卷二

青衣津，在嘉定州治南，有青衣神庙。按：《益州记》云："神号雷堆。"庙即《华阳国志》之雷垣也。班固以为"离堆下有石室，名玉女房"，盖此神耳。

———［清］陈祥裔《蜀都碎事》卷一、彭遵泗《蜀故》卷六

李膺《益州记》："青衣神号雷堆庙。班固以为离堆下有石室，名玉女房，盖此神也。"案：玉女房即今大佛崖洞也。

———［清］张澍《蜀典》卷一下

3 灌口二郎神（李冰子、川主）

李冰去水患，庙食于蜀之离堆，而其子二郎以灵化显圣。

———［宋］张唐英《元祐初建三郎庙记》，
见傅增湘《宋代蜀文辑存》卷十三

论鬼神之事，谓蜀中灌口二郎庙，当时是李冰因开离堆有功立庙，今来现许多灵怪，乃是他第二儿子出来。初间封为王，后来徽宗好道，谓他是甚么真君，遂改封为真君。向张魏公用兵，祷于其庙，夜梦神语云："我向来封为王，有血食之奉，故威福用得行。今号为真君虽尊，凡祭我以素食，无血食之养，故无威福之灵。今须复我封为王，当有威灵。"魏公遂乞复其封。不知魏公是有此梦，还复一时用兵，托为此说。今逐年人户赛祭，杀数万来头羊，庙前积骨如山，州府亦得此一项税钱。利路又有梓潼君，极灵。今二个神似乎割据了两川。

———［宋］黎靖德《朱子语类》卷三

李冰使其子二郎作三石人以镇湔江、五石犀以厌水怪，凿离堆山以避沫水之害，穿三十六江，灌溉川西南十数州县稻田。自禹治水之后，冰能

因其旧迹而疏广之。今县西二十二里犍尾堰索桥有李冰祠。

——［明］曹学佺《蜀中名胜记》卷六引《古今集记》

潭毒关……又二十里为神宣驿，即古筹笔驿也。……神宣驿者，世传二郎神持剑逐蹇龙过此，因名。

——［明］曹学佺《蜀中广记》卷二十四"广元县"

（《成都记》）又云："蜀守冰穿三江，过郡下，琢石犀五头，以厌水怪；立石人二，与江神约，皆其子二郎之智也。后人神其功，号为川主，出处祀焉。"《灌县志》："治西一里，离堆北洪厓山，有斗鸡台。秦时二郎神与蹇龙斗鸡于此。"世传川主，即二郎神，衣黄弹射，拥猎犬，实蜀孟昶像也。宋艺祖（平蜀）得花蕊夫人，见其奉此像，怪问之，答曰："此灌口二郎神也，乞灵者辄应。"因命传之京师，俾人得供奉，盖花蕊不忘故君而托辞耳。

——［明］曹学佺《蜀中广记》卷七十九

二郎神，李冰之子也，蜀中祀之，谓之川主。按《名宦志》，上古禹治洪水，西南经界未尽。迨秦昭王时，蜀刺史李冰行至湔山，见水为民患，乃作三石人以镇江水，五石牛以压海眼，十石犀以压海怪。遣子二郎董治其事，因地势而利导之，先凿离堆山以避沫水之害，三十六江以次而沛其流，由是西南数十州县，高者可种，低者可耕，沃野千里，号为陆海。一日循视水道，至广汉郡，游石亭江而上，故有马沿河之名；至后城山遇羽衣徐谓李公曰："公之德泽，入民深矣；公之名注天府久矣，上帝有命来迎。"遂升天而去，今祠岭之西，即后城。事闻，敕封昭应公。至汉时，加封大安王，以其大安蜀民也。

——［清］彭遵泗《蜀故》卷二十一

大足化龙桥，相传溪中有珠浮水上。邑人聂姓，得而吞之，遂化龙去，因以为名。

——［清］李调元《井蛙杂记》卷一

灌县离堆山，即李太守所凿以导江处。上有伏龙观，下有深潭，传闻二郎锁孽龙于其中。霜降水落，或时见其锁。云每有群鱼游深潭面，仅露背鬣，其大如牛。投以石，鱼亦不惊，人亦不敢取之，盖异物也。

——［清］李调元《井蛙杂记》卷九

蜀人奉二郎神甚虔，谓之川主。其像俊雅，衣黄服，旁立扈从，擎鹰牵犬，然不知为何神。询之土人，莫有知者。

——［清］陈祥裔《蜀都碎事》卷一

灌县离堆山，即李冰所凿以导江处。上有伏龙观，下有深潭。传闻二郎锁孽龙于其中，霜降后，水落时见其锁云。每有神鱼游潭面，仅露背鬣，其大如牛，投以石，鱼亦不惊，人亦不敢取之，诚异物也。

——［清］陈祥裔《蜀都碎事》卷一

成都府灌县都江堰口庙祀李二郎，自秦以来，尚未受封号。查都江堰水，源发岷山。禹导江后，沫水尚为民患。秦蜀守李冰，使其子二郎除水怪、凿离堆、穿内外二江，灌溉成都等州县稻田，使沃野千里……题请敕赐封号。

——［清］宪德《题请李冰李二郎封号疏》，
载［清］许治修、张晋生编《四川通志》卷十三上

雍正五年，敕封蜀守李冰为敷泽兴济通祐王，李二郎为承绩广惠显英王。令地方官制造神牌，每岁春秋致祭。

——［清］许治修、张晋生编《四川通志》卷五下

二郎庙在（成都）府城东，祀李冰之子。雍正八年，敕赐封祭，详见《祀典》，各州县多有之。

——［清］许治修、张晋生编《四川通志》卷二十八上

（季夏）二十四日，川主神降诞，乡人皆演戏庆祝。三伏日，凡居家者咸及。时造面酱、豆油、米醋。

——［清］宋载纂修《大邑县志》卷三

（六月）二十四日，祀川主神。

——［清］贺澍恩修《纳溪县志》卷六

四川诸州、邑、乡、里，无在不有川主神庙。稽神之姓氏，即今灌县都江堰口奉敕封建二王庙神也。前庙所祀秦蜀守李公冰之子二郎君，后庙所祀乃李公也。考地志，都江堰水，源发岷山。禹导江后，沫水尚为民害。秦蜀守李冰使其子二郎除水怪、凿离堆，穿内外二江，灌溉十四州县田亩，沃野千里，号称陆海。《益州记》曰："都江堰有三石人、五石犀以压水，与神誓曰：'涸不至足，涨不及肩。'"所遗"深淘滩，低作堰"六字，垂为万世法，相传皆二郎力也。第查《史记》《汉书》载李公凿离堆、穿二江功绩，历历可考，而无二郎除怪事，乃今诸州、邑、乡、里所塑像庙祀者，悉是二郎君，而未及李公。意其时持筹擘画、名役趋工，主其事者，李公也；陟巘降原、经营劳瘁，成其烈者，二郎君也。史册记父之绩与情，载子之功，两无负焉。且禹导岷江、抑洪水，功溥天下，为天下主；李公父子辟沫水、开渠堰，利赖蜀川，宜为蜀川主。故《通志》二十八卷"祠庙部"载川主祠、二郎庙，皆李公父子事，且曰"各州县多有之"，允为确证。而或以隋唐嘉守赵昱，宋封为川主、清源妙道真君当之，则大谬矣。

——［清］彭维铭《新建川主祠碑记》，载清乾隆《江津县志》卷十七

案：今蜀人皆呼李冰为川主，颜其庙曰川主庙，然川主之名则远矣。《续锦里耆旧传》："天成二年己亥，川主斩两川监军使李严。"川主，指孟知祥也。是蜀人称其地官之最尊者曰川主耳。

——［清］张澍《蜀典》卷七

川省各邑，皆有川主庙，有以为灌口二郎神者。二郎，秦太守李冰之子，佐父治水有功。冰有祠在灌口旁，有川主庙，土人以为李二郎对庙，有赵公山。按：隋赵昱斩蛟在嘉州，或云在犍为，宋封川主清源真君，则川主应为赵公。相传隐于赵公山，故灌口有祠。宋时二郎庙亦极盛，合为一则误矣，有识者多辨之。有巫者降神，大书于盘，云："炀帝宫前草，秋来不复青。苑中萤百万，散作雨余星。"诗之妙，非俗巫所能假托。或云川主祀李冰，又有江主庙祀马谡者。报功盛典，命名或淆，不可不详也。

——［清］王培荀《听雨楼随笔》卷四

按《独醒志》，灌口二郎神，乃祠李冰父子也。冰，秦时守。其地有龙为孽，冰锁之于离堆之下，故蜀人德之，每岁用羊至四万余。凡买羊以祭，偶产羔者，亦不敢留。永康藉羊税以充郡计，江乡人今亦祠之。每祭但一羊，不设他物，盖有自也。元至顺元年，封李冰为圣德广裕英惠王，其子二郎神为英烈昭惠灵显仁祐王，见《元史》本纪。

——［清］赵翼《陔余丛考》卷三十五"灌口神"

灌县昔有一孝子，家贫，刈草以奉其母。天悯其孝，赐以茂草一丛，日刈复生。异之，掘其地，得大珠一，藏米楥中。翌日启视，米已盈楥。置诸钱柜，钱亦满箱，家因以富。邻里异之，探得其故，求观此珠，而群起夺之。其人大窘，乃纳诸口中。珠滚入腹，渴极求饮，尽其缸水，犹有未足，遂就饮于江。母追之，见已化为龙，仅一足犹未变化。母就执之，恸且恨曰："汝孽龙也！"于是兴波作浪，随江而去，然犹频频回首视母，回首处辄成大滩，故有二十四望娘滩之名也。龙因痛恶乡人之相逼也，乃兴水患以为报复。其后李冰降伏此龙，遂与龙斗，其子二郎佐之。龙不胜，化为人形遁去。有王婆者，观音菩萨之幻形也，助冰擒此孽龙，设面肆于路旁。龙饥往食，面化为铁锁，乃将龙锁系于深潭铁桩之上，故今庙名曰伏龙观也。

——［民国］《说文月刊》三卷九期《四川治水者与水神》

（李）公酾二渠、斩潜蛟、约水神、瘗石犀，皆合幽显；而持著功能，与大禹治神奸、驱蛇龙，先后一辙，非得道于身，安能有是？且公治水非一处，襄之者亦非一人，若南安、荥经等处，皆尝及之。故离堆之事伪传，而同时若竹氏、毛郎亦赞厥勋，二郎其尤著也。二郎固有道者，承公家学，而年正英韶，犹喜驰猎之事。奉父命而斩蛟。其友七人实助之，世传梅山七圣，谓其有功于民，故圣之。惜仅存其名，又亡其一，亦考古者之憾矣。公本犹龙族子，隐居岷峨，与鬼谷交。张仪筑城不就，兼苦水灾，乃强荐公于秦而任之。公营郡治、致神龟、立星桥、通地脉，功业非一。因其治蜀治水，益州始为天府，故世称曰川主。而世俗不察，第以为其子二郎之功。夫善则归亲，人子之道，况二郎实助其父，史传朗如，安得舍公而专祀之哉！

——［民国］罗骏生修《灌县志》附《灌志文征》卷五《李公父子治水记》

④ 灌口二郎神（赵昱）

赵昱尝隐青城山，隋炀帝起为嘉州太守。时犍为潭中有老蛟为害，昱率甲士千人，夹江鼓噪。昱持刀入水，有顷，江水尽赤。昱左手执蛟首，右手持刀，奋波而出。隋大乱隐去，不知所终。后嘉陵水涨，蜀人见昱青雾中骑白马，从数猎者于波面过。（唐）太宗赐封神勇大将军，庙食灌江口。

——［宋］祝穆《方舆胜览》卷五十二"嘉定府"

二郎神者，姓赵，名昱（原注："六月二十六日生。"），从道士李珏隐青城山。隋炀帝知其贤，起为嘉州太守。郡左有冷源二河，内有老蛟为害，春夏水涨，漂溺伤民。昱大怒，特设舟船，率壮士及居民夹江鼓噪。昱持刀入水，有顷，其水赤，石崖奔吼如雷。昱右手持刀，左手持蛟首，奋波而出。时有佐昱入水者七人，即七圣是也。隋末世乱，弃官隐去，不知所终。后江水涨溢，蜀人见昱于青雾中，感其德，立庙于灌江口奉祀焉。

——［明］佚名《搜神记》卷三，载万历《续道藏》第 1497 册

《神异传》云："赵昱尝隐青城山，隋炀帝起为嘉州太守。时犍为潭中有老蛟为害，昱率甲士千人，夹江鼓噪，持刀入水。有顷，江水尽赤。昱左手执蛟首，右手持刀，奋波而出。隋乱隐去，不知所终。后嘉州水涨，人有见昱青雾中骑白马、从数猎者于波面过。宋太宗封神勇大将军，庙食灌江口。"

——［明］曹学佺《蜀中广记》卷十一"犍为县"

隋赵昱，青城人，与道士李珏游，累辞征聘，后炀帝征为嘉州太守。时州有蛟为害，昱令民募船数百，率千人，临江鼓噪，自被发杖剑入水，有七人亦被发杖剑随之，天地晦冥。少顷，云雾敛收，七人不复出，惟昱左手持剑，右手提蛟首，奋波而出，河水尽赤，蛟害遂除。唐太宗封为神勇将军，庙祀灌口。明皇幸蜀，进封赤城王。宋张咏治蜀，蜀乱。咏祷祠下，得神助，蜀平。事闻，封川主清源妙道真君，至今奉祀者比屋焉。

——［明］李光先修《四川总志》卷十五

灌口二郎神，在四川灌江口。

——［明］田艺衡《留青日札》卷二十八

赵公山，在县南九里，隋嘉州太守赵昱居此。有道术，斩蛟治水，唐

太宗封神勇大将军，明皇时进封赤城王。宋张咏平蜀，得神助，奏闻，封川主清源妙道真君。其上每有云起，山顶辄雨。

——［清］许治修、张晋生编《四川通志》卷二十三"灌县"

二郎关，在广元县南五里。相传昔有赵二郎昱者，屯兵于此，因名。又梅岭关在县西南。

——［清］仁宗敕修《大清一统志》卷三百九十一

雍正五年，敕封蜀守李冰为"敷泽兴济通祐王"，其子李二郎为"承续广惠显英王"。令地方官制造神牌，每岁仲春、仲秋致祭。大邑遵照奉行，共一庙。

川主庙，在（大邑）县治东郭数武。按：川主有二，一为秦益州太守李冰之子二郎；一为宋嘉州太守赵昱。冰父子治水斩蛟，皆有功德于蜀，蜀人至今咸并祀之。

——［清］宋载纂修《大邑县志》卷三

隋赵昱，字重明，与兄冕俱隐青城，师事李珏。隋炀闻其贤，征召不起，督让益州太守，臧剩强起之。至京师，帝縻以上爵，不就，乞为守。帝从之，拜嘉州太守。时犍为潭中蛟害久，蜀人患之。会昱使人往青城，渡江溺使者，没舟七百艘。昱大怒，率甲士千人、州属万人，夹岸鼓噪，昱持刀没水。顷刻，江尽赤石崩，吼声如雷。昱左执蛟首，右持刀奋波出，州人戴为神。隋乱潜隐，不知所终。嘉陵涨溢，水势汹然，蜀人思之。俄见昱雾中骑白马，从数猎者于波面，扬鞭而过，水遂息。太宗封神勇大将军，庙食灌口。岁时民疾病，祷之辄应。上皇幸蜀，加封赤城王，又封显应侯。宋初，封川主清源妙。

——［清］彭洵《青城山记》卷下

唐柳宗元《龙城录》云："赵昱，字仲明，与兄冕俱隐青城山，炀帝拜为嘉州太守。时犍为潭中有老蛟为害，昱持刀入水，左手执蛟首，右手持刀，奋波而出，州人事为神。太宗文皇帝赐封神勇大将军，庙食灌江口。上皇幸蜀，加封赤城王，又封显应侯。昱斩蛟时，年二十六。"按此，则灌口二郎神又似即赵昱矣。其年少而行二，所谓二郎者颇合，岂后人失其传而误以为李冰之子邪？

——［清］俞樾《茶香室丛钞》卷十五"赵昱"

（六月二十四）是日又为二郎神生日，患疡者拜祷于葑门内之庙，祀之必以白雄鸡。先夕，土人于庙中卖萤镫、荷花、泥婴者如市。蔡云《吴歙（百绝）》云："巧制萤镫赛练囊，摩睺罗市见昏黄。儿童消得炎天毒，葑水湾头谢二郎。"案：宋高翥《菊涧小集》有《辇下酒行多祭二郎神及祠山神》诗云："箫鼓喧天闹酒行，二郎赛罢赛张王。"考皇甫汸《长洲志》及钱湘灵、陆灿《常熟县志》云："赵真君，名昱，灌洲人仕。隋大业为嘉州太守，有蛟患，入水斩之。卒后，嘉州人见雾中乘白马越流而过者，乃昱也，因立庙灌江，号灌口二郎神。宋真宗时进，今封邑中。患疡者，祷之辄应。相传六月廿四日为神生辰，男女奔赴，以祈灵贶。"褚人获《坚瓠集》云："六月二十四日为清源妙道真君诞辰，吴人祀之必用白雄鸡，相传已久，不解其故。及阅陈藏器《本草拾遗》云：'白雄鸡生三年者，能为鬼神所役使。'吴人用祀真君，或亦山川不舍驿角之意。"

——［清］顾禄《清嘉录》卷六"二郎神生日"

5 竹王神

有行王者，兴于遯水。有一女子浣于水滨，有三节大竹流入女子足间，推之不肯去。闻有儿声，取持归。破之，得一男儿。长养，有才武，遂雄夷狄氏，以竹为姓，捐所破竹于野，成竹林，今竹王祠竹林是也。王与从人尝止大石上，命作羹。从者曰："无水。"王以剑击石，水出，今王水是也，破竹存焉。

——［晋］常璩《华阳国志·南中志》

　　夜郎者，初有女子浣于遯水，有三节大竹流入足间。闻其中有号声，剖竹视之，得一男儿，归而养之。及长，有才武，自立为夜郎侯，以竹为姓。武帝元鼎六年平南夷，为牂柯郡。夜郎侯迎降，天子赐其王印绶，后遂杀之。夷獠咸以竹王非血气所生，甚重之，求为立。后牂柯太守吴霸以闻天子，乃封其三子为侯，死，配食其父。今夜郎县有竹王三郎神是也。

——［南朝宋］范晔《后汉书·南蛮西南夷列传》

　　汉武帝时，夜郎竹王神者，名兴。初，有女子浣于豚水，见三节大竹流入足间，推之不去。闻其中有号声，持破之，得一男儿。及长，有才武，遂雄夷獠氏，自立为夜郎侯，以竹为姓。所破之竹，弃之于野，即生成林。王尝从人止石上，命作羹。从者曰："无水。"王以剑击石，泉便涌出。今竹王水及破竹成林并存。后汉使唐蒙开牂柯郡，斩竹王首，夷獠咸诉以竹王非血气所生，甚重之，求为立。后太守吴霸以闻帝，封三子为侯，死配食父庙。今夜郎县有竹王三郎祠，是其神也。

——［南朝宋］刘叔敬《异苑》卷五，［清］陈祥裔《蜀都碎事》卷二引文同

　　夜郎县者，西南远夷国名也。其先有女子浣纱，忽三节竹流入足间，闻其中有号声，剖竹视之，得一男，归而养之。及长，有武略，自立为夜郎侯，以竹为姓。汉武帝元鼎六年征西南夷，改为牂柯郡。夜郎侯迎降，天子赐以玉印授，后卒。夷獠咸以竹王非血气所生，众为立庙。今夜郎县有竹王神是也。

——［南朝梁］任昉《述异记》卷下

汉武帝时，有竹王兴于豚水。有一女子浣于水滨，有三节大竹流入女子足间，推之不去。闻有声，持归破之，得一男儿，遂雄夷濮，氏竹为姓。所捐破竹于野成林，今竹王祠竹林是也。王尝从人止大石上，命作羹。从者白："无水。"王以剑击石出水。今竹王水是也。后汉使唐蒙开牂柯，斩竹王首，夷獠咸怨，以竹王非血气所生，求为立祠，帝封三子为侯。及死，配父庙。今竹王三郎祠，其神也。

——［北魏］郦道元《水经注·温水》

汉夜郎遯水竺王祠者，昔有女子浣于水滨，有大节竹流入女足间，推之不去，有小儿啼声。破之，得一男儿。长养，有才武，遂雄夷獠，因竹为姓。所破之竹，弃之于野，即生成林。王尝止石上作羹，无水。以剑击石，泉便涌出，今竹王水及破石竹林并存。汉使唐蒙诱而斩之，夷獠怨诉，竹王非血气所育，求立嗣。太守吴霸表封其三子为侯，今犹有竹王节庙。

——［唐］释道世《法苑珠林》卷七十九

《蜀记》曰："昔有女人于溪浣沙，有大竹流水而触之，因有孕。后生一子，自立为王，因以竹为姓。汉武使唐蒙伐牂柯，斩竹王，因有此地。人不忘其本，立竹王庙祀之。"

——［宋］李昉《太平御览》卷一百六十六"荣州"

《后汉（书）》曰："夜郎者，初有女子浣于遯水，有三节大竹流入足间。闻其中有号声，剖竹视之，得一男子，归而养之。及长，有才武，自立为夜郎侯，以竹为姓。武帝平南夷，夜郎侯迎降，天子赐其王印绶，后遂杀之。夷獠咸以竹王非血气所生，甚重之，求为立。后牂柯太守吴霸以闻天子，乃封其三子为侯，死配食其父。今夜郎县有竹王神是也。"

——［宋］李昉《太平御览》卷七百九十一

竹王祠，在歌罗寨西北五十里东门山，即夜郎侯祠也。《华阳国志》："初，有女子浣于遯水，有三节竹流至，闻其中有婴儿声，剖竹得男，归而养之。及长，材武，遂自立为夜郎王，以竹为姓，捐竹于地，遂成竹林。"

——［宋］祝穆《方舆胜览》卷六十"施州"

晋原县竹王庙，《华阳国志》云："竹王者兴于豚水。有一女子浣于水滨，有三节大竹流入女子足间，推之不去。闻有儿声，取持归。破之，得一男儿。长养，有才武，遂雄一方。民以竹为姓，捐所破竹于野成林，今竹王祠竹林是也。王与从人尝指大石上，命作羹。从者曰：'无水。'王以剑击石，水出，今王水是也，破石存焉。"

——［宋］乐史《太平寰宇记》卷七十五"晋原县"

（旭川县）竹王庙，《蜀记》云："昔有女人于溪浣纱，有大竹流水而触之，因有孕，后生一子，自立为王，因以竹为姓。"汉武使唐蒙伐牂牁，斩竹王。有此故，故土人不忘其本，立竹王庙，岁必祀之。不尔，为人患。

——［宋］乐史《太平寰宇记》卷八十五"荣州"

《蜀记》云："古夜郎国，传为一女人浣溪，有竹浮下而中（有）啼声。取而视之，则孩也。及长，呼为夜郎，封竹溪王。今（嘉定州）治北三里，有竹公溪矣。"按：宋祁《答劝农李渊宗嘉州江上见寄》诗："嘉月嘉州路，峒峨接画船。山围杜宇国，江入夜郎天。"即咏此事。又《舆地广记》云："汉武帝开夜郎，置犍为郡。"《汉书·地理志》："夜郎故县，乃属牂柯郡。"如此，则今之嘉州犍为郡非夜郎故地矣。后世徒见嘉州名犍为郡，又领犍为县，遂以为夜郎国，恐失真。

——［明］曹学佺《蜀中广记》卷十一"嘉定州"

《志》云："邑东荣川，即古遯水。河岸有竹王祠，盖以祀夜郎王者。"

《蜀记》云："昔有女人于溪浣纱，有大竹流水上，触之有孕。后生一子，自立为王，以竹为姓。汉武使唐蒙伐牂柯，斩竹王。土人不忘其本，立竹王庙，岁必祠之。不尔，为人患。"薛涛《题竹郎庙》云："竹郎庙前多古木，夕阳沉沉山更绿。何处江村有笛声，声声尽是迎郎曲。"

——［明］曹学佺《蜀中广记》卷十一"荣县"

《华阳国志》"夜郎郡"，古夜郎国也，属县二千户，治夜郎县。有遯水，通广郁林。有竹王三郎祠，甚灵响。刘敬叔《异苑》云："汉武帝时，夜郎竹王神者，名兴。初，有女子浣于豚水，见三节大竹流入足间，推之不去。闻其中有号声，持破之，得一男儿。及长，有才武，遂雄夷獠氏，自立为夜郎侯，以竹为姓。所破之竹弃于野，即生成林，王尝与从人止石上，命作羹。从人曰：'无水。'王以剑击石，泉便涌出，今竹王水及破竹成林并存。后汉使唐蒙开牂柯郡，斩竹王首，夷獠咸诉以竹王非血气所生，甚重之，求为立。后太守吴霸以闻，帝封三子为侯，死，配食父庙。今夜郎县有竹王三郎祠，是其神也。"《本志》云："夜郎里有竹王洞，是其故处。"

——［明］曹学佺《蜀中广记》卷二十"桐梓县"

竹王祠在荣县东。《寰宇记》"旭川县"有竹王庙。旧志："祠在县东河岸。"

——［清］仁宗敕修《大清一统志》卷四百五"嘉定府"

竹王祠，在大邑县。《寰宇记》作"竹王庙"，有竹林及竹王击剑石。

——［清］仁宗敕修《大清一统志》卷四百十一"邛州直隶州"

汉竹王祠，在东门外河岸，祀夜郎王竹多同。知县张九思改立省耕亭于隙地前。

——［清］黄大本纂修《荣县志》卷二

旧志载汉竹王，名多同。母浣纱于遁水，有大竹三节经其前，触足有声。剖得一儿，养之。及长，有材武，自立为夜郎侯，以竹为姓名。时西南君长什数，侯国最大。王褒言于武帝，诱之入朝，命备西南夷，以功封夜郎国王。及没，土人以非血屎生人而祀之，闻于朝，封其三子为侯，配享于庙。祠今在城理浣纱溪岸，旱涝祷之辄应。夫王生而神异，长而变夷为汉，没而德于其土，诚宜血食无穷也。顾庙则称王，而中祀乃一妇主，岂王成功后建以祀母于得封之地耶？否则王为荣人，功德不易，庙貌简陋，殊歉尊崇，抑王嗣子事汉靡终，止存此乎？详之，俟博雅者。按：志载竹王祠在东城河岸，前明邑令张九思改建省耕亭于其地。

——［清］黄大本纂修《荣县志》卷四"订讹"

⑥ 江渎神（奇相）

（秦并天下）自华以西，名山七，名川四。……江水祠蜀（司马贞索隐："《广雅》云：'江神谓之奇相。'"张守节正义："《括地志》云：'江渎祠在益州成都县南八里。秦并天下，江水祠蜀。'"）。

——［汉］司马迁《史记·封禅书》

江神谓之奇相。

——［三国魏］张揖《广雅·释天》

奇相得道而宅神，乃协灵爽于湘娥（李善注："《广雅》曰：'江神谓之奇相。'"）。

——［晋］郭璞《江赋》，载［南朝梁］萧统《文选》卷十二

郑君雄为遂州刺史。一日晚，忽见兵士旗队若数千人，在水东坝内屯驻，旗帜帘幕，人物喧阗，与军行无异。不敢探报，莫知其由，但是州内

警备突来而已。未晓，差人密探之，大军已去，只三五人在后。探者问之，答曰："江渎神也，数年川府不安，移在峡内。今远近安矣，却归川中。"差人视之，有下营及火幕踪迹，一一可验。

——［唐］杜光庭《录异记》卷四

江渎祠，在成都县南四里。《汉（书）·郊祀志》载："秦并天下，立江水祠于蜀，至今岁祀焉。"（宋）太祖平蜀，依《唐志》，立夏日，祭江渎于成都。

——［宋］祝穆《方舆胜览》卷五十一

江渎神，《图经》："神，姜姓，生于汶川。禹导江岷山，神佐之，是为昭灵孚应威烈广源王。"《山海经》云："岷山神，马首龙身，祠用雄鸡，瘗用黍，则风雨可致焉。"又云："大禹生于石纽，江渎神生于汶川。"

——［宋］祝穆《方舆胜览》卷五十五

江渎祠，在（成都）县南上四里。《汉（书·）郊祀志》云："秦并天下，立江水祠于蜀，至今岁祀焉。"

——［宋］乐史《太平寰宇记》卷七十二

安处厚，广安军人，为成都教授，尝过太慈寺，主僧待之甚至。寺据一府要会，每岁春时，游人无虚日。僧倦于将迎，唯帅守监司来，始备礼延伫，视他官蔑如也。安蒙其异顾，顺而问之。僧曰："昨夜三鼓，外人传呼云：'中书相公且至。'凌晨而公来，知他日必贵，所以奉待。"安以上书论学制，召拜监察御史，后为湖南转运判官。顿闻诗自御史谪监潭州税，梦于江岸迎中书相公，识其面目甚悉。是夕报安入境，明日见之，宛然梦中人也。安又自言为诸生时，梦人导至大宫阙，望真官被冠服坐殿上，时江渎神先在廷下，与同班神居其上。良久，真官命吏引神却立，揖已居上。

既拜谒，召升殿赐坐。某请曰："江渎尊神，蜀人素所严事，何故班在下？"真官曰："鬼趣安得处神仙上？汝生前乃富陵朱真人，今生当为宰相，但恨鼻准不正尔。"觉而默喜，尝作绝句，以记所见云。

——［宋］洪迈《夷坚志·支景》卷六

《古史》："震蒙氏之女窃黄帝元珠，沉江而死，化为此神奇相，即今江渎庙是也。"

——［宋］张唐英《蜀梼杌》卷上

《山海经》云："岷山神马首龙身，祠用雄鸡瘗用黍，则风雨可致焉。"《郡国志》："岷山，俗谓之铁豹岭。"陵阳李新诗："在昔岷峨神，龙文而马首。"即铁豹之形也。

——［明］曹学佺《蜀中广记》卷七

《山海经》曰："岷山在蜀郡氐道县，大江所出，其神状：马身而龙首。其祠：毛用一雄鸡，瘗；糈用稌。文山、勾祢，风雨、丑之山，是皆冢也。其祠之：羞酒、少牢具，婴毛一吉玉。"郭璞曰："冢者，神鬼之所舍也。"按《茂州图经》："江渎神，姜姓。昔禹导江，神实佐之。"《汉（书·）郊祀志》曰："秦并天下，立江水祠于蜀，至今岁祀焉。"

《邵氏闻见录》曰："文潞公少时，从其父赴眉州幕官。过成都，潞公入江渎庙祠，官接之甚勤，且言："夜梦神，令洒扫祠庭，明日宰相至。"公笑曰："宰相非所望，若为成都，当使庙宇一新。"及庆历间，公以密直知益州，谒江渎庙，若有感焉，即经营改造。间忽江涨，大木数千章，蔽流而下，取以为材。庙成，壮观甲于天下，在成都县南四里。"

杜光庭《录异记》云："郑君雄为遂州刺史。一日晚，忽见兵士旗队若数千人，在水东坝内屯驻，旗帜帘幕，人物喧阗，与军行无异，意州内警备突来耳。未晓，差人密探之，大军已去，只三五人在后。探者问之，答曰：'江渎神也。数年川府不安，移在峡内。今远近胥安，却归川中。'差人视之，有下营及火幕踪迹一一可验。"

——［明］曹学佺《蜀中广记》卷七十九

奇相，《江赋》曰："奇相得道而宅神。"《广雅》曰："江神谓之奇相。"《江记》云："帝女也，卒为江神。"《蜀梼杌》曰："《古史》：震蒙氏之女窃黄帝玄珠，汎江而死，化为此神，即今江渎庙是也。"《山海经》："大禹生于石纽，江渎神生于汶川。"

——［明］陈耀文《天中记》卷九

马首之神何其烈（江鲲注："《山海经》：'江有神，生汶州，马首龙身。禹导江，神实佐之。'"编者按：今本《山海经》无。）

——［明］范梈《蜀都赋》，见［清］吴任臣《山海经广注·中次九经》引

江渎庙在归州东南新滩，亦称双庙，宋建。《山海经》："江渎神生于汶州。"《通典》："天宝六载，封江渎为广源公。"《入蜀记》："归州新滩有江渎南庙、江渎北庙。北庙正临龙门下，水湍急，舟不可行，舟皆从南岸行。庙侧有温泉出石隙，常不竭。"

——［清］阙名编《嘉庆重修一统志》卷三百五十

山东巡抚法敏奏莱州府掖县东海神庙，请照川省江渎神之例，动正项，春秋二祭，从之。

——［清］官修《清实录·高宗纯皇帝实录上》卷六十八

江渎庙，治西南城内县学右。《寰宇记》："在县南上四里。"《汉（书·）郊祀志》："秦并天下，立江水祠于蜀，至今岁祀焉。"《蜀梼杌》："王建永平四年十二月改元通，正时大霖雨，祷于奇相之祠。"注云："古史：震蒙氏之

女窃黄帝元珠，沉江而死，化为此神，即今之江渎庙是也。"

——［清］吴巩、董淳纂修《华阳县志》卷十七

《蜀梼杌》曰："古史云：'震蒙氏之女窃黄帝玄珠，沉江而死，化为奇相。'即今江渎神是也。"按《黄帝传》云："象罔得之，后为蒙氏女奇相氏窃之，沉海去为神。"《江赋》云："奇相得道。"《史记》索隐引庾仲雍《江记》云："帝女也，卒为江神，一云江渎神，生于汶川。"《广雅》云："江神谓之奇相。"《十国春秋》："蜀王建通正元年大霖雨，蜀主祷于奇相之庙。"《录异记》："郑君雄为遂州刺史，于水东坝见旌旗帘幕，人物喧阗如军行。探问，乃江渎神也。"《一统志》引《山海经》云："神生汶川，马首龙身。禹导江，神实佐之。"今经无此文，疑误引。

——［清］张澍《蜀典》卷二

《夷坚志》："安惇为诸生时，梦入大宫阙，一真官坐殿上，有江渎神先在庭下。真官命吏引惇居其上，惇不敢。真官曰：'鬼趣安得处神仙上？汝生前乃富陵朱真人也。'"此数事虽皆出于小说，然必非无稽。岂古来大奸大恶，必有仙骨者乃能为之耶？其理不可晓也。

——［清］赵翼《陔余丛考》卷四十二

7 岷山神

凡岷山之首，自女几山至于贾超之山（毕沅注："此经之山，自四川成都府东至忠州也。"），凡十六山，三千五百里（汪绂注："此条大抵自岷、嶓之间，东行蜀北、汉南东西川间，达于上庸、襄、郧，而东接荆山也。"）。其神状，皆马身而龙首。其祠：毛用一雄鸡瘗，糈用稌。文山（吴任臣广注："文山，即岷山。《史记》汶、岷通。"）、勾㮖、风雨、騩之山，是皆冢也。其祠之：羞酒（郭璞注："先进酒以酬神。"）、少牢具，婴毛一吉玉。熊山，席也

243

（郭璞注：“席者，神之所凭止也。”）。其祠：羞席、太牢具，婴毛一璧，干舞，用兵以禳（郭璞注：“禳，祓除之，祭名。舞者持盾，武舞也。”），祷璆冕舞（郭璞注：“所求福祥也，祭用玉，舞者冕服也。美玉曰璆。”）。

——［先秦］佚名《山海经·中次九经》

《山海经》云：“岷山神，马首龙身，祠用雄鸡，瘗用黍。”则风雨可致焉。

——［宋］祝穆《方舆胜览》卷五十五“江渎神祠”、
［明］曹学佺《蜀中广记》卷七、［清］陈祥裔《蜀都碎事》卷二、
彭遵泗《蜀故》卷二十一、张英《渊鉴类函》卷二十九引略同

8 雷神

雅州瓦屋山有雷洞，投以瓦石，应手电震。

——［明］佚名《搜神记》卷一，载万历《续道藏》第 1497 册

峨眉山有七十二穴，雷神居之，时出云雨。

——［明］李光先修《四川总志》卷十五

雷洞在峨眉山，有七十二穴，雷神居之，时出云雨。

——［明］李贤《明一统志》卷七十二

9 黄魔神

案：《黄魔庙记》云：李吉甫自忠州除潜时，峡涨汹怒，忽有神人涌出水上，为之扶舟。李问：“何神？”曰：“黄魔神也。”又焦璐《稽神异苑》云：唐咸通中，萧遘自右史窜黔南，过三峡秭归，梦神人曰：“我黄魔神

也。"佑公出此境，司户袁州参军袁循乃记为"黄魔"，引灵宝之黄天魔王，由不知黄魔之为大禹臣也。而《庙记》又言：寇准经叱滩，亦有神扶舟，自称黄魔神。黄魔与大翳、虞余、狂章、童律、乌木田等佐禹治水者，见《集仙录》治水。《玄奥录》作黄魔者，讹。

——〔清〕张澍《蜀典》卷三

梧轩曰："旧说大禹治水，驻巫山之下，云华夫人授禹箓召鬼神之书。至淮涡，命庚辰锁巫支祁于龟山下，母乃恢诞不经乎？"畲曰："昔秦穆公时，句芒下而赐之寿。秦蜀守李冰、汉文翁制水灵之怪，况神禹乎？"《春秋感精符》言："禹治水，天降圣姑。"《礼纬含文嘉》言："禹尽力沟洫，百谷用成，天赐玉女。"知圣姑玉女之降，则云华授符之事有征也。且苍水使者，自河出献图矣。唐永泰中，李汤为楚州刺史，曾于淮水用牛五十余头，牵巫支祁出见之，与《岳渎经》所言形状不殊，即有巫支祁，则庚辰非亡是公矣。李吉甫自忠州除潜，时峡涨汹怒，忽有神涌出水上。扶舟问之，曰："我，黄魔神也，曾佐禹治水。"萧邈自左史宰黔南，亦梦黄魔神佑出境。宋寇准经叱滩，黄魔神亦为之翼舟。夫黄魔即有，则鸿蒙、由余、夷坚、大翳、狂章、乔狂、巨灵、大章、竖亥、虞余、章商、童律、兜卢、犁娄、乌陀、陶臣、横革、直成、昭明、郭哀、孟涂、扶登与夫杜子业、然子堪、轻子玉、既子黯、东里槐、伯封叔、范成先亦可信其必有也。

——〔清〕张澍《养素堂文集》卷三十三

⑩ 鸡邮神

《益州记》："鸡邮神在相如县东次北，下步有鸡邮溪，因此而为之名。"《通志》引《寰宇记》作鸡卸，误。

——〔清〕张澍《蜀典》卷三

南充县西南六十里有昆井、盐井，又曰鸡邮神，在相如县东次北。下步有鸡邮溪，因此而为之名。

　　　　　　　——［清］陈祥裔《蜀都碎事》卷一引任豫《益州记》，

　　　　　　张英《渊鉴类函》卷二百三十五引《益州记》文同

⑪　梓潼神（文昌神）

　　灵应庙，即梓潼庙，在梓潼县北七八里七曲山。按《（七曲山）图志》，神姓张，讳亚子，其先越巂人也。因报母仇，遂陷县邑，徙居是山。僖宗幸蜀，神于利州桔柏津见护驾，甚有礼敬。暨回，封济顺王，亲幸其庙。王铎诗云："为报山东诸将相，拄天功业赖阴兵。"

　　　　　　　　　　　——［宋］祝穆《方舆胜览》卷六十七

　　《搜神记》云："有神姓张，名亚，道数显著，庙在梓潼。玄宗幸蜀，著灵，追封左丞相。"《唐书》："广明二年，僖宗幸蜀，神又见于利州桔柏津，封为济顺王。亲幸其庙，解剑以赠神也。"《郡国志》云："济顺王本张亚子，战死而庙存。昔亚子西至长安，见姚苌，谓曰：'却后九年，君当入蜀。若至梓潼七曲山，幸当见寻。'至建元十二年，苌随杨安南伐，将至七曲，迷道。游骑贾君蒙忽见一鹿驰去，逐至庙门。鹿自死，追骑共剥之。有顷苌至，悟曰：'此是张君为我设主客之礼。'烹食而去。"按此，即世所奉祀梓潼帝君也。

　　　　　——［明］曹学佺《蜀中广记》卷二十六"梓潼县"

　　按《搜神记》云："文昌神姓张，名亚，字㳕夫，本吴会间人，生于周初，后西晋末降生越之西巂之南，有道术，为神庙，在梓潼县北八里七曲山。唐广明二年僖宗幸蜀，神于利州桔柏津见封为济顺王。亲幸其庙，解剑赠锡。时太子少师王铎扈从，亲睹其盛，题诗云：'盛唐圣主解青萍，欲振新封济顺名。夜雨龙抛三尺匣，春云风入九重城。剑门喜气随雷动，玉垒韶光待贼平。为报山东诸将相，柱天勋业赖阴兵。'"注云："时术士言来春驾还京也，判度支萧遇和云：'青骨祀吴谁让德，紫华居越亦知名。未闻一剑传唐主，长拥千山出蜀城。斩马威棱应扫荡，截蛟锋刃俟升平。鄞侯为国新箫鼓，堂上神筹更布兵。'"《志》云："七曲庙傍有风洞，深狭严邃，神家庆悉都其间，殿有降笔亭，中以金索悬五色飞鸾，鸾口衔笔，用金花笺数百幅，常留笔下。每降笔讫，亭内铜钟自鸣。逆曦僭妄，自具牺牲，设俎豆，诣殿陈祭。甫欲行礼，黑风骤起，灭烛飞香，震惧伏殿下。须臾开明，视祝版，已碎作两片矣，案上有安丙二字。及曦就戮，宁皇亲作御赞四颁庆府焉。"

——［明］曹学佺《蜀中广记》卷七十九

《志》又云："（越巂卫）南十五里金马山，文昌帝君降生地，有祠焉，即化书所称'诞于越巂之间'矣。"

——［明］曹学佺《蜀中广记》卷三十四"越巂卫邛都长官司附"

《华阳国志》云："梓潼县有善板祠，一曰恶子。民岁上雷杼十枚，岁尽不复见，云雷取去。"按即今梓潼帝君也，诵读家奉祀之。

——［明］曹学佺《蜀中广记》卷五十八"风俗记"

梓童帝君，谨按《（七曲山）图志》，英显王庙圣剑州，即梓潼神，姓张，讳亚子。其先越巂人，因报母仇，徙居剑川之七曲山。仕晋战没，人为立庙。唐玄宗西狩，追封左丞。僖宗入蜀，封济顺王。宋咸平中，改封英显。又按：文昌六星在北斗魁前，为天之六府。道家谓：上帝命梓潼神掌文昌府事及人间禄籍，改元加号为辅元开化文昌司禄宏仁帝君，而天下学校亦多立祠以祀之。京师之庙在北安门外，景太五年间辟而新之，敕赐文昌宫额。岁以二月初三日为帝君诞生之辰，遣官致祭。今议得道家谓梓潼为孝德忠仁，显灵于蜀，庙食其地，于礼为宜；祀之京师，不合祀典。

——［明］黄光升《昭代典则》卷二十二

灵应祠，在（绵州）七曲山顶，即梓潼庙。按《（七曲山）图记》，神姓张，讳亚子。其先越嶲人，因报母仇，徙居是山。自秦伐蜀，后世著灵应。宋元历封辅元开化司禄宏仁帝君，事见《考异》。

——［清］许治修、张晋生编《四川通志》卷二十八上

张仙，本张恶子，姚苌立庙于梓潼岭上，蜀人俎豆不绝，仙即梓潼神。世以梓潼神为文昌星神号，有谓为文昌星所化者矣，有谓花蕊夫人以孟昶像而托名者矣，有谓为挟弹击灾之张远霄者矣，俱未当也。

——［清］袁栋《书隐丛说》卷十六

⑫　梓潼百神

百神庙在（梓潼）县南四里。唐咸通十一年，卢耽除四川节度，时蛮寇围成都，大将军吴行鲁统师过此，见断碑，皆古卿相之名，遂心祷之，愿荡除蛮寇，既而王师大捷。乾符三年，行鲁除东川节度，遂抽俸于路侧置百神之庙。至景福、大顺之间，庙遭兵火，王氏僭号，梦见一百神人，称是梓潼百神，未有祠宇，王氏因重与置。皇朝乾德三年，克复西蜀，又罹兵火，寻奉敕修葺，今庙貌俨然。

——［宋］乐史《太平寰宇记》卷八十四"剑州"

梓潼又有百神庙，在县南四里。咸通十一年，卢耽除西川节度。时蛮寇围成都，大将军吴行鲁统师过此，见断碑，皆古卿相之名，默致祷焉，既而王师大捷。乾符三年，行鲁除东川节度，遂于路侧置百神之庙。景福

大顺间，庙遭兵火，王氏僭号，梦神人求祠宇，称是梓潼百神，因重与置。

——〔明〕曹学佺《蜀中广记》卷二十六"梓潼县"

《蜀纪》："夏禹欲造独木船，知梓潼县尼陈山有梓，径一丈二寸，令匠者伐之。树神为童子，不服，禹责而伐之。"见《太平御览》引。

——〔清〕张澍《蜀典》卷三

🔢 金马碧鸡神

《汉书》曰："宣帝时，或言益州有金马碧鸡之神，可醮而致之，于是遣王褒持节求焉。"如淳曰："金形似马，碧形似鸡。"

——〔宋〕李昉《太平御览》卷八百九

金马碧鸡祠，在（成都）金马坊前。汉宣帝闻益州有金马碧鸡之神，遣谏议大夫王褒持节醮祭而致之。本朝赐为昭应庙，封其神为灵光侯。

——〔宋〕祝穆《方舆胜览》卷五十一

青蛉故县有禹同山，俗谓山穴内有金马碧鸡之神，其光倏忽，人皆见之。

——〔宋〕乐史《太平寰宇记》卷八十"嶲州"

《舆地纪胜》云："金马碧鸡祠，在金马坊前。汉宣帝闻益州有金马碧鸡之神，遣谏议大夫王褒持节醮祭而致之。宋朝赐为昭应庙，封其神为灵光侯。"汉《祭金马碧鸡文》曰："持节使者王褒，敬移南崖金精神马、缥缥碧鸡，处南之荒。深溪回谷，非土之乡。归来归来，汉德无疆。广于唐虞，泽配三皇。黄龙见兮白虎仁，归来归来，可以为伦。归兮翔兮，何事南荒也。"按：今北门内石马巷有石马，足陷入地。金马祠在巷内，碧鸡坊则在城之西南。杜甫诗云"时出碧鸡坊，西郊向草堂"是矣。

——［明］曹学佺《蜀中广记》卷三"成都府"

府治枕金碧山，汉时分祀金马、碧鸡处也。宋淳祐中制置，使余玠因旧址累为台，曰金碧台。

——［明］曹学佺《蜀中广记》卷十七"重庆府巴县附郭"

《蜀都赋》："碧鸡倏忽而曜仪。"《地理志》曰："碧鸡，在越巂青蛉县禺同山。汉宣帝时，方士言益州有碧鸡神可以醮祭而致也，使谏议大夫王褒持节往求之。褒道病，竟不能致。"成都有碧鸡坊，盖祠所也。老杜诗："时出碧鸡坊。"其后西川校书薛涛营宅于碧鸡坊老焉。

——［明］曹学佺《蜀中广记》卷五十九"方物记"

《列仙传》云："赤斧者，巴戎人，为碧鸡祠□□（原阙两字）作水汞炼丹，与硝石服之，三十年反如童子，毛发皆赤。后数十年上华山，饵禹余粮。又苍梧滇江间人累世见之，手掌中纹有赤斧，故以为号。"按《汉书》：宣帝时，方士言益州有碧鸡金马之神，可祀而致帝，遣王褒乘傅（持节）往祭之。《褒内传》云："褒引见太上丈人，着流霞袍，冠芙蓉，或即赤斧仙也。"一说王褒为碧鸡，使赤斧，为主簿。班园（固）文云"朱轩之使，凤举于金碧之岩"，本此。

——［明］曹学佺《蜀中广记》卷七十一"神仙记"

昭应祠，在（成都）府城内、金马坊侧。汉宣帝时，益州有金马碧鸡之神，遣谏议大夫王褒醮祭，宋赐庙额"昭应"，今废。

——［清］许治修、张晋生编《四川通志》卷二十八上

🔢 兜鍪神

蛟龙神祠，在（梓潼）县一十九里兜鍪山上，俗呼兜鍪神。古老相传：此神昔用生祭之，不则瘴疾，水潦为害，张道陵诫之，遂绝。

——［宋］乐史《太平寰宇记》卷八十四"剑州"

又有蛟龙神祠，在县东十九里兜鍪山上，俗呼为兜鍪神。古老相传：此神昔用生人祭之，不则瘴疾，水潦为害。张道陵戒之，遂绝。

——［明］曹学佺《蜀中广记》卷二十六"梓潼县"

兜鍪山，在梓潼县东南十九里。《寰宇记》："从武连县东南来，群峰列峙，势如兜鍪。上有蛟龙神祠，俗呼为兜鍪神。"

——［清］阙名编《嘉庆重修一统志》卷四百十四"绵州直隶州"，
［清］许治修、张晋生编《四川通志》卷二十五文略同

🔢 夏耕

有人无首，操戈盾立，名曰夏耕之尸（郭璞注："亦形天尸之类。"吴任臣广注："《〔山海〕经》载奢比、据比、女姬、贰负、王子夜、肝榆、犁灵、夏耕、宣王之尸，不一而足。详其名义，大都如今人尸解不化者，土人传以为神。"）。故成汤伐夏桀于章山，克之，斩耕厥前（郭璞注："头亦在前者。"）。耕既立，无首，走厥咎（郭璞注："逃避罪也。"），乃降于巫山（郭璞注："自窜于巫山。巫山，今在建平巫县。"汪绂注："耕，盖夏桀臣名。言为汤所斩，而蹶于前矣。乃复立起而无首，因逃罪于巫山也。"郝懿行笺疏："《〔汉书·〕地理志》云：'南郡巫。'应劭注云：'巫山在西南。'郭云

'今在建平巫县'者，见《晋书·地理志》。"）。

——［先秦］佚名《山海经·大荒西经》

巫山有神，曰夏耕，无首，操戈盾立。《山海经》曰："成汤伐桀于章山，克之，斩耕厥前。耕既立，无首，走厥咎，乃降于巫山。"郭璞注曰："夏耕，亦形天尸之类。厥前，头亦在前者。走咎，逃避罪也。降，自窜也。巫山，今建平巫县。"

——［明］曹学佺《蜀中广记》卷七十九

🔟 九井之神

《云安军图经》云："汉扶嘉者，其女出游于溪畔，恍惚有娠。年余，生一物，无手足、眼目、形像。嘉怒，擘为九段，投之溪中。须臾，化为九龙。嘉异之，禁云安人不得于溪中取鱼。临终有记云：'三牛对马岭，不出贵人出盐井。'没后，其女示以井脉处所。掘开，遂得盐水，时民共祠嘉为井主。宋初封为昭利广济王，又锡九龙以王号，今为九井之神。"

——［明］曹学佺《蜀中广记》卷七十九，

另见［清］许治修、张晋生编《四川通志》卷四十五"外纪"，

陈祥裔《蜀都碎事》卷二，彭遵泗《蜀故》卷二十一，文大同小异

🔟 壁山神

合州巴川县兵乱后，官舍残毁，移居寨中，稍可自固。崔令在官日，有健卒盗拔寨木，擒之送镇，镇将斩之。卒家元事壁山神，卒死之后，神乃与令家为祟。或见形往来，或空中诟骂，投掷火烛，损破器物，钱帛、衣服，无故遗失，箱筐之中，锁闭如初，其内衣服，多皆翦碎。求方术禳解，都不能制。令罢官还，相去千里，祟亦随之。又日夕饮食，与人无异，

一家承事，不敢有息，费用甚多，事力将困。忽一旦，举家闻大乌鼓翼之声，俯近屋上久之，空中大呼曰："我来矣。"一家大小，皆迎事之。祟自称大王。曰："汝比有灾，值我雍溪兄弟非理，破除汝家活计，损失财物，作诸怪异，计汝必甚畏之，今并与发遣去矣。汝灾尽福生，大王自来，且暂驻泊，亦将不久。且借天蓬龛子中安下，兼此天蓬样极好，借上天上传写一本，三五日即送来。"数日后，插天蓬於舍檐高处，并无污损。自此日夕常在，往往召主人语话，忽令小大念诗赋、作音乐，一一能随声唱之。所念文字，或有错呼，必为改正。言论间多劝人为善，亦令人学气术修道，或云寻常乘鹤往来天上。初，邑中有群鹤现，神云："数内只有两只真鹤，我所骑来，其余皆常乌矣。"或自云姓张，每日饮食与人无异。亦有女名锦绣娘，及妻仆使等，食物所费，亦甚不少。大都见善人君子，即肯言话，稍近凶暴强恶之人，即不与语。亦云：上天去，忽有醉僧健卒三人来谒之，言词无度，有所陵毁，固即不语。僧去之后，徐谓人曰："此僧餐狗肉、饮酒，凶暴无良，不欲共语。"然人之所行善恶、灾福、吉凶，了了知之，言无不中。至于小名第行，一一皆知。若子细问之，即以他语为对，未知是何神也。

——［唐］杜光庭《录异记》卷四

合州有壁山神，乡人祭必以太牢，不尔致祸，州里惧之。每岁烹宰，不知纪极。蜀僧善晓，早为州县官，苦于调选，乃剃削为沙门，坚持戒律，云水参礼。行经此庙，乃曰："天地郊社，荐享有仪，斯鬼何得僭于天地？牛者，稼穑之资。尔淫其祀，无乃过乎？"乃命斧击，碎土偶数躯，残一偶，而僧亦力困。稍苏其气，方次击之。庙祝祈僧曰："此一神从来蔬食。"由是存之。军州惊愕，申闻本道，而僧端然无恙。斯以正理责之，神亦不敢加祸也。

——［宋］李昉《太平广记》卷三百一十五"壁山神"
引［唐］孙光宪《北梦琐言》（今本无）

合州有壁山神，乡人祭之必以太牢，不尔则致祸岁，烹宰不知纪极。蜀僧善晓者，早苦州县官调选，乃剃削为沙门，坚持戒律，云水参礼，行经此庙，闻之乃曰："天地郊社，荐享有仪。况牛者，稼穑之畜尔，以为祀，无乃过乎？"命斧击，碎土偶数躯。最后一偶，庙祝哀祈曰："此一神从来蔬食。"由是存之。军州以为异，申闻本道，而僧亦端然无恙。

——［明］曹学佺《蜀中广记》卷八十引［唐］孙光宪《北梦琐言》（今本无）

⑱ 涂井井神

涂溪在（忠）州东八十里，发源蟠龙洞，来经涂井，井神为汉杨伯起。《井庙碑》云："神尝刺史荆州，溯江至此，憩于南城寺，谓人曰：'江北二三里间，安得有宝气耶？'至蟠龙洞，见周柱下史丹炉，曰：'此地有龙无虎，宜其丹不就也。'至涂山，见白鹿饮泉，曰：'宝气在此矣！'土人从所指处凿磐石而得盐泉。庙在治东一里。"

——［明］曹学佺《蜀中广记》卷十九"忠州"

⑲ 泽水神

鱼复县郡治，公孙述更名白帝。章武二年，改曰永安。咸熙初，复有橘官。又有泽水神，天旱鸣鼓于傍，即雨也。

——［晋］常璩《华阳国志·巴志》

江水又东迳广溪峡，斯乃三峡之首也。其间三十里，颓岩倚木，厥势殆交。北岸山上有神渊，渊北有白盐崖，高可千余丈，俯临神渊。土人见其高白，故因名之。天旱燃木岸上，推其灰烬，下秽渊中，寻即降雨。常璩曰："县有山、泽水神，旱时鸣鼓请雨，则必应嘉泽。"《蜀都赋》所谓"应鸣鼓而兴雨"也。峡中有瞿塘、黄龛二滩，夏水回复，沿溯所忌。瞿塘滩上有神庙，尤至灵验。

——［北魏］郦道元《水经注·江水一》

常璩云："鱼复县有泽水神，天旱鼓其傍，即雨。"故《蜀都赋》云"潜龙蟠于沮泽，应鸣鼓而兴雨"也。公孙述据蜀，殿前井中有白龙出，以为瑞应，因自号白帝，改元曰龙兴，即此地矣。

——［明］曹学佺《蜀中广记》卷五十九"方物记"

白盐山在奉节县东十七里，隔江。《水经注》："广溪峡北岸山上有神渊，渊北有白岩崖，高可千余丈，俯临神渊。土人见其高白，故名。天旱燃木崖上，推其灰烬，下秽渊中，即降雨。常璩曰：'县有山、泽水神，旱时鸣鼓祷雨，则必应嘉泽。'《蜀都赋》所谓'应鸣鼓而兴雨'也。"《寰宇记》："在州城涧东山半，有龙池。"《方舆胜览》："在城东十七里，崖壁五十余里，其色炳耀，状若白盐。"

——［清］阙名编《嘉庆重修一统志》卷三百九十七"夔州府"

⑳ 陵州盐神（十二玉女）

陵州天师井，《本传》云："天师经行山中，有十二玉女来谒天师，愿奉箕箒。天师知其地下阴神也，谓之曰：'汝等何以为献？将观汝心厚薄，选而纳焉。'玉女各持一玉环，径皆数寸。天师曰：'所献一般，不可并纳。吾化此十二环，令作一环，投之入地，有得之者即纳之焉。'遂合十二环为一大环，径余一尺，投于地中，随即深陷，已成井矣。玉女皆脱衣入井，以探玉环，竟不能得。天师取其衣，藏石匮中，玉女至今只在井内。"今陵州盐井直下五百七十尺，透两重大石，方及碱水。每年一度，淘洗其中，须歌唱喧聒，然后入井；不然，必见玉女裸居井中，见者多所不利。井既深，不可数入，或絙索断损，皮囊坠落。唯于天师前炷香良久，玉女自与挂之，依旧不

255

失。顷年，井属东川，有张填常侍主其监务，于事稍怠，盐课不登，欠数千斤。交替之后，縻留填纳，未得解去。替人素亦崇道，因与虔告天师云："张填所欠之盐，家资已尽，空此留滞，益恐困穷。于三五日内，愿借神力，增加所出，为其填纳。"与张俱拜，祈诉恳切。自是每日所煎水数四十五函如常，而盐数羡益。五六日内，填之课足。此后一如旧数，无复增减矣。十二玉女，戌、亥二人在天，唯十人在井所煎盐，至戌、亥二时亦歇。天师初以兹地荒梗，无人安居，山川亦贫，不可耕植，化盐井以救穷民。民聚居井傍，户口日众，遂置州统之，以天师名，故曰陵州。天师誓曰："我所化井，以养贫民。若官夺其利，千年外，井当陷矣。"今诸井皆有天师、玉女之像焉。

——［唐］杜光庭《道教灵验记》卷八"陵州天师井验"

丽甘山，在县东二十里。按《图经》，昔有十二玉女于此山汲碱泉煎盐。以玉女美丽其盐为名。今灶迹犹有存。

——［宋］乐史《太平寰宇记》卷八十五"陵州"

《陵井监图经》："汉时有山神，号十二玉女，为道人张陵指陵上开盐井，因此陵上有井，故名陵州。"《云笈七签》云："张天师经行陵州山中，有十二玉女来谒，愿奉箕帚。天师知其地下阴神也，谓之曰：'汝等何以为献？将观厚薄而纳焉。'玉女各献玉环，径皆数寸。天师曰：'献同，奈何？'乃化十二环为一环，径尺，投入地。约曰：'有得者即纳之。'投地，地陷成井，玉女争脱衣入井以探环。天师取其衣藏石匮中，玉女遂不得出，即陵井也。井直下五百七十尺，透两重大石，方及碱水。今每年一淘洗，须歌唱喧聒，然后入。否则，必见玉女裸居井中不利，淘时或絙索断损，皮囊坠落。唯于天师前炷香良久，自有为挂结者，云是玉女之灵也。十二玉女，戌、亥二神在天，余十支在井。煎盐至戌、亥时，水必歇。"

《陵井监图经》云："井有玉女庙，号灵真夫人，乃监司奏立者。若以火投井中，即雷吼沸涌，烟气上冲，溅泥漂石，甚可畏也。或谓井泉傍通江海，微有败船木浮出云。"

——［明］曹学佺《蜀中广记》卷六十六"方物记"

丽甘山，在县东二十里，昔有十二玉女于此服碱泉。玉女美丽，盐亦甘好，故名。今井、灶犹存。

——［清］许治修、张晋生编《四川通志》卷二十五"仁寿县"

丽甘山在仁寿。山下盐井，是十二玉女故迹，以玉女美丽、井水味甘合而为名也。

——［清］陈祥裔《蜀都碎事》卷二

㉑ 陷河神

陷河神者，嶲州嶲县有张翁夫妇，老而无子。翁日往溪谷采薪以自给，无何一日于岩窦间刃伤其指，其血滂注，滴在一石穴中，以木叶窒之而归。他日复至其所，因抽木叶视之，乃化为一小蛇，甚驯扰。经时渐长，一年后夜盗鸡犬而食，二年后盗羊豕，邻家颇怪失其所畜，翁姬不言。其后县令失一蜀马，寻其迹，入翁之居，迫而访之，已吞在蛇腹矣。令惊异，因责翁蓄此毒物。翁伏罪，欲杀之。忽一夕，雷电大震，一县并并陷为巨湫，渺弥无际，唯张翁夫妇独存。其后人蛇俱失，因改为陷河县，曰蛇为张恶子尔。后姚苌游蜀，至梓潼岭上憩于路傍，有布衣来谓苌曰："君宜早还秦，秦人将无主，其康济者在君乎？"请其氏，曰："吾张恶子也，他日勿相忘。"苌还，后果称帝于长安。因命使至蜀求之，弗获，遂立庙于所见之处，今张相公庙是也。僖宗幸蜀日，其神自庙出十余里，列伏迎驾。白雾之中，仿佛见其形，因解佩剑赐之，祝令效顺，指期贼平。驾回，广赠珍玩，人莫敢窥。王铎有诗刊石，曰："夜雨龙抛三尺匣，春云凤入九重城。"

——［宋］李昉《太平广记》卷三百一十二引［唐］王仁裕《王氏见闻（录）》

今世文昌祠所祀梓潼帝君，王弇州《宛委余编》谓即陷河神张恶子，而引其所著《化书》谓本黄帝子，名挥，始造弦、张罗网，因以张为氏。周时，为山阴张氏子，以医术事周公。卒，托生于张无忌妻黄氏，为遗腹子，《诗》所称"张仲孝友"者也。以直谏为幽王所酖，魂游雪山，治蜀有功。五丁拔山，蛇压死，蛇即其所化也。寻为汉帝子，曰赵王如意，为吕后所杀，魂散无归。孝宣世至邛池，其令曰吕牟，即吕后之后身也。母戚夫人亦生于戚，嫁张翁，老无子，相与沥血石臼中，祝曰："我无子，倘得一动物，亦遗体也。"自是感生为蛇。吕令有马，乃吕产后身，蛇辄食之。吕令怒，系张夫妇，将杀之，蛇遂扬海水作雨，灌城邑皆陷，今所谓陷河也。以所杀多，谪为邛池龙，受热沙小虫之苦，遇文殊，呿诚脱罪，复生于赵国张禹家，名勋，为清河令。卒，又生为张孝仲，时顺帝之永和间也。西晋末，复生于越巂张氏。年七十三，入石穴悟道而化，改形入咸阳，见姚苌。后苌入蜀，至梓潼岭，神谓之曰："君还秦，秦无主，其在君乎？"请其氏，曰张恶子也。后苌即其地立张相公庙。唐僖宗幸蜀，神又出迎。帝解佩赐之，还曰："赐遗无算。"王中令铎有诗云："夜雨龙抛三尺匣，春云凤入九重城"云云。按：陷河事亦见《王氏见闻（录）》及《穷神秘苑》《太平广记》诸书，所载略同。《北梦琐言》亦谓：梓潼张亚子，乃五丁拔蛇之所也。或又云：巂州张生所养蛇，托生为伪蜀王建太子元膺，有蛇眼，竟以作逆诛。诛之夕，梓潼庙祝疟为亚子所责，言："我在川，今始归，何以致庙宇荒秽若此？"据此，则所谓张恶子者，乃流转于人与蛇间一变幻不经之物耳，不知与"文昌"二字何与？

——［清］赵翼《陔余丛考》卷三十五"文昌神"

《王氏见闻录》："巂州越巂县张翁畜蛇，令欲杀之。一夕雷电，县陷为巨湫，蛇为陷河神张恶子。"谨按：梓潼岭即七曲山，《华阳国志》"五丁迎秦女见蛇，拽之山崩"，即其地也。因五丁之说附会蛇为梓潼岭之神，遂取邛都地陷之说益之，即《见闻录》所传是也。考《后汉书·西南夷传》："武帝初置邛都县，无几而地陷为污泽，因名为邛池。"无陷河神之说。邛都，至隋始改为越嶲县，《见闻录》之言，其出隋唐间野人欤？又《明一统志》称神为越嶲人，报仇避居梓潼，盖始以神附会为蛇，继复以蛇附会为人。《化书》又托之戚夫人、赵王如意，皆可谓无忌惮也。

——［清］恽敬《大云山房文稿》卷三

山石编

1 招摇山

《南山经》之首曰䧿山。其首曰招摇之山（郭璞注："在蜀伏山山南之西头，滨西海也。"汪绂注："蜀之西南，未及滨海。"毕沅注："《大荒西〔东〕经》曰：'有招摇山，融水出焉。'即此。又：蜀伏山未详，或当为蜀汶山。又高诱注《吕氏春秋》招摇曰：'山名，在桂阳。'"郝懿行笺疏："《大荒东经》有招摇山，融水出焉，非此。又：伏，疑汶字之讹。《史记·封禅书》云：'渎山，蜀之汶山也。'《〔三国志〕·蜀志·秦宓传》云：'蜀有汶阜之山，江出其腹。'皆是山也。"），临于西海之上，多桂，多金玉。有草焉，其状如韭而青花，其名曰祝余，食之不饥。有木焉，其状如穀而黑理，其华四照，其名曰迷穀，佩之不迷。有兽焉，其状如禺而白耳，伏行人走，其名曰狌狌，食之善走。丽䴢之水出焉，而西流注于海，其中多育沛，佩之无瘕疾。

——［先秦］佚名《山海经·南山经》

和之美者，阳朴之姜、招摇之桂（高诱注："阳朴，地名，在蜀郡；招摇，山名，在桂阳。《礼记》曰：'草木之滋，姜桂之谓也。'故曰和之美。"）

——［战国］吕不韦《吕氏春秋·本味》

迷谷，出招摇山，亦名鹊山。其树如谷，又如楮；其花四照，名曰迷谷，如佩之，令人不迷。

——［南朝梁］任昉《述异记》卷上

2 三危山

又西二百二十里，曰三危之山（郭璞注："今在燉煌郡，《尚书》云'窜三苗于三危'是也。"汪绂注："三危山，为说不一。《汉〔书〕·西羌传》注云：'三危在沙州敦煌县。'《书·禹贡》：'三危既宅，三苗丕叙。'又道：'黑水至于三危，入于南海。'而今沙州南之三危与黑水远不相及。樊绰云：'今丽水即黑水，三危临峙其上。'此即在川西、云南之北，而洮、岷以西南有三危山，山下皆羌蕃及宕昌苗獠所聚，当是舜窜三苗处也。然此三危近阴山、天山之间，即是敦煌之三危也。"毕沅注："古人言三危有三：郑玄注《尚书》引《河图》及《地说》云：'三危山在鸟鼠西南，与岐山相连。'岐当为岷。刘昭注《〔后汉书〕·郡国志》首阳引《地道记》云：'有三危，三苗所处。'陆德明《庄子音义》曰：'三峗，今属天水。'一也，山当在今秦州西，俗失其名；《水经》云：'江水又东，过江阳县南洛水，从三危山东过广魏汉洛县南'，二也，山当在今四川省；《淮南子》云：'三危在乐民西。'《〔尚书〕·禹贡》山水地泽所在云：'三危山在敦煌县南。'《括地志》云：'三危山在沙州敦煌县东南三十里'，见《史记》正义，是此山也。"），三青鸟（郭璞注："三青鸟，主为西王母取食者，别自栖息于此山也。"）居之。是山也，广员百里。其上有兽焉，其状如牛，白身四角，其毫如披蓑（郭璞注："蓑，辟雨草衣也。"），其名曰獓狦，是食人。有鸟焉，一首而三身。其状如鶚，其名曰鸱。

——［先秦］佚名《山海经·西次三经》

洛水出洛县漳山，亦言出梓潼县柏山。《山海经》曰三危在燉煌南，与峗山相接，山南带黑水。又：《山海经》不言洛水所导，《经》曰出三危山，所未详。常璩云：李冰导洛通山水，流发瀑口，迳什邡县。汉高帝六年，封雍齿为侯国，王莽更名曰美信（县）也。

——［北魏］郦道元《水经注·江水一》

《水经》云："江水又东过江阳县南，洛水从三危山，东过广魏洛县南。"案此三危山，非敦煌之山，当在四川省，不知系今何山，但失其名矣。或即什邡县西北之章山，一名洛通山者，李冰导洛在此山。

——〔清〕张澍《蜀典》卷一上

❸ 熊耳山

又西二百里，曰熊耳之山（吴任臣广注："《禹贡合注》曰：'熊耳山有三：一在陕州东；一在宜阳，汉光武破赤眉，积甲与熊耳山，齐者也；一在卢州，两峰相并如耳，《〔尚书·〕禹贡》导洛处也。'又眉州亦有熊耳山。《〔华阳国志·〕蜀志》：'望帝以褒斜为前门，熊耳、灵关为后户。'盖指眉州之熊耳。"）。其上多漆，其下多棕。浮濠之水出焉，而西流注于洛。其中多水玉，多人鱼。有草焉，其状如苏而赤华，名曰葶薴，可以毒鱼。

——〔先秦〕佚名《山海经·中次四经》

七国称王，杜宇称帝，号曰望帝。更名蒲卑，自以功德高诸王，乃以褒、斜为前门，熊耳、灵关为后户，玉垒、峨眉为城郭，江、潜、绵、洛为池。

——〔晋〕常璩《华阳国志·蜀志》

平羌县，本汉南安县地。周武帝置平羌县，因境内平羌水为名。隋开皇四年改州理，平羌县为峨眉县，仍于今县东六十里别立平羌县。大业十一年，夷獠侵没，移于今理。熊耳峡，在县东北三十一里。

——〔唐〕李吉甫《元和郡县志》卷三十二"嘉州"

西有熊耳，南有峨眉。

——〔明〕李光先修《四川总志》卷十五"嘉定州"

熊耳山，在州北。《元和（郡县）志》在平羌县东北三十一里。

——［清］许治修、张晋生编《四川通志》卷二十五"直隶嘉定州"

4 女几山

《中次九经》岷山之首，曰女几之山（汪绂注："曰岷山之首，则女几亦岷山也，以此称首耳。晁氏曰：'山近江源，皆曰岷山。连峰接岫，重叠险阻，不分远近。'然则下之岷、崃、崌、高、蛇、崵，皆岷山耳。"毕沅注："山在今四川双流县。《淮南子·天文训》云：'日回于女纪，是谓大迁。'《隋书·地理志》云：'蜀都双流有女伎山。'纪、伎、几，三音同也。"）。其上多石涅，其木多杻、橿，其草多菊、术（吴任臣广注："菊，苦薏也，茎如马兰花。术，山蓟也，有赤白二种。"汪绂注："白术，苍术。"）。洛水出焉（毕沅注："《〔汉书·〕地理志》云：'广汉雒音山，雒水所出，南至新谷入湔。'《水经》云：'江水又东，过江阳县南。洛水从三危山，东过广魏洛阳县南，东南注之。'注云：'洛水出洛县漳山，亦言出梓潼县柏山。《山海经》三危在燉煌南，与岷山相接，山南带黑水。又《山海经》不言洛水所导，经曰出三危山，所未详。'案：《水经注》此说泥敦煌之三危，又不考《山海经》女几之有洛水耳。《水经》所言三危，是四川省别有三危。洛水所经，非敦煌之山也，故郑注《尚书》亦云与岷山相连也。洛水，今出四川什邡县西北章山，亦曰雒通山，东南流迳县南，俗名鸭子河。又案：左思《蜀都赋》云：'浸以绵、洛'，谓此洛水。刘渊林注云：'雒水在上雒桐柏山。'盖谬甚矣。经凡有三洛水，一出白于山，今自甘肃安化至陕西同州入河之洛，雍州浸也；一出讙举山，今自陕西商州至河南入河之洛，豫州浸也；一即此洛，在四川入江，李冰之所导也。"），东注于江（汪绂注："江不一源，此自西来注者。"），其中多雄黄（郭璞注："雄黄亦出水中。"）。其兽多虎、豹。

——［先秦］佚名《山海经·中次九经》

《（山海经·）中山经》："岷山之首曰女几之山，其上多石涅，其木多杻橿，其草菊术。洛水出焉，东注于江。其中多雄黄，其兽多虎豹。"毕中丞沅云："女几山，在今四川双流县。《淮南子·天文训》：'日回于女纪，是谓太迁。'《隋书·地理志》：'蜀郡双流有女伎山。'纪、几、伎三字音同也。"许叔重《说文》作巩山。

——〔清〕张澍《蜀典》卷一上

应天山，在治南八里，南接宜城山，唐僖宗幸此赐名。《隋书·地理志》双流县有女伎山，或曰即此（原注："《续志》或作女几山。据《蜀典》引《中山经》：'岷山之首曰女几之山，'毕中丞沅云：'女几山，在今四川双流县。'又《前凉录》张轨、皇甫谧初隐宜阳女几山，以为或即宜城之阳，并载于此。"）。

——〔民国〕王德乾《双流县志》卷一

5 岷山

又东北三百里，曰岷山（郭璞注："岷山，今在汶山郡广阳县西，大江所出。"王崇庆释义："《夏书》'岷山导江'，即此。"吴任臣广注："岷山，即渎山也，亦谓之汶阜山。纬书曰：'岷山之精，上为井络，帝以会昌，神以建福。'刘会孟云：'岷山，今四川茂州，即陇山之南。'《四川总志》曰：'岷山在茂州之列鹅村，一名鸿蒙，为陇山之南首，又名沃焦山，江水所出也。'《水利志》云：'蜀诸江咸出岷江，江源在羊膊岭，分为二派。一西南流，为大渡河；一正南流，谓之南江。'《益州记》曰：'大江泉源，始发羊膊岭下，缘崖散漫，小大百数，殆未滥觞。'《〔山海经〕图赞》曰：'岷山之精，上络东井。始出一勺，终致森溟。作纪南夏，天清地静。'又《全蜀艺文志》云：'蜀山在左皆名岷，在右皆名嶓。'不独茂州之汶山为岷、金牛之嶓冢为嶓也。"汪绂注："岷山，自岷州卫以南，及松潘江源镇以西南，及威、茂东，及龙安之境，盘回约七百里皆是，而以青城为第一峰云。岷，一作汶。"毕沅注："山在今四川茂州东南。《说文》《〔汉书·〕地理志》俱作嶓。《正字》云：'山在蜀湔西徼外。'《水经注》云：'岷山，即渎山也，又谓之汶阜山，在徼外。'"郝懿行笺疏："汶即岷，古字通。岷山在今四川茂州东南，即汉之徼外地也。汶山郡，汉武帝所开，宣帝省并蜀郡，见《后汉书·西南夷传》。郭注广阳，《史记·封禅书》索隐引此注亦作广阳，盖晋时县也。汉汶江县，晋改为广阳县，属汶山郡，见《晋书·地理志》。"）。江水出焉，东北流注于海（郭璞注："至广阳县入海。"汪绂注："江聚众源，至江源镇而始大，乃称大江。其始出，实东南流，至嘉定始折而东，至泸州始折而东北，至重庆合州始折而东，经湖广、洞庭，又稍迤东北，合汉水，然后东流至江南通州入海。此言东北流注于海，举其大略也。"郝懿行笺疏："《海内东经》注云：'至广陵郡入海。'此注广阳县，当为广陵郡或广陵县，字讹也，并见《晋书·地理志》。"）。其中多良龟（郭璞注："良，善。"吴任臣广注："《〔尚书·〕禹贡》：'九江纳锡大龟。'"），多鼍（郭璞注："〔鼍〕似蜥蜴，大者长二丈，有鳞彩，皮可以冒鼓。"）。其上多金、玉，其下多白珉。其木多梅、棠。其兽多犀、象，多夔牛（郭璞注："今蜀山中有大牛，重数千斤，名为夔牛。晋太兴元年，此牛出上庸郡，人弩射杀，得三十八担肉，即《尔雅》所谓魏。"王崇庆释义："象，大兽也。夔，大牛也。"吴任臣广注："《本草纲目》云即犛牛也。《韵会》引经作犪牛。《〔山海经〕图赞》曰：'西南巨牛，出自江岷。体若垂云，肉盈千钧。虽有逸力，难以挥轮。'"）。其鸟多翰、鷩（郭璞注："白翰、赤鷩。"）。

——〔先秦〕佚名《山海经·中次九经》

凡岷山之首，自女几山至于贾超之山（毕沅注："此经之山，自四川成都府东至忠州也。"），凡十六山，三千五百里（汪绂注："此条大抵自岷、嶓之间，东行蜀北、汉南东西川间，达于上、庸、襄、郧，而东接荆山也。"）。其神状，皆马身而龙首（吴任臣注："范樨《蜀都赋》：'马首之神何其烈。'江鎏注云:'《山海经》:江有神,生汶州,马首龙身。禹导江,神实佐之。'与本文小异。")。其祠:毛用一雄鸡瘗,糈用稌。文山(郝懿行笺疏:"此上无文山,盖即岷山也。《史记》又作汶山,并古字通用。《穆天子传》云:'天子三日游于文山,于是取采石。'郭注云:'以有采石,故号文山。'案:经云'岷山多白珉',《〔穆天子〕传》言'取采石',盖谓此。然则文山即岷山审矣。")、勾檷、风雨、騩之山,是皆冢也。其祠之:羞酒(郭璞注:"先进酒以酬神。")、少牢具,婴毛一吉玉。熊山,席也(郭璞注:"席者,神之所凭止也。"俞樾注:"据下经堵山冢也、騩山帝也,疑此文席字,亦帝字之误。冢也神也,则冢尊于神;冢也帝也,则帝又尊于冢,盖冢不过君之通称,而帝则天帝也。")。其祠:羞席、太牢具,婴毛一璧,干舞,用兵以禳(郭璞注:"禳,祓除之,祭名。舞者持盾,武舞也。"汪绂注:"以熊山恒出神人,且冬启则必有兵,故隆其礼而干舞,用兵以禳之。"),祓珮冕舞(郭璞注:"所求福祥也,祭用玉,舞者冕服也。美玉曰璙。")。

——〔先秦〕佚名《山海经·中次九经》

《山海经》云:"岷山神马首龙身,祠用雄鸡,瘗用黍,则风雨可致焉。"《郡国志》:"岷山,俗谓之铁豹岭。"陵阳李新诗:"在昔岷峨神,龙文而马首。"即铁豹之形也。

——〔明〕曹学佺《蜀中广记》卷七"茂州"

6 崃山(貊)

又东北一百四十里,曰崃山(毕沅注:"山在今雅州荣经县西。《〔汉书·〕地理志》云:'严道邛来山,邛水所出。'《华阳国志》云'雅州邛郲山',本名邛笮山。《水经注》云:'崃山,邛来山也,在汉嘉严道县,一曰新道南山。'《元和郡县志》云:'荣经县邛来山,在县西五十里。'")。江水出焉(郭璞注:"邛来山,今在汉嘉严道县,南江水所自出也。山有九折坂，出貊。貊似熊而黑白驳，亦食铜铁也。"吴任臣广注："《华阳国志》崃山，邛崃山也，一曰新道山。南有九折坂，夏则凝冰，冬则毒寒，王阳按辔处也。《水经注》：'崃山，中江所出。'刘会孟云："崃山，崌山。"今属四川眉州彭山县。《〔太平〕寰宇记》云：'崌崃山，在彭山县东北十二里，导江从山南合流。'王鉴《禹贡注释》云：'今荣经县四十里即邛崃山。'……又案：貊即貘，亦作膜，兽之食铜铁者。貊之外复有一角之豻、南方之啮铁、叶火罗之大兽、昆吾之狡兔，皆貊类也。"郝懿行笺疏："貊，即貘。白豹，见《尔雅》及注；又即猛豹，见《西山经》首南山注。"），东流注大江（毕沅注："今邛水自合青衣水东南流，又与若水会，至犍为县北入于大江者也。"）。其阳多黄金，其阴多麋、麈。其木多檀、柘，其草多薤、韭，多药、空夺（郭璞注："即蛇被〔皮〕脱也。"）。

——［先秦］佚名《山海经·中次九经》

崃山，邛崃山也，在汉嘉严道县，一曰新道南山。有九折坂，夏则凝冰，冬则毒寒。

——［北魏］郦道元《水经注·江水一》

7 崌山

又东一百五十里，曰崌山（郭璞注："〔崌〕音居。"汪绂注："《海内东经》云：'大江出汶山，北江出曼山，南江出高山。高山在成都西。'而旧注以此为北江，山名彼此互异，未知崌山即曼山否也？"毕沅注："崌字《说文》所无，见郭璞赋及《玉篇》。案其道里，疑即四川名山县西蒙山也。"）。江水出焉（郭璞注："北江。"吴任臣广注："《水经注》：'崌山，北江所出。'〔郭〕景纯《江赋》云：'流二江于崌崃。'"毕沅注："《海内东经》云：'北江出曼山。'今四川名山县西有蒙山，曼、蒙音相近，疑是也。沫水，经此或即郭所云北江与？《水经》云：'沫水出广柔徼外，东南过旄牛县北。

又东，至越巂灵道县，出蒙山南，东北与青衣水合。又东，入于江.'是也。"），东流注于大江。其中多怪蛇，多鳖鱼（郭璞注："〔鳖〕音贽，未闻。"）。其木多楢、杻，多梅、梓。其兽多夔牛、麢、臭、犀、兕。有鸟焉，状如鸮而赤身白首，其名曰窃脂（郭璞注："今呼小青雀。此觜肉食者为窃脂，疑此非也。"），可以御火。

——〔先秦〕佚名《山海经·中次九经》

（江水）又东百五十里，曰崌山，北江所出，东注于大江。《山海经》曰："崌山，江水出焉，东注大江，其中多怪蛇。"

——〔北魏〕郦道元《水经注·江水一》

《水经注》云：岷山东北百四十里曰崃山，中江所出，东注于大江。崃山，邛崃山也，在汉嘉严道县，一曰新道。又东百五十里曰崌山，北江所出，东注于大江。故郭景纯《江赋》曰"流二江于崌、崃"也。

——〔明〕曹学佺《蜀中广记》卷十四

8 高梁山（梁山、大剑山）

又东三百里，曰高梁之山（汪绂注："汉中、保宁之间有梁州山，或此高梁山也。"毕沅注："山在今四川剑州北。《太平寰宇记》云：'剑门县大剑山，亦曰梁山。《山海经》高梁之山，西接岷、崌，东引荆、衡。'"）。其上多垩，其下多砥、砺。其木多桃枝、钩端。有草焉，状如葵而赤华，荚实白柎，可以走马（汪绂注："草状如葵，盖亦杜衡之类。"）。

——〔先秦〕佚名《山海经·中次九经》

大剑山，亦曰梁山。《山海经》："高梁之山，西接岷崌，东引荆衡。"王隐《晋书》："张载随父收入蜀，作《剑阁铭》。益州刺史张敏见其父，乃表天子，刻石于剑阁焉。"又有小剑山在其西三十里，故曰此为大剑。

——［宋］乐史《太平寰宇记》卷八十四"剑门县"

高梁山，治北二十里，蜀中望之，若长云垂天。《剑阁铭》所谓"岩岩梁山，积石峨峨"是也。

——［明］李光先修《四川总志》卷十四"夔州府"

《周地图》云："大剑山，亦曰梁山。"《山海经》："高梁之山，其上多垩，其下多砥砺，其木多桃枝、钩端。有草焉，状如葵而赤华，（荚）实白跗，可以走马。"

——［明］曹学佺《蜀中广记》卷二十四"剑州"

高梁山，在县北二十里。《寰宇记》："山东尾跨江，西首剑阁，凡数千里，望之若长云垂天。"《剑阁铭》所谓"岩岩梁山，积石峨峨"即此，因以名县。

——［清］许治修、张晋生编《四川通志》卷二十四"梁山县"

《山海经》："高梁之山，其上多垩，其下多砥砺，其木多桃枝、钩端。有草焉，状如葵而赤华，荚实白柎，可以走马。"毕氏云："山在今四川剑州北。"《太平寰宇记》云："剑门县大剑山亦曰梁山。《山海经》：'高梁之山，西接岷崛，东引荆衡。'"乐史所引《山经》与今不同，且与《山经》本文不类。

——［清］张澍《蜀典》卷一上"高梁山"

9 涿山

又西五十里，曰涿山（毕沅注："疑即蜀山。涿、蜀古字通。《太平寰宇

记》云：'南阳县蜀山，在县西三十里。'"郝懿行笺疏："郭注《海内经》引
《世本》云：'颛顼母，蜀山氏之子，名昌仆。'《大戴礼·帝系篇》作'昌意
娶于蜀山氏之子，谓之昌濮。'浊、蜀古字通；涿、浊声又同。《史记》索
隐云：'涿鹿或作蜀鹿。'是此经涿山即蜀山矣。史称昌意降居若水，索隐
云：'若水在蜀。'然则昌意居蜀而娶蜀山氏之女，盖蜀山国因山为名也，即
此经涿山矣。"）。其木多榖、柞、杻，其阳多琈珛之玉。

——［先秦］佚名《山海经·中次十经》

⑩ 巫山

有巫山者，西有黄鸟，帝药八斋（郭璞注："天帝神仙药在此也。"吴任
臣广注："真行子云：'禹驻巫山之下，大风卒至，遇云华夫人，拜而求助。'
《淮南〔子〕》云：'巫山之上，顺风纵火，膏夏紫芝，与萧艾俱死。'即此
山也。郭子章曰：'巫咸以鸿术为帝尧医师，生为上公，死为贵神，封于斯
山，因名巫山。'"汪绂注："巫山，即今巴东巫峡之巫山也。巫山以西，巴
蜀之地，多出药草，故言帝药八斋。"郝懿行笺疏："后世谓精舍为斋，盖本
于此。"）。黄鸟于巫山，司此玄蛇（郭璞注："言主之也。"汪绂注："麈好食
药草，玄蛇能食麈，而黄鸟又主此玄蛇也。"）。

——［先秦］佚名《山海经·大荒南经》

据《风俗通》等，鳖令化从井出，既死，尸逆江至岷山下，起见望帝。
时巫山壅江，蜀地洪水，望帝令鳖凿之，蜀始陆处。以为刺史，号曰西州。
自以德不如鳖，从而禅焉，是为蜀开明氏。

——［宋］罗泌《杜宇鳖令辩》，载［明］李光先修《四川总志》卷三十

《水经注》云："新崩滩下十余里，有大巫山，非唯三峡所无，乃当抗
峰岷、峨，偕岭衡、嶷。其翼附群山，并概青云，更就霄汉，辨其优劣耳，

神血（孟）涂所处。"《山海经》曰："夏后启之臣曰血（孟）涂，是司神于巴。巴人讼于血（孟）涂之所，其衣有血者执之，是谓生。居山上。"郭景纯云："在丹山西。丹山在丹阳，属巴。"丹山西，即巫山者也。又帝女居焉，宋玉所谓："天帝之季女，名曰瑶姬，未行而亡，封于巫山之台，精魂为草，实为灵芝，所谓巫山之女、高唐之姬。旦为行云，暮为行雨。朝朝暮暮，阳台之下。旦早视之，果如其言，故为立庙，号朝云焉。"其间首尾一百六十里，谓之巫峡，盖因山为名也。

——［明］曹学佺《蜀中广记》卷二十二"巫山县"

🔟 巫峡

巫峡，在巫山县之西。《水经》云："杜宇所凿，以通江水。"《图经》云："此山当抗峰岷峨，偕岭衡岳，凝结翼附，并出青云，谓之巫山。有十二峰，上有神女庙、阳云台，高一百二十丈。"

——［宋］祝穆《方舆胜览》卷五十七

来敏《本蜀论》曰："荆人鳖令死，其尸随水上，荆人求之不得。鳖令至汶山下邑复生，起见望帝。望帝者，杜宇也，从天下；女子朱利，自江源出，为宇妻，遂王于蜀，号曰望帝。望帝立鳖令以为相。时巫山峡壅，而蜀水不流。帝使鳖令凿巫峡通水，蜀得陆处。望帝自以德不若，遂以国禅，号曰开明。"

——［明］曹学佺《蜀中广记》卷十一"嘉定州"

《（水）经》云："江水又东，迳巫峡。"注云："杜宇所凿，以通江水也。"
峡中有十二峰，曰望霞、翠屏、朝云、松峦、集仙、聚鹤、净日、上升、起云、栖凤、登龙、圣泉，其下即神女庙。范成大《吴船录》云："下巫山峡三十五里，至神女庙。庙前滩尤汹怒。十二峰俱在北岸。前后映带

（蔽亏），不能足其数。十二峰皆有名不甚切，事不足录。"所谓阳台、高唐观，人云在来鹤峰上，亦未必是神女之事。据宋玉赋，本以讽襄王。后世不察，一切以儿女亵之。今庙中石刻引《墉城记》：'瑶姬，西王母之女，称云华夫人，助禹驱神鬼、斩石疏波，有功见纪，今封妙用真人，庙额曰凝真观。'"《入蜀记》云："二十三日，过巫山凝真观，谒妙用真人祠。真人即世所谓巫山神女也，祠正对巫山峰峦，上入霄汉，山脚直插江中。议者谓太、华、衡、庐，皆无此奇。然十二峰者，不可悉见。所见八九峰，惟神女峰最称纤丽奇峭，宜为仙真所托。祝史云：'每八月十五夜月明时，有丝竹之音往来峰顶上。峰顶上猿皆鸣，达旦方渐止。'庙后山半，有石坛平旷，传云：夏禹见神女，授符书于此。坛上观十二峰，宛如屏障。是日，天宇晴霁，四顾无纤翳，惟神女峰上有白云数片，如鸾鹤翔舞徘徊，久之不散，亦可异也。"

——［明］曹学佺《蜀中广记》卷二十二"巫山县"

巫峡即巫山也，与西陵峡、归乡峡并称三峡。连山七百里，非亭午夜分，不见日月。《水经》云："杜宇所凿，以通江水。"《图经》云："抗峰岷峨，偕岭衡岳。凝结翼附，并出青云。"

——［明］何宇度《益部谈资》卷下

🔢 龙山

大荒之中，有龙山，日月所入。有三泽水，名曰三淖（毕沅注："《穆天子传》引此作'有川名曰三淖'。其地即蜀也，古字蜀作淖。"），昆吾之所食也（郭璞注："《穆天子传》曰：'滔水浊，鲧氏之所食。'亦此类也。"郝懿行笺疏："食，谓食其国邑。"）。

——［先秦］佚名《山海经·大荒西经》

⓭ 黄牛峡

　　江水又东迳黄牛山下，有滩名曰黄牛滩。南岸重岭叠起，最外高崖间，有石，色如人负刀牵牛，人黑牛黄，成就分明。既人迹所绝，莫得究焉。此崖既高，加以江湍纡回，虽途迳信宿，犹望见此物。故行者谣曰："朝发黄牛，暮宿黄牛，三朝三暮，黄牛如故。"言水路纡深，回望如一矣。

——［北魏］郦道元《水经注·江水》

　　（乾道六年十月九日）晚次黄牛庙，山复高峻。……其下即无义滩，乱石塞中流，望之可畏，然舟过乃不甚觉，盖盖操舟之妙也。传云：神佐夏禹治水有功，故食于此。门左右各一石马，颇卑小，以小屋覆之。其右马无左耳，盖欧阳公所见也。……又有张文忠一赞，其词曰："壮哉黄牛，有大神力，辇聚巨石，百千万亿。剑戟齿牙，碟桅江侧，壅激波涛，险不可测。威胁舟人，骇怖失色。封羊洒酒，千载庙食。"张公之意，似谓神聚石壅流以胁人求祭飨。

——［宋］陆游《入蜀记》卷六

　　黄牛峡上有洛川庙，黄牛之神也，亦云助禹疏川者。庙背大峰峻壁之上，有黄迹如牛，一黑迹如人牵之，云此其神也。

——［宋］范成大《吴船录》卷下

　　（仆）总师趋蜀道，履黄牛，因睹江山之胜。乱石排空，惊涛拍岸，敛巨石于江中，崔嵬巑岏，列作三峰，平治潆水，顺遵其道，非神扶助于禹，人力奚能致此耶？仆纵步环览，乃见江左大山壁立，林麓峰峦如画，熟视大江重复。石壁间有神像影现焉，鬓发、须眉、冠裳宛然如彩画者，莳竖一旌旗，右驻一黄犊，犹有董工开导之势。古传所载，黄龙助禹开江治水，九载而功成，信不诬也。

—— [明] 董斯张《广博物志》卷十四引诸葛亮《黄陵庙记》

🔢 浮山（浮苍山）

浮山，在巴县，尧时洪水不没，故名。

—— [宋] 祝穆《方舆胜览》卷六十

方山，（府治）东北三十一里，一名凝脂，常有云气若凝脂状，尧时洪水不没，又名浮山。

—— [明] 李光先修《四川总志》卷九"重庆府"

浮沧山，在州东十五里。相传尧时洪水，此山独存，因名。

—— [清] 许治修、张晋生编《四川通志》卷二十三"剑州"

🔢 女观山

女观山，在巫山县东北四里，有石如人形。相传昔妇人夫官于蜀，登山望夫，因化为石。

—— [宋] 祝穆《方舆胜览》卷五十七，[明] 李贤《明一统志》卷七十，

[清] 许治修、张晋生编《四川通志》卷二十四

🔢 石新妇

石新妇神，在（普安）县东北四十九里大剑（山）东北三十里。夫远征，妇极望忘归，因化为石。

—— [唐] 李吉甫《元和郡县志》卷三十四"剑州"

石新妇，在剑阁上。《蜀记》云："昔有人远征，妻送至此，大泣，不忍归，因化为石，至今郡人祠之。"

——［宋］乐史《太平寰宇记》卷八十三"绵州"

石新妇，昔有人远征，妻送至此，化为石。

——［宋］王存《元丰九域志》卷七"绵州"

千人岩，在（剑）州东北一里，即剑山之危峰。有绝壁，高数千丈，又数百里外，旁视众岭犹平地。有石室可容千人，因名。岩下高百丈许，石壁红色，方如座席，即张孟阳勒铭处。南岸有石如人形，曰石新妇。

——［清］许治修、张晋生编《四川通志》卷二十三"剑州"

🔢 龙血山（龙穴山）

龙血山，一曰龙象岩，在（阴平）县北五十里。绝壁高岩，万有余丈，有四石龙在石壁间。昔者群龙共斗，四龙疲钝，呕血死，因化为石。血变成鳖，堪充器物。但不耐风日，绵布四五里，土人取之。今龙象犹存，石不复入用。

——［唐］李吉甫《元和郡县志》卷三十四"剑州"

龙穴山，在县东北五十里，亦名龙像岩，亦名龙穴山。古老相传：昔此山有龙斗死，血变为石，宋齐于此置龙血戍。李膺《益州记》云："龙血东有龙像岩，绝壁纳万余丈，有四石龙在壁间，今犹可验。岩之东北有洞穴，莫测深浅，泉出其下。"

——［宋］乐史《太平寰宇记》卷八十四"阴平县"，

［明］曹学佺《蜀中广记》卷十"龙安府"

龙血山，在剑州西北。《元和志》："龙血山，亦名龙象岩，在阴平县北五十里。绝壁高岩，万有余丈，有四石龙在石壁间。昔有群龙共斗，四龙疲衄，呕血死，因化为石。血变成鳖，堪充器物，延布四五里，今龙像犹存。"《寰宇记》："在阴平县东北五十里，宋齐于此置龙血戍，亦名龙穴山，东有龙象岩。岩东北有洞穴，莫测深浅，泉出其下。"《舆地纪胜》："一名赤水山。"

——［清］仁宗敕修《大清一统志》卷三百九十"保宁府"

龙血山，在龙安府平武县。相传此山有龙斗死，血变为石。宋齐于此置龙血戍。

——［清］陈祥裔《蜀都碎事》卷二

⓲ 青石山

青石山，在（青石）县东南水路五十九里。旧巴蜀争界，累年未分。一朝密雾，石为之裂破，从上至下，直若引绳，因此定遂、合二州之界。

——［唐］李吉甫《元和郡县志》卷三十四"遂州·青石县"

青石山，有祠甚严。《九州要记》云："此山，天下青石，无佳于此，可为钟磬。"《郡国志》："昔巴蜀争界，历岁不决。汉高八年，一朝密雾，山为之自裂，从上至下，开数尺，若引绳以分之，于是始判。其山高九丈，遂为二州之界。巴蜀之民，惧天谪罚，乃息所争，因共立祠。民将采石，必先祀之。"

——［宋］乐史《太平寰宇记》卷八十七"遂州"

青石山，《九州要记》云："此青石可为磨。"

——［宋］王存《元丰九域志》卷七"遂宁州"

青石山，在青石县，有祠甚严。《九州要记》云："天下青石，无加于此，可为钟磬。"

——［宋］祝穆《方舆胜览》卷六十三"遂宁府"

《寰宇记》："青石山，在石镜（县）西二百二十里，涪水之南。汉时山裂之处，至今犹存。李膺《益州记》曰：'昔巴蜀争界，久而不决。汉高八年，一朝密雾，青石山为之裂，自上及下，破处直若引绳焉，于是州界始判。上有古祠，灵于水旱。'"《华阳国志》所谓青石神矣。

——［明］曹学佺《蜀中广记》卷十八"合州"，［清］陈祥裔《蜀都碎事》卷二

⓭ 走金山

走金山，李膺《（蜀）记》云："尧时洪水，民奔于是山而获金，故曰走金。"

——［宋］乐史《太平寰宇记》卷七十三

李膺《（蜀）记》云："走金山，在导江县。尧时洪水，民奔是山而获金，故名。"

——［明］曹学佺《蜀中广记》卷六十七

⓴ 青城山

青城山，在（青城）县西北三十二里。道书《福地志》云："上有没溺池，有甘露、芝草。"《玉匮经》曰："此第五大洞宝仙、九室之天，黄帝所奉，拜为五岳丈人。黄帝刻石拜谒，篆书犹存。又有石日月象，天师立青城，治于其中。"

——［宋］乐史《太平寰宇记》卷七十三

《青城甲记》："黄帝封青城山为五岳丈人，乃岳渎之上司、真仙之崇秩。一月之内，群岳再朝焉。"

——［明］曹学佺《蜀中广记》卷六

《茅君内传》云："大天之内，有地之洞天三十六所，乃真仙所居。其第五为青城之洞，周回二十里，名曰宝仙九室之天。"《司马紫微天地宫府图》云："青城山洞，十大洞天之第五也，名曰宝仙九室洞天，青城丈人治之，亦曰宁国丈人也。"《司马紫微七十二福地书》曰："大面山，第五十福地，仙人柏成子治之。"

——［明］曹学佺《蜀中广记》卷七十一

青城山，治西南五十里。唐杜光庭《（青城山）记》："岷山连峰接岫，千里不绝，青城乃第一峰也。"前号青城峰，后名大面山。山有七十二小洞，应七十二候；有八大洞，应八节。道书以此山为第五洞天，乃神仙都会之所。

——［明］李光先修《四川总志》卷五"成都府"

青城山，在县西南五十里。……《青城山记》："黄帝封青城山为五岳丈人，一月之内，群岳再朝焉。"

——［清］许光先修、张晋生编《四川通志》卷二十三"灌县"

21 支机石（牛郎织女）

旧说云：天河与海通。近世有人居海渚者，年年八月有浮槎，去来不失期。人有奇志，立飞阁于槎上，多赍粮，乘槎而去。十余日中，犹观星月日辰，自后芒芒忽忽，亦不觉昼夜。去十余日，奄至一处，有城郭状，屋舍甚严，遥望宫中多织妇。见一丈夫，牵牛渚次饮之。牵牛人乃惊问曰：

"何由至此？"此人具说来意，并问此是何处。答曰："君还至蜀郡，访严君平则知之。"竟不上岸，因还如期。后至蜀问君平，曰："某年月日，有客星犯牵牛宿。"计年月，正是此人到天河时也。

——［晋］张华《博物志》卷三

海若居海岛，每至八月，即有流槎过，如是累年不失期。其人赍粮乘槎而往，及至一处，见有人饮牛于河，又见织女。问其处，饮牛之父曰："可归问蜀严君平，当知之。"其人归，诣君平。君平曰："某年月日，有客星犯斗牛。计时，即汝也。"其人乃知随流槎至天津。

——［唐］李冗《独异志》卷上

张骞寻河源，得一石，示东方朔。朔曰："此石是天上织女支机石，何至于此？"

——［宋］李昉《太平御览》卷五十一引《荆楚岁时记》（今本无）

昔有一人寻河源，见妇人浣沙，以问之。曰："此天河也。"乃与一石。而归问严君平，云："此织女支机石也。"

——［宋］李昉《太平御览》卷八引《集林》

支机石，《因话录》载"《汉书》张骞穷河源"，言其奉使之远，实无天河之说，惟张茂先《博物志》说："近世有人居海上，每年八月见槎来不违时，赍一年粮，乘之到天河，见妇人织、丈夫饮牛。遣问严君平，云：'某年某月某日，客星犯牛斗，即此人也。'"后人相传云，得织女支机石，持以问君平。今成都严真观有一石，呼为支机石。余宝历中下第还家，于京师途中，逢官差递夫异张骞槎，不知是何物。相袭讹谬，纵出杂诗，亦不足据也。

——［宋］祝穆《方舆胜览》卷五十一

成都卜肆支机石，即海客携来，自天河所得，织女令问严君平者也。君平卜肆，即今成都小西门之北、福感寺南严真观是也，有严君通仙井，《图经》谓之严仙井，及支机石存焉。太尉燉煌公好奇尚异，多得古物，命工人所取支机一片，欲为器用，以表奇异。工人镌刻之际，忽若风瞀，坠于石侧，如此者三。公知其灵物，不复敢取，至今所刻之迹在焉。复令人穿掘其下，则风雷震惊，咫尺昏曀，遂不敢犯。

——［宋］张君房《云笈七签》卷一百二十二《道教灵验记》

汉武帝令张骞使大夏寻河源，乘槎经月，而至一处，见城郭如州府，室内有一女织，又见一丈夫牵牛饮河。骞问曰："此是何处？"答曰："可问严君平。"织女取楮机石与骞而还。后至蜀，问君平。君平曰："某年某月，客星犯牛女。"楮机石为东方朔所识。

——［明］陈耀文《天中记》卷二引《荆楚岁时记》（今本无）

支机石在蜀城西南隅石牛寺之侧，出土而立，高可五尺余，石色微紫。近土有一窝，傍刻"支机石"三篆文，似是唐人书迹，想曾横置，故刻字如之，事本荒唐，此石盖出傅会，然亦旧物也。

——［明］陆深《蜀都杂抄》

支机石，在城西隅，即严真观。今以一亭覆之，高不盈丈，顽石无它奇。晋张华《博物志》："有人居海上，乘槎到天河，得一石归，以问严君平。"今蜀人相传即此。

——［明］何宇度《益部谈资》卷中

博望侯张骞使大夏穷河源，归舟中载一大石，以示君平。君平咄嗟良久，曰："去年八月，有客星犯牛女，意者其君乎？此织女支机石也。"博望侯曰："然。吾穷河源至一处，见女子织锦，丈夫牵牛。吾问：'此何地？'女

283

子答曰:'此非人间也。何以到此?'因指一石,曰:'吾以此石寄汝舟上。汝还以问蜀人严君平,必为汝道其详。'"君平曰:"吾怪去年客星入牛女,乃汝乘槎已到日月之旁矣。"遂相与诧异。人乃始知成都卜肆中者,非常人也。

——[明]曹学佺《蜀中广记》卷四十一"西汉"

成都卜肆支机石,即海客携来,自天河所得,织女令问严君平者也。太尉敦煌公好奇尚异,命工人镌取支机一片,欲为器用。椎琢之际,忽若风瞥,坠于石侧,如此者三。公知其灵物,乃已之,至今所刻之迹在焉。复令穿掘其下,则风雷震惊,咫尺昏暗,遂不敢犯。

——[明]曹学佺《蜀中广记》卷一引《道教灵验记》

按《因话录》载:《汉书》"张骞穷河源",言其奉使之远,实无天河之说,惟张茂先《博物志》有之。后人相传云,得织女支机石,持以问君平。今成都严真观有一石,呼为支机石。余宝历中下第还家,于京师途中逢官差递夫,舁张骞槎,不知是何物。《洞天集》云:严遵仙槎,唐置之于麟德殿,长五十余尺,声如铜铁,坚而不蠹。李德裕截细枝尺余,刻为道像,往往飞去复来;广明已来失之,槎亦飞去。

——[明]曹学佺《蜀中广记》卷六十八

支机石在严真观。晋张华《博物志》:"有人居海上,乘槎到天河,得一支机石归,以问严君平。"今蜀人相传即此石也。

——[明]李光先修《四川总志》卷五"成都府"

支机石在城西隅,即严真观。今以一亭覆之,高不盈丈,顽石无他奇。晋张华《博物志》:"有人居海上,乘槎到天河,得一石归,以问严君平。"今蜀人相传即此。

——[明]何宇度《益部谈资》卷中

支机石，在（成都）县西严真观。《博物志》："有人乘槎入天河，得一石，归问严君平，曰：'此织女支机石也。'"相传有欲琢之为器者，风雷骤作，咫尺昏曀，遂不敢犯。

——［清］许治修、张晋生编《四川通志》卷二十六

《画墁录》："元丰末，有人自两浙以昭陵，玉匣《兰亭》，与支机石同赍入京师。欲上之，不果。王钦若云：'支机石，予尝见，方二寸，不圜，微剜，正碧，天汉左界北斗经其上。'"支机之说，本诞妄不经，此石不知何据。予在成都，见西城石犀寺后、严真观故址。废圃墙隅，有石粗如砂砾，高六七尺许，围如柱础，蜀人相传为支机石，尤可笑也。

——［清］王士禛《池北偶谈》卷二十五

支机石，即海客携来，自天河所得，织女命问严君平者。太尉燉煌公好奇尚异，命工人镌取支机一片，欲为器用。椎琢之际，忽若风瞥，坠于石侧，如此者三。公知其灵物，乃已之，至今所刻之迹犹存。石在蜀之西南隅石牛寺之侧，出土而立，高可尺余，色微紫。近土有一窝，似机足所支处。上镌"支机石"三字篆文，似隶而遒媚有致，似唐人书迹。原在严真旧址，今入民家菜圃中，旁有石碣，曰严君平卖卜处。

——［清］陈祥裔《蜀都碎事》卷一

㉒ 海眼（五块石）

君不见，益州城西门，陌上石笋双高蹲。古来相传是海眼，苔藓食（蚀）尽波涛痕。雨多往往得瑟瑟，此事恍惚难明论（田曰："《成都记》：'距石笋二三尺，每夏月大雨，往往陷作土穴，泓水湛然。以竹测之，深不可及；以绳系石而投其下，愈投而愈无穷。凡三五日，忽然不见。嘉祐春，牛车碾地忽陷，亦测而不能达。父老云：见此多矣。'此亦甚异者，故有海

眼之说云。"赵曰:"《华阳风俗记》曰:'蜀人曰:我州之西有石笋焉,天地之堆,以镇海眼,动则洪涛大滥云。'")。

——[唐]杜甫《石笋行》,载[宋]阙名《分门集注杜工部诗》卷十三

五块石,在今万里桥之西,其一入地,上叠四石俱方。或云其下有一井,相传以为海眼。其南即汉昭烈陵,予疑是当时作陵时所余。嘉定州之金银冈,亦有所谓五块石。

——[明]陆深《蜀都杂抄》

五块石,(成都)府城治南二里。石有五块,高一丈余。相传下有海眼,昔人尝起其石,风雨暴作。

——[明]李光先修《四川总志》卷五

五块石,在(华阳)县南万里桥之西,五石相叠,高一丈余,围倍之。相传下有海眼,昔人常起其石,风雨暴作。

——[清]许治修、张晋生编《四川通志》卷二十六

㉓ 拳扠井

巴蜀间于高山顶或洁地建天公坛祈水旱,盖开元中上帝所降仪法以示人也。其坛或羊牛所犯,及预斋者饮酒食肉,多为震死。新繁人王尧因往别业,村民烹豚待之。有一自天公斋回,乃即席食肉。王谓曰:"尔不惧雷霆耶?"曰:"我与雷为兄弟,何惧之有?"王异之,乃诘其所谓。曰:"我受雷公箓,与雷同职。"因取其箓验之,果如其说,仍有数卷。或画壮夫,以拳扠地为井,号拳扠井;或画一士负薪梽,号一谷柴;或以七手撮山簸之,号七山簸。江陵东村李道士舍亦有此箓(出《北梦琐言》)。

——[宋]李昉《太平广记》卷三百九十五"天公坛"

拳扠井，在府城西北。相传五丁尝于此为角觝戏，渴甚，以拳击地，泉水涌出成井，今废。

——［明］李贤《明一统志》卷六十七"成都府"

拳扠井，在县西北。相传五丁尝于此为角觝戏，渴甚，以拳击地，泉水涌出，今久废。

——［清］许治修、张晋生编《四川通志》卷二十三"成都县"

拳扠井，在成都府治西。相传五丁尝于此为角觝戏，渴甚，以拳击地，泉水涌出，井今犹在。

——［清］陈祥裔《蜀都碎事》卷四

24 岐山

又东二百五十里，曰岐山（郭璞注："今在扶风美阳县西。"汪绂注："此非扶风之岐山，大抵亦蜀汉间山耳。"毕沅注："郭说非也。山当在四川，俗失其名。"）。其上多白金，其下多铁。其木多梅、梓，多杻、楢。减水出焉〔毕沅注："疑即黚水也，《说文》又作黔。减、黚、黔音皆相近。《（汉书·）地理志》云：'犍为符（县）。黚水南至鳖入江。'《水经注》云：'阚骃谓之阚水。'"〕，东南流注于江。

——［先秦］佚名《山海经·中次九经》

25 捣衣山

捣衣山，一名灵山，在琅琊郡，山南绝险，岩有方石。昔有神女于此捣衣，其石明莹，谓之玉女捣练砧。

——［南朝梁］任昉《述异记》卷上

（巴西县）灵山，《郡国志》云："昔有神女于此捣衣，因名捣衣山。"山南绝岩，有方石明莹，谓之神女捣练砧。

——［宋］乐史《太平寰宇记》卷八十三"绵州"，

李昉《太平御览》卷四十四文同

州东五里，有灵山。《郡国志》云："昔有神女于此捣衣，山南绝岩有方石明莹，谓之玉女捣练砧也。"

——［明］曹学佺《蜀中广记》卷九"绵州"

26　仁寿息壤

《志》云："（籍田）在县百七里，今为镇。"又："籍田公馆近华阳界，县南有地亩余，踏之软动，有泉渊泱，旱不涸、涌不溢，名曰息壤。鱼蛇水在其北，导江水在其南，丹砂山在其西也。"

——［明］曹学佺《蜀中广记》卷八"仁寿县"

27　仙女洞

《龙安新志》又云："仙女洞在治南江村口，山势盘旋，岩洞深邃，水自中出，百里流入剑南。故老相传：每风日清和，遥见仙女靓妆游行岩上，或理发，或浣衣于洞壑中，隐显不常，人迹罕到。洞中石乳融结，状甚奇怪。色如碧玉，取可供玩也。"

——［明］曹学佺《蜀中广记》卷十"龙安府"

仙女洞，在石泉县北七十里香炉沟。崖上一石当门，状若龙头。洞中有莲花石盆，祷雨辄应。又有仙女洞，在县西百里。山林深邃，人迹罕到，中有池，方亩许。

——［清］仁宗敕修《大清一统志》卷二百四十一

28 蟆颐山

蟆颐山，在州东七里，形如虾蟆颐。

——［宋］乐史《太平寰宇记》卷七十四"眉州"

蟆颐山，在眉山县东七里，状如蟆颐，因名。有至德观，有尔朱淘丹泉。传记所载，以为轩辕氏丹宅。山腹有穴，曰龙洞，传者以为四目老翁。唐末有杨太虚得道于此，今祠中有三仙像，四目居中焉。人日出东郊，渡江，游蟆颐山，眉之故事也。苏子瞻诗："人日东郊尚有梅。"

——［宋］祝穆《方舆胜览》卷五十三"眉州"

蟆颐山在江东七里，状如蟆颐，因名。有至德观，有尔朱淘丹泉。传记所载，以为轩辕氏丹宅。山腹有穴。曰龙洞，传者以为四目老翁。唐末有杨太虚得道于此，今祠中有三仙象，四目居中焉。人日出东郊，渡江游蟆颐山，眉之故事也。

——［明］曹学佺《蜀中广记》卷十二"眉州"

蟆颐山，州城东七里，自象耳山连峰壁立，西瞰玻瓈江，五十余里至此，磅礴蹲踞，形类蟆颐。上有淘丹泉，山腹有穴，曰龙洞。唐末，有扬太虚、尔朱真人得道于此。《舆地纪胜》云："人日出东郊，渡玻瓈，游蟆颐，眉之故事也。"苏辙诗云："洞中泉脉龙晴动，关里丹花□舌生。"又云："山下瓶罂霑稚孺，峰头鼓吹聚簪缨。"

——［明］李光先修《四川总志》卷十五"眉州"

㉙ 鼎鼻山

鼎鼻山，亦曰打鼻山，在县南十五里。宋谯纵据蜀，朱龄石伐之，命臧熹外出奇兵。谯纵遣将谯小苟引兵，塞打鼻以御之，即此也。山形孤起，东临江水。昔周鼎沦于此水，或见其鼻，遂以名山。

——［唐］李吉甫《元和郡县志》卷三十三"彭山县"

（彭山县）鼎鼻山。周道衰微，九鼎沦一于此山之下。其水清澄，今民犹或见其鼎耳。

——［宋］李昉《太平御览》卷四十四引《十道记》

《郡国志》曰："有鼎鼻山。周之九鼎。沦一于此。故后人往往见鼎耳，因名之。"

——［宋］李昉《太平御览》卷一百六十六"陵州"

打鼻山，在今眉州彭山县南十余里。山形孤起，东临江水。俗云：昔周鼎沦于此，或见其鼻，故名。

——［宋］胡三省《资治通鉴音注》卷一百一十六

李膺《益州记》云："周德既衰，九鼎沦散，一没于此，或见其鼻，故名鼎鼻山，一名打鼻山。上有城，亦名鼎鼻。"打、鼎音近也，大江过于山下，有滩，宋将朱龄石伐蜀，立寨于此。《括地志》云："鼎鼻山北有龙洲，东接导江水。"按：已上即常璩所称"王乔升其北山、彭祖家其彭蒙、白虎仁于广德、宝鼎见于江溅"也。

——［明］曹学佺《蜀中名胜记》卷十二"彭山县"

鼎鼻山，（彭山县）治东北二里，山形曲如鼎鼻，故名。

——［明］李光先修《四川总志》卷十五

鼎鼻山，在彭山县东北。《元和志》："鼎鼻山，亦曰打鼻山，在彭山县南十五里。（南北朝）宋谯纵据蜀，朱龄石伐之。纵遣将谯小苟塞打鼻以御之，即此。山形孤起，东临江水。昔周鼎沦于此水，或见其鼻，遂以名山。"《舆地广记》："今县南十余里之打鼻山，乃古鼎鼻山。县东北之鼎鼻山，乃其支峰耳。"

——［清］阙名编《嘉庆重修一统志》卷四百一十

🟥30 鸡鸣山

名山鸡栋山，在县西南十七里。《地理志》云："蜀有鸡鸣山。"俗传云："金鸡鸣而天下太平。"则古之名山因为名山戍。

——［宋］乐史《太平寰宇记》卷七十七"雅州"

（《太平寰宇记》）又云："鸡栋山，在县西南十七里。《地理志》以蜀有鸡鸣山。俗传：'金鸡鸣，天下太平也。'"《（舆地）纪胜》云："鸡鸣山，即古之名山，因为名山戍。"

——［明］曹学佺《蜀中广记》卷十四"名山县"

鸡栋山，在县西南十七里，一名鸡鸣山。王象之曰："鸡栋山，即古之名山，因为名山戍。"隋以此名县，盖即州北之金鸡山矣。

——［清］顾祖禹《读史方舆纪要》卷七十二"名山县"

31 镜子山

镜子山，在江安县南五里，又名照山。一峰中峙，两峰旁翼；二溪交流，峰峦葱蒨；庵庐梵室，金碧交辉。旁有二潭，为龙所居，祷旱辄应。山有眠云石、袭（龙）渊桥、玎珰岩、磨镰溪，为一邑胜游。

——［宋］祝穆《方舆胜览》卷六十二"泸州"

《（舆地）纪胜》云："镜子山，在江安县南五里，又名照山。一峰中峙，两峰旁翼，二溪交流，峰峦葱菁，菴庐梵室，金碧交辉。旁有二潭，为龙所居，祷旱辄应。山有眠云石、龙渊桥、玎珰崖、磨镰溪，为一邑胜游之地。"

——［明］曹学佺《蜀中广记》卷十六"江安县"

照山，在县南。《方舆胜览》："镜子山，在县南五里，又名照山，峰岚葱翠。傍有二龙潭，旱祷辄应。又有眠云石、龙渊桥、玎瑭岩、磨镰溪，为一邑之胜。"

——［清］许治修、张晋生编《四川通志》卷二十五"江安县"

32 缙云山

广成子又曰："彼其物无穷而人皆以为终，彼其物无测而人皆以为极。得吾道者，上为皇而下为王；失吾道者，上见光而下为土。今夫百昌皆生于土而返于土，故将与汝入无穷之门，以游无极之野。吾与日月参光，与天地为常，当我缗乎，远我昏乎？人其尽死而我独存乎？"黄帝得道之要，复周游四海，车辙马迹、丹井遗墟，往往而有（原注："蜀之天社山有丹井，昌利山、青城山、缙云山皆有辙迹，永嘉山有丹众，青城山、罗浮山有古坛。"）。

——［唐］王瓘《广黄帝本行记》

缙云山，在（巴）县西一百三十七里。其山高耸，林木郁茂。下有泉水，东西分流。传云：黄帝于此山合神丹，故此山得名以纪之。

———［宋］乐史《太平寰宇记》卷一百三十六"渝州"

黄帝以四岳皆有佐命之山，而南岳孤特无辅，乃章词三天太上道君，命霍山为储君，命潜山为衡岳之副，以成之时，参政事以辅佐之。帝乃造山，躬写形象，以为《五岳真形图》。黄帝往，炼石于缙云，堂于地。炼丹时有非红非紫之云见，是曰缙云，因名缙云山。

———［元］赵道一《历世真仙体道通鉴》卷一"轩辕黄帝"

《图经》："缙云山，在县西北百三十里。其山高耸，多林木，下有温泉，分东西流，相传黄帝于此合药。"陶宏景《水仙赋》曰："增城瑶馆，缙云琼阙，黄帝所以觞百神也。"《方舆胜览》即谓之巴山矣。宋《灵成侯庙碑》云："此山出于禹别九州之前。黄帝时，有缙云氏不才子，曰混沌。"缙云氏、高辛氏亦有不才子八人，投出于巴賨，以御魑魅，名基于此。

———［明］曹学佺《蜀中广记》卷十七"巴县"

缙云山，治北二十里，茂林高耸。有泉，分冷、温二味，势若飞凤，又名凤凰山。一在巴县西百一十里。有泉，名温汤，相传黄帝合神丹于此。

———［明］李光先修《四川总志》卷九"重庆府"

缙云山，在（巴）县西，接永川、壁山界。《寰宇记》："在县西一百三十七里。其山高耸，林木郁茂，下有泉水，东西分流。"《元一统志》作"下有泉，东西分流，温冷各异。"传云：黄帝于此合丹，故得此名以纪之。《舆地纪胜》谓之巴山，在县西南一百三十里。

———［清］许治修、张晋生编《四川通志》卷二十三"重庆府"

缙云山，在重庆府城西，高峰茂林，下有碧水，分流左右。《巴蜀志》云："黄帝于此合神丹。"《宋灵成侯庙碑》云："此山出于禹别九州之前。黄帝有不才子曰混沌，缙云氏投于巴寳以御鬼魅，名基于此。"

——［清］陈祥裔《蜀都碎事》卷二

33 广溪峡

江水又东，迳广溪峡，斯乃三峡之首也。其间三十里，颓岩倚木，厥势殆交。北岸山上有神渊，渊北有白盐崖，高可千余丈，俯临神渊。土人见其高白，故因名之。天旱燃木，岸上推其灰烬，下秒渊中，寻即降雨。常璩曰："县有山泽水神，旱时鸣鼓请雨，则必应嘉泽。"《蜀都赋》所谓"应鸣鼓而兴雨"也。峡中有瞿塘、黄龛二滩，夏水回复，沿溯所忌。瞿塘滩上有神庙，尤至灵验，刺史二千石径过，皆不得鸣角伐鼓。商旅上水，恐触石有声，乃以布裹篙足。今则不能尔，犹飧荐不辍。此峡多猨，猨不生北岸，非惟一处。或有取之，放著北山中，初不闻声，将同狢兽，渡汶而不生矣。其峡盖自昔禹凿以通江，郭景纯所谓"巴东之峡，夏后疏凿"者。

——［北魏］郦道元《水经注·江水》

《（水）经》云："江水又东，迳广溪峡。"注云："斯乃三峡首也。其间三十里，颓岩倚木，厥势殆交。北岸山上有神渊。渊北白盐崖，高千余丈。天旱，然火白盐，推烬入渊，即雨。常璩以泽有神，鸣鼓则雨。《蜀都赋》谓'应鸣鼓而兴雨'也。刺史二千石经过，皆不得鸣角伐鼓；商旅上下，恐触石有声，乃以布裹篙足。此峡多猿。猿不生北岸，非唯一处。或有取之，放著此山中，初不闻声，将同貉兽，渡汶而不生矣。其峡盖自神禹凿以通江，郭景纯所谓'巴东之峡，夏后疏凿'者。"

——［明］曹学佺《蜀中广记》卷二十一"夔州奉节县"

瞿唐关，在夔州府城东八里，以瞿唐峡而名。峡在城东三里，或谓之西陵峡，或谓之广溪峡，三峡之一也。瞿唐之名著，而广溪之称隐矣。《乐府解题》曰："瞿，盛也；唐，陂池也。言盛水其中，可以行舟。"

——［清］顾祖禹《读史方舆纪要》卷六十六

《（水）经》所谓"夷水出焉，又东经广溪峡。"三峡之首也，中有瞿唐滩，禹凿以通江。

——［清］王鸣盛《蛾术编》卷四十一

34　木枥山

木枥山，在东南十三里。山顶有池，冬夏可验。其浅深，随大江水涨增减。

——［宋］乐史《太平寰宇记》卷一百四十九"万州"

木枥山，在万县西一百里。昔大禹治水过此，见众山漂没，惟此山木枥不动，因名。

——［明］李贤《明一统志》卷七十"夔州府"

《（明）一统志》载："万县西百里有木枥山。昔大禹治水过此，见众山漂没，惟此山木枥不动，故名。"《（太平）寰宇记》云："在武宁县东南十三里，山顶有池，浅深随江水涨减。"以地里合之，是矣。

——［明］曹学佺《蜀中广记》卷二十三"万县"

木枥山，治西一十里。昔大禹治水过此，见众山漂没，惟此山木枥不动，因名。

——［明］李光先修《四川总志》卷十四"夔州府"

木枥山，在县西一百里。昔大禹治水过此，见众山漂没，惟此山木枥不动，故名。山顶有池，随大江水涨灭。类书作水枥山。

——［清］许治修、张晋生编《四川通志》卷二十四"万县"

木枥山，在县西百里。相传洪水时，惟此山木枥不动，因名。

——［清］顾祖禹《读史方舆纪要》卷六十九"万县"

35 二仙洞

二仙洞，在盐泉之侧。峭壁上有石纹，如人相对起伏状，洞深不可测。前有池不竭，又有仙骨，长丈余。

——［宋］祝穆《方舆胜览》卷五十八"大宁监"

二仙洞，大宁治东北一十七里。盐泉侧峭壁上有石纹，如人相对起伏状。洞中有仙骨，长丈余。洞前有池不竭。

——［明］李光先修《四川总志》卷十四"夔州府"

《志》云："二仙洞，去盐场二里，一名王子洞。山高百余丈，上下皆削壁，惟一径宽二尺，长四五丈许始达，中可丈许，凡游者不敢下视。洞口宽高十余丈，深不可测。岩上石文生成千字，水出石笋，四时不绝。相传昔有王子采樵，见二人围棋于此。局未终，而斧柯已烂，其人仰壁留题而去。诗曰：'仙人洞里无春秋，白云深处心悠悠。烂柯樵子半途客，安得乘风驾玉虬。千年胜事今朝说，一一重重心练结。从来流水与高山，更有清风共明月。'王子后不知所所，但传蜕仙骨长丈余。"

——［明］曹学佺《蜀中广记》卷二十三"大宁县"

二仙山，在县东北十七里，高百余丈，上下皆峭壁，惟一径宽二尺，长四五丈，凡游者不敢下视。有二仙洞，一名王子洞。《方舆胜览》："洞在盐泉之侧。峭壁上有石纹，如人相对起伏状。洞中有仙骨，长丈余。"洞前有池不竭。

——［清］许治修、张晋生编《四川通志》卷二十四"大宁县"

36 灵山

仙穴山，在县东北十里。《周地图记》云：'灵山，峰多杂树。昔蜀王鳖灵登此，因名灵山。山东南有玉女捣练石，山顶有池常清。有洞穴绝微，有一小径通。旧灵山，天宝六年敕改为仙穴山。

——［宋］祝穆《太平寰宇记》卷八十六"阆州·阆中县"

《（太平）寰宇记》云："仙穴山，在县东北十里。《周地图》云：'灵山，峰多杂树。昔蜀王鳖灵登此，因名灵山。山东南隅有玉女捣练石。顶有泉，常清冽。洞穴悬绝微，有一小径通。天宝六年，敕改为仙穴山。'"《志》云："一峰峭拔，介宋江、嘉陵之间，上有鳖灵墓。"

——［明］曹学佺《蜀中广记》卷二十四"阆中县"

灵山，在县东十里。杜甫诗："阆州城东灵山白。"昔蜀王鳖灵帝登此，因名灵山。唐天宝六年，敕改为仙穴山，峰多杂树。东南峰有玉女捣练石，山顶有池常清。有洞穴悬绝微，有一小径相通。新《志》："上有龙女洞，能兴云雨。"

——［清］许治修、张晋生编《四川通志》卷二十三"保宁府·阆中县"

37 玉女山

利州义成郡葭萌县有玉女房，盖是一大石穴也。昔有玉女入此石穴，前有竹数茎，下有青石坛，每因风自扫此坛。玉女每遇明月夜即出于坛上，闲步徘徊，复入此房。

——［南朝梁］任昉《述异记》卷下

　　玉女房。按：《梁州记》云："肥城东南有玉女山。山上有一石穴，中若房，有玉女八人不出。穴前修竹下有石坛，风来动竹，扫坛如帚。"

——［宋］祝穆《太平寰宇记》卷一百三十五"利州"

　　龙门山，亦云葱岭山。《梁州记》云："葱岭有石穴，高数十丈。其状如门，号为龙门。"又云："山东南有玉女山。山上有一石穴，中若房宇，有玉女八人不出。穴前修竹下有石坛，风来动竹，扫坛如帚。"

——［明］曹学佺《蜀中广记》卷二十四"广元县"

　　《梁州记》："肥城东南有玉女山。山上有一石穴若房，有玉女八人不出。穴前修竹下有石坛。"《述异记》："利州义城郡葭萌县有玉女房，盖是一大石穴也。昔有玉女入此石穴，前有竹数茎，下有青石坛，每因风自扫此坛。玉女每遇明月夜即出于坛上，闲步徘徊，复入此房。"是以玉女房在昭化也。

——［清］张澍《蜀典》卷一下

38 群仙洞

　　(《本志》)又云："群仙洞在武连县，洞中无他物，惟石窟数间如堂宇。有水自西向东，不知所来。山下长老云：曾有数人耘苗，见洞中声乐嘹亮，密觇于洞口，见列坐如天人状，奏乐者无数。欲前观之，即不见。自后，人数见焉，因名为群仙洞。"

——［明］曹学佺《蜀中广记》卷二十六"剑州"

群仙洞，在剑州西南。《舆地纪胜》："在武连县界中，无他物，惟石室数间，如堂宇然。相传：有仙人奏乐于此。有水自西而东，不知所来。"

——［清］仁宗敕修《大清一统志》卷三百九十"保宁府"

群仙洞，在州西南三里。中无他物，唯石室数间，如堂宇然。相传：尝有仙人奏乐于此。

——［清］许治修、张晋生编《四川通志》卷二十三"剑州"

39 多功山

多功山，治东五十里。昔禹凿此山，以疏通峡水。

——［明］李光先修《四川总志》卷十八"天全六番招讨使司"

多功山，在司治东五十里。昔禹治水凿此山，用功甚多，故名。

——［明］李贤《明一统志》卷七十三"天全六番招讨使司"

（天全司治东）又十里，则多功山也。昔大禹疏凿以通峡水，故名。

——［明］曹学佺《蜀中广记》卷三十五"天全六番招讨使司"

多功山，在州东五十里。相传：大禹开此山以通峡水，用功甚多，因名。

——［清］许治修、张晋生编《四川通志》卷二十四"天全州"

多功山，在天全州东五十里。相传禹治水，凿此山以通峡水，用功甚多，故名。

——［清］仁宗敕修《大清一统志》卷四百二"雅州府"

⑩ 峨眉山（皇人山、中黄山、西黄山）

又西五百里，曰皇人之山。其上多金、玉，其下多青雄黄。皇水出焉，西流注于赤水。其中多丹粟。

又西三百里，曰中皇之山。其上多黄金，其下多蕙棠。

又西三百五十里，曰西皇之山。其阳多金，其阴多铁。其兽多麋、鹿、㸲牛。

——［先秦］佚名《山海经·西次二经》

《山海西经》："皇人之山，皇水出焉。"又有中皇、西皇之山。按《峨眉图经》，皇人、中皇、西皇山，即所谓三峨矣。《五符经》曰："皇人在峨眉山北，绝岩之下，苍玉为屋，黄帝往受'真一五牙'之法焉。"

——［明］曹学佺《蜀中广记》卷七十四"神仙记"

⑪ 绥山

绥山，在县西南一百一十九里，在峨眉山西南，其高无极。

——［唐］李吉甫《元和郡县志》卷三十二"绥山县"

绥山，《列仙传》："葛由，周威王时好刻木为牛卖之。一日，骑木牛，见入蜀中，王侯追之，上绥山。绥山在峨眉山西南，其高无极，随之者不复还，皆得仙道。谚云：'得绥山一桃，虽不得仙，亦足以豪。'"

——［宋］乐史《太平寰宇记》卷七十四"玉津县"

大蓬山，在城东南七十里，状若海中蓬莱，因以为名，州名亦以此。按《列仙传》："葛由乘木羊上绥山，随者皆得仙。"绥山，即蓬山之始号也。

——［宋］祝穆《方舆胜览》卷六十八"蓬州"

大蓬山，在营山县东北七十里，与小蓬山对峙，一名绥山。《列仙传》："葛由乘木羊上绥山，随者皆得道。"即此山。有龙湫，遇旱祷雨辄应。

——［明］李贤《明一统志》卷六十八"顺庆府"

《方舆（胜览）》记云："绥山废县，在峨眉县西四十里。"按《列仙传》："葛由，周威王时人，好刻木为牛卖之。一日，骑木牛见人，蜀中王侯追之，上绥山。绥山在峨眉山西南，其高无极。随之者不复还，皆得仙道。谚曰：'得绥山一桃，虽不得仙，亦足以豪。'"

——［明］曹学佺《蜀中广记》卷十一"峨眉县"

《方舆（胜览）》云："大蓬山，在州东南七十里，状若海中蓬莱，因以为名。小蓬山，一名秀立，与大蓬对峙，相去二里。绥山，即大蓬之始号也。"按《列仙传》云："葛由者，蜀之羌人，周成王时刻木为羊卖之。一旦，乘木羊入蜀。蜀中王侯宾之，追上绥山。山在安固县东三十里，随之者皆得仙术。"本志云："宋元符进士何格非《游大蓬山》诗注引葛仙翁云：'兹山状类海中之山。'"是蓬山名由此而改。

——［明］曹学佺《蜀中广记》卷二十八"蓬州"

峨眉县，两山相对，状如峨眉，后周所置也。青衣、平羌旧理此，隋之绥山、唐之罗目二县入焉。县西四十里即绥山址，葛由卖木羊处也。

——［明］曹学佺《蜀中广记》卷五十二"峨眉县"

绥山，即大蓬山。梁于此置绥山县，唐改为蓬山。山在顺庆府蓬州。

——［清］陈祥裔《蜀都碎事》卷二

《列仙传》又（曰）："山多桃。谚曰：'得绥山一桃，虽不得仙，亦足以豪。'"按：山即今二峨山，一云即大蓬山，在蓬州。

——［清］彭遵泗《蜀故》卷二十一

㊷ 金堂峡

金堂峡，在金堂县东南五十里。两山拱峙，河流其中，相传古望帝时，其相鳖灵所凿。宋转运使韩璃复修之，以通舟楫。

——［明］李贤《明一统志》卷六十七"成都府"

金堂峡，金堂治东二十里。源出岷江，经此地，两山错峙，相传鳖灵所凿。宋转运使韩璃复修之，流入内江、富顺，至泸州合大江。

——［明］李光先修《四川总志》卷五"成都府"

金堂峡，在金堂山南，相传望帝相鳖令所凿。宋转运使韩璃复修之，以通舟楫，至今称便。

——［清］刘肇烈纂修《金堂县乡土志》卷三

金堂峡，县东二十里。两山拱峙，河流其中，相传望帝相鳖灵所凿。宋转运使韩璃复修之，以通舟楫，亦曰峡口。《图经》："旧金堂县治峡口，今县治为古城镇云。"

——［清］顾祖禹《读史方舆纪要》卷六十七"成都府"

43 温汤峡

温汤峡，巴县西南一百六十里。上有温泉，自悬崖下涌出，沸腾如汤。

——［明］李光先修《四川总志》卷九"重庆府"，

［清］许治修、张晋生编《四川通志》卷二十三文同

巴县有温汤峡，水自悬崖涌出，沸腾如汤，浴者疗疾。相传黄帝合神丹于此。

——［清］陈祥裔《蜀都碎事》卷四

❶ 大江（岷江）

大江出汶山（郭璞注："今江出汶山郡升迁县岷山东南，经蜀郡犍为至江阳东北，经巴东建平、宜都，南郡江夏、弋阳、安丰，至庐江南界，东北经淮南下邳，至广陵郡入海。"毕沅注："山在今四川茂州东南。《说文》作嶓，此省文也。《史记》云：'渎山，蜀之汶山也。'应劭《汉书》注云文山，今蜀郡嶓山，本冄駹是也。"郝懿行笺疏："汶即岷也，已见《中次九经》岷山，郭云：'岷山，大江所出。'岷字一作嶓。《广雅》云：'蜀山，谓之嶓山。'蜀读为独，字或作渎。《史记·封禅书》云：'渎山，蜀之汶山也。'《水经注》又谓之汶阜山。又郭注'自蜀郡'已下，凡有十四名，并见《晋书·地理志》。"），北江出曼山（毕沅注："曼山，疑即蒙山，在今四川名山县西北。曼、蒙音相近。北江，疑即青衣水也。"郝懿行笺疏："曼山，即崌山，郭云：'北江所出。'"），南江出高山（毕沅注："疑即邛水，在今四川荥经县北，至雅州合青衣水也。"郝懿行笺疏："高山，即崃山，郭云：'南江所出。'"）。高山在城都西（郝懿行笺疏："城当为成。"），入海在长州南（郝懿行笺疏："《〔后汉书·〕郡国志》云：'东阳，故属临淮，有长洲泽。'洲，当为州也。又案：成都、长州，亦皆周以后地名，盖校书者记注。"）。

——［先秦］佚名《山海经·海内东经》

❷ 濛水

濛水（郝懿行笺疏："《〔汉书·〕地理志》云：'蜀郡青衣，《〔尚书·〕

禹贡》蒙山谿大渡水，东南至南安入湔。湔东入江。'大渡水，即濛水，盖因山为名也。《水经·江水》注云：'濛水，即大渡水也。水发蒙谿，东南流，与湔水合。又东入江。'引此经文也。湔，《说文》作浅。")出汉阳西（郭璞注："汉阳县属朱提。"吴任臣广注："峨眉山有蒙水，即大渡水也。水发蒙汉，东南流，与浅水合。"毕沅注："此汉阳，言在汉水之阳。汉水，乃犍为入延之汉水也，汉遂为县，《〔汉书·〕地理志》属犍为郡。蒙水，《水经注》云：'江水又迳南安县西，县南有峨眉山，有蒙水，即大渡水也。水发蒙谿，东南流，与浅水合，南至南安入大渡水。大渡水又东入江。'引此经文也。汉南安县，今四川犍为、夹江、峨眉三县地。"郝懿行笺疏："朱提、汉阳，并汉县，属犍为郡。晋因蜀，置汉阳，属朱提郡也。《〔汉书·〕地理志》云：'汉阳山阒谷，汉水所出，东至鳖入延。'"），入江聂阳（毕沅注："此未详也。"）西。

——［先秦］佚名《山海经·海内东经》

3 白水

白水出蜀（毕沅注："白水在今四川昭化县界入于汉。县，故葭萌地也。"），而东南注江（郭璞注："江色微白浊，今在梓潼白水县。源从临洮之西西倾山来，经沓中东流通阴平，至汉寿县入潜。"郝懿行笺疏："此经云白水注江，所未详。或江即垫江也。白水，在今四川昭化县界入于汉。昭化，即葭萌地也。"），入江州城下（郭璞注："江州县属巴郡。"郝懿行笺疏："今四川巴州，即古江州，西北与昭化接境。《〔汉书·〕地理志》云：'巴郡江州、垫江二县。'盖白水入汉，而至江州又为垫江水，正与《水经注》引郭注至垫江之文合。"）。

——［先秦］佚名《山海经·海内东经》

❹ 缗渊

有襄山，又有重阴之山。有人食兽，曰季釐。帝俊生季釐，故曰季釐之国。有缗渊（郭璞注："音昏。"），少昊生倍伐，倍伐降处缗渊（吴任臣广注："《路史》：'少昊元妃生倍伐，降处缗渊，既封蒇，为蒇氏。'又《〔路史·〕国名记》：'少昊后，有倍国。'注云：'倍伐、倍宜，国也，蒇姓，夏灭之。'"）。有水四方，名曰俊坛（郭璞注："水状似土坛，因名舜坛也。"毕沅注："此缗渊疑即四川绵洛之绵。"）。

—— ［先秦］佚名《山海经·大荒南经》

❺ 若水

南海之内，黑水、青水之间，有木，名曰若木，若水出焉（吴任臣广注："《郡县释名》曰：'宾川州东北有金沙江，《山海经》所谓若水也。'"毕沅注："《水经注》云：'若木之生，非一所也。黑水之间，厥木所植。水出其下，故水受其称焉。'又《水经》云：'若水出蜀郡旄牛徼外，东南至故关为若水也。'刘昭注《〔后汉书·〕郡国志》旄牛云：'《华阳国志》曰：邛崃有鲜水、若水，一名洲江。'"）。

—— ［先秦］佚名《山海经·海内经》

若水之间，禹中之地（罗苹注："若水之间，地当川蜀，在西南方。此禹中之名所为立，以知东北朔易。前圣之为，有说不尽。"）

—— ［宋］罗泌《路史·前纪》卷三"盖盈氏"

若水，在县西徼外，东南流，入西昌界。《史记》："黄帝子昌意降居若水，娶蜀山女，生颛顼于若水之野。"《山海经》："南海之内、黑水之间，有木，名曰若木，若水出焉。"《汉书》："元光五年，司马相如使西南夷，除边关，西至沫、若水。"《汉志》："若水出旄牛县徼外，南至大筰入绳水。其绳水出遂久县徼外，东至僰道入江，行千四百里。"《水经注》："若水出旄牛徼外，沿流间关蜀土，东南流，鲜水注之。又经大筰县，入绳水。绳水出徼外，东南分流为二水。一水支流东出，经广柔县东流入江；一水南经旄牛道，至大筰与若水合，亦通谓之绳水。又南至邛都。"《元和志》："台登县有奴诺水，本名绳水，流入泸水，在县西北七百里许，自羌戎界流入。"《九州要记》："台登县有鹦鹉山，若水出其下。"即今盐源县打冲河之上流也。

——［清］许治修、张晋生编《四川通志》卷二十四"冕宁县"

打冲河，在县东北一百六十里，自冕宁西番界流入，又东南入会理州界，即古若水也，亦名泸水。《华阳国志》："定筰县在郡西，渡泸水。"即此。

——［清］许治修、张晋生编《四川通志》卷二十四"盐源县"

6 滋茂龙池

《外史》云："滋茂龙池，在汶之尤溪。万山丛立中，有方池，周四十里，广几百亩。清水镜开，芳草四积，真灵境也。"《登真书》云："滋茂龙池，一曰慈姥，在益州西南四百里，有灵药可以已疾。山无毒害，犹慈姥焉，故曰母。"田况《益州龙祠记》云："蜀之西山有池，曰滋茂，亦曰慈母，以其能兴云雨、救旱暵、椒养百谷而名。"

——［明］曹学佺《蜀中广记》卷七"茂州"

慈母山，在汶川县南六十里。《元统志》："山中有池，曰滋茂池，亦曰慈母池。"《名胜志》："慈母山，在青城山东。滋茂龙池，在汶之尤溪。万山丛立，中有方池，周四十里。"

——［清］仁宗敕修《大清一统志》卷四百十五"茂州直隶州"

❼ 神泉

神泉县，本汉涪县地。晋孝武帝于此侨置西充国，县属巴西郡。隋开皇三年罢郡，县属潼州。六年，改为神泉县，因县西神泉为名。神泉在县西，平地冬夏温沸，气如附子，能愈众疾。

——〔唐〕李吉甫《元和郡县志》卷三十四"绵州"

（神泉县）神泉，按《郡国志》云："县三十里有泉十四穴，甘香异常，痼疾饮之即差（瘥），故曰神泉。"今有祠。

——〔宋〕乐史《太平寰宇记》卷八十三"绵州"

神泉，在县南五十里。《元和志》："在神泉县西，平地涌泉，冬温夏凉，能愈人疾。"《寰宇记》："神泉县西三十里有泉十四穴，甘香异常，痼疾饮之即瘥，故名。"

——〔清〕许治修、张晋生编《四川通志》卷二十五"安县"

神泉，城南五十里。《元和志》云："其泉平地涌出，冬温夏凉，有附子气，饮之可愈疾。"《寰宇记》云："神泉县有泉甘香，痼疾饮之即痊。"今无验。东流过龙塘，合臭水河，入绵州之罗江。

——〔清〕杨英灿纂修《安县志》卷二

❽ 银线潭

银线潭，在神泉县南山。相传白龙往来其间，水面有银线一道，以物挠之，即不见，波定如故。

——〔宋〕祝穆《方舆胜览》卷五十六"神泉县"

《胜览》云："银线潭在神泉县南山。相传白龙潜泳其间，水面银线一痕，以物挠之，即不见，波定如故也。"

——［明］曹学佺《蜀中广记》卷九"安县"

银线潭，在安县西三十里。水面时有银线一痕，以物挠之不见，波定如故。

——［清］仁宗敕修《大清一统志》卷四百十四"绵州直隶州"

9　龙湖（马湖）

龙湖，《郡志》："昔有龙马潜于马湖江，因名。"

——［明］李光先修《四川总志》卷十三"马湖府"

龙湖，去郡三百里许，四围皆峻崖，长二十里，广七里，中有堆如螺髻，去大江二里。其水与江同消长，日夕作潮。相传有龙马见于此。

——［明］曹学佺《蜀中广记》卷十五"屏山县"

《蜀水经》云："西宁河，源出龙马山，为龙湖南流，为夷都溪。又南经西宁隘，又南受鄢溪，又东南受东兴溪，又受团鱼溪、玛瑙溪、什葛溪。什葛溪源出小悍山，东受芭蕉溪，又南受神木山之黄钟溪，又受杨村之瓜露水，又东入西宁河。"《名胜记》曰："龙湖去大江二百里，与江水同消长，日夕作潮。相传有龙马潜其中。"一名马湖。

——［清］饶应祺修《会理州志》卷一

10　陷河（陷湖、邛池）

邛都县下有一老姥，家贫孤独，每食辄有小蛇，头上戴角，在床间，姥怜而饲之食。后稍长大，遂长丈余。令有骏马，蛇遂吸杀之。令因大忿恨，责姥出蛇。姥云："在床下。"令即掘地，愈深愈大，而无所见。令又迁怒，杀姥。蛇乃感人以灵言，瞑令："何杀我母？当为母报仇。"此后每夜辄闻若雷若风，四十许日。百姓相见，咸惊语："汝头那忽戴鱼？"是夜，方四十里与城一时俱陷为湖，土人谓之为"陷湖"。唯姥宅无恙，讫今犹存。渔人采捕，必依止宿。每有风浪，辄居宅侧，恬静无他。风静水清，犹见城郭楼橹晃然。今水浅时，彼土人没水取得旧木，坚贞光黑如漆。今好事人以为枕相赠。

——［晋］干宝《搜神记》卷二十

邛都夷者，武帝所开，以为邛都县。无几而地陷为污泽，因名为邛池，南人以为邛河（李善注："在今巂州越巂县东南。《南中八郡志》曰：'邛河，纵广岸二十里，深百余丈，大鱼长一二丈，头特大，遥视如戴铁釜状。'李膺《益州记》云：'邛都县下有一老姥，家贫孤独，每食辄有小蛇，头上戴角，在床间，姥怜之饲之。后稍长大，遂长丈余。令有骏马，蛇遂吸杀之。令因大忿恨，责姥出蛇。姥云：在床下。令即掘地，愈深愈大而无所见。令又迁怒，杀姥。蛇乃感人以灵言，瞑令：何杀我母？当为母报仇！此后，每夜辄闻，若雷若风，四十许日。百姓相见咸惊，语：汝头那忽戴鱼？是夜，方四十里，与城一时俱陷为湖，土人谓之为陷河，唯姥宅无恙，讫今犹存。渔人采捕，必依止宿。每有风浪，辄居宅侧。恬静无佗，风静水清，犹见城郭楼橹晃然。今水浅时，彼土人没水，取得旧木，坚贞光黑如漆。今好事人以为枕相赠。'巂，音侧。"）

——［南朝宋］范晔《后汉书·南蛮西南夷传》，
又［宋］郑樵《通志》卷一百九十七正文及注文同

邛池，李膺《（蜀）记》曰："临邛老姥得水蛇，饲之，渐长丈余。后姥为令所杀，蛇见梦于令，曰：'我当报仇。'是夜，四十里俱陷为湖。"按：

陷池在邛都，今为化外嶲州。

——［宋］欧阳忞《舆地广记》卷二十九

邛池，李膺《益州记》曰："临邛郡下有老姥，家甚贫，孤独。每食，辄有一小蛇，头上有角，在祥之间。母怜而饲之，后渐长大丈余。县令有马为此蛇吸之，令因大怒，收姥。姥云：'休床下。'遂令发掘，愈深而无所见，令乃杀母。其蛇因梦于令曰：'何故杀老姥？当报仇耳！'因此每夜常闻风雨之声，四十余日。一夕，百姓相见咸惊，皆言：'汝头那得带鱼相逢。'皆如此言。是夜，方四十里一时俱陷为湖，土人谓之邛河，亦曰邛池。其母之故宅独不没，至今犹存。渔人采捕，必依止宿。又言：此水清至底，犹时见城郭楼槛宛然。"

——［宋］乐史《太平寰宇记》卷七十五"临邛县"，
另见《太平御览》卷七百九十一引《益州记》

李膺《益州记》云："邛都县下有一老姥，家贫孤独，每食辄有戴角小蛇在床间。姥怜而饴之，后稍长至丈余。令有骏马，为蛇吸杀，因责姥出蛇。姥云：'在床下。'令即掘地，深无所见。益迁怒杀姥。蛇乃感人以灵言：'令何杀我母？当为报仇。'此后，每夜辄闻雷风，四十许日。百姓相见，感（咸）惊语：'汝头那忽戴鱼？'是夜，方四十里，与城一时俱陷为湖，土人谓之为陷河（湖），惟姥宅无恙，迄今犹存。渔人采捕，必依止宿。每有风浪，辄居宅侧，恬静无他。风静水清，犹见城郭楼橹宛然。"

——［明］曹学佺《蜀中广记》卷三十四"越嶲卫邛都长官司附"

《南中八部志》："邛都县东南数里有河，纵广二百里，深百余丈。河中鱼长一二丈，头特大，遥视之如戴铁釜，即鱼洞河也。或云即是陷河。"

——［明］曹学佺《蜀中广记》卷三十四"越嶲卫邛都长官司附"

邛河，在县东南十二里泸山脚下。《汉（书·）地理志》"邛都县"有邛池驿；《西南夷传》："邛都，自武帝开为县。未几，地陷为污泽，因名邛池。"刘昭注引《南中志》："邛都县东南数里有邛都河，纵广二十里。"《元和（郡县）志》谓之陷河，在越嶲县东南十里。

——［清］许治修、张晋生编《四川通志》卷二十四"西昌县"

11 邛都温泉

邛都县……南山出铜，有温泉穴，冬夏热，其温可汤鸡豚。下流治疾病，余多恶水。水神护之，不可污秽及沉乱发，照面则使人被恶疾。

——［晋］常璩《华阳国志·蜀志》

《华阳国志》曰："邛都县南有温水，冬夏常热，其源可汤鸡豚。下流澡洗，治宿病。余多恶水，水神自司，不可秽污及沉乱发，照面使人恶疾。"

——［宋］李昉《太平御览》卷七十一

《华阳国志》："邛都县有温泉穴，下流可治疾病，余多恶水，水神护之，不可污秽及沉乱发，照面则使人被恶疾。"《水经注》云："昔李骧败李流于温水是也。"

——［明］曹学佺《蜀中广记》卷三十四"宁番卫"

12 天马河（骏马河）

会无县……有天马河，马日千里，后死于蜀，葬江原小亭，今天马冢是也。县有天马祠，初民家马牧山下，或产骏驹，云天马子也。今有天马径，厥迹存焉。

——［晋］常璩《华阳国志·蜀志》

若水又迳会无县。县有骏马河，水出县东高山。山有天马径，厥迹存焉。马日行千里，民家马牧之山下，或产骏驹，言是天马子。

——［北魏］郦道元《水经注·若水》

《华阳国志》曰："会无县有天马河。天马日行千里，死于蜀，葬江原小亭，今天马冢是也。县有天马祠，民家马牧于山下，或产骏驹，云天马子。今有天马径，厥迹存焉。"

——［明］曹学佺《蜀中广记》卷五十九"方物记"

天马冢在县南八里许，俗名马王坟，又名官坟坎，在斜江右岸之上。侧有马王庙。《华阳国志》："会无县有天马河，马日千里，死葬江原小亭，今天马冢是也。"又江原县小亭有好稻田，东方常氏为大姓，文井上有手捉，一作常氏。提（堤？）上有天马祠。按：邑为汉江原县地，疑县南马王坟即《华阳国志》所称"天马冢"，存俟博雅考证。

——［清］绍曾修《大邑县乡土志·山川》

⓭ 大瀼水

大瀼水，在奉节县。州城以景德二年迁瀼西。《夷坚志》："夔人龙澄游瀼水，见水中一石，合命渔人探取之，获玉印，五文字如星霞焰，非世间篆籀比。忽见天神侍立，曰：'某乃九天使者。所获玉印，乃上帝所宝。昔禹治水，拜而授之。水土既平，复藏之名山大川。今守护不谨，可亟投元处。'澄如其言，后亦登科，为桃源令。"

——［宋］祝穆《方舆胜览》卷五十七"夔州"

大瀼水，府治东，自达州万顷池发源，经此流入大江。宋洪迈《夷坚志》云："宣和中，夔人龙澄曾于水中获玉印，文非世间篆籀。澄恍见天神立于傍，曰：'此印乃上帝所宝，今守护不谨，遂落于此。'神俄不见。澄惧，乃奉印投原处。"

——［明］李光先修《四川总志》卷十四"夔州府"

龙澄，夔郡人也，尝于大瀼水中见一石，合探取之，获玉印，五文字非世间篆籀。忽有神人诧之，曰："玉印乃上帝所宝。昔授禹治水，水治，复藏名山大川。今守护不谨耳，可亟投原处。"澄如言，后登上第。

——［明］陆深《蜀都杂钞》，另见陈祥裔《蜀都碎事》卷一

🔢 剑泉（隐剑泉）

隐剑泉，在县北十二里，五丁力士庙西一十步。古老相传云：五丁开剑路迎秦女，拔蛇，五丁与秦女俱毙于此，余剑隐在路傍，忽生一泉。又云：此剑每庚申日现。

——［宋］乐史《太平寰宇记》卷八十四"梓潼县"

剑泉，在梓潼县北十二里。昔蜀五丁至此，见大蛇入穴，兄弟忿而拔之，山摧，五丁毙焉。余剑隐于路隅，化为一泉，每庚申、甲子日，其剑见光。

——［宋］祝穆《方舆胜览》卷六十七"隆庆府"

剑泉，在梓潼县北一十里。相传昔蜀五丁力士遗剑，隐于路隅，化为此泉，有碑。昔杜若晦诗："五丁弹铗气如虹，斫破苍崖万仞峰。宝匣信难留异物，寒泉终见表遗踪。"

——［明］李贤等《明一统志》卷六十八，
另见［明］李光先修《四川总志》卷十一

317

剑泉，俗呼水观音。《（四川）通志》："在县北十里，五丁力士庙西。相传五丁遗剑，隐在道旁，忽生一泉，因名，有碑刻。杜如晦诗云：'五丁弹铗气如虹，斫破苍崖万仞峰。宝匣信难留异物，寒泉终见表遗踪。'"今无存。

——〔清〕程大夏修《梓潼县志》卷一

隐剑泉，在保宁府梓潼五丁力士庙西一十七步。古老云：五丁开剑路迎秦女，拔蛇山摧，五丁与女俱毙于此。余剑隐在路傍，忽生一泉。又云：此剑每庚申见。

——〔清〕彭遵泗《蜀故》卷二十七

🔢 潼江水

潼江水，在梓潼县西四里，源出阴平马阁山。《蜀志》："夏禹于泥陈山伐梓树，神化为童子，故其水曰潼水。"

——〔宋〕祝穆《方舆胜览》卷六十七

🔢 陵井

陵井，本狼毒井，今名陵井。按《郡国志》云："昔张道陵此处得盐井，因披排车，引役人唱排车乐，愿心齐力，祀玉女于井内。玉女无夫，后每年取一少年掷盐井中；若不送，水即竭。"又《蜀郡国志》云："西山有大蟒蛇吸人，上有祠，号曰西山神。每岁，土人庄严一女置祠旁，以为神妻，蛇即吸将去；不尔，则乱伤人。周氏平蜀，许国公宇文贵为益州总管，乃改画为神婚，合媒婚姻，择日设乐，送玉女像，以配西山神。自尔之后，无复此害。"始因张道陵，今谓陵井。

——〔宋〕乐史《太平寰宇记》卷八十五"陵州"

丽井山，在（仁寿）县东二十里。按《图经》，昔有十二玉女于此山汲碱泉煎盐，以玉女美丽，其盐为名，今灶迹犹有存。

———［宋］乐史《太平寰宇记》卷八十五"陵州"

盐井，古名陵井。《寰宇记》："按《图经》：'汉时有山神，号十二玉女，为道人张道陵开盐井，因此名陵州。'今有玉女庙，甚灵。若以火坠井中，即雷引沸涌，烟气上冲，溅泥漂石，甚可畏也。或云井泉傍通江海，微有败船木浮出。其井煎水为盐，历代因之。"

———［宋］祝穆《方舆胜览》卷五十三"隆州"

《图经》云"（县）南二十里有丽甘山。山下盐井，是十二玉女故迹，以玉女美丽、井水味甘，合而为名也。"

———［明］曹学佺《蜀中广记》卷八"仁寿县"

草木编

❶ 若木

南海之内，黑水、青水之间，有木，名曰若木（郭璞注："树赤华青。"吴任臣广注："庾信《齐王宪碑》：'若木一枝，旁荫数国。'"），若水出焉（吴任臣广注："《郡县释名》曰：'宾川州东北有金沙江，《山海经》所谓若水也。'"毕沅注："《水经注》云：'若木之生，非一所也。黑水之间，厥木所植。水出其下，故水受其称焉。'又《水经》云：'若水出蜀郡旄牛徼外，东南至故关为若水也。'刘昭注《〔后汉书·〕郡国志》旄牛云：'《华阳国志》曰：邛崃有鲜水、若水，一名洲江。'"郝懿行笺疏："《〔汉书·〕地理志》云：'蜀郡旄牛。鲜水出徼外，南入若水。若水亦出徼外，南至大筰入绳。'《水经》云：'若水出蜀郡旄牛徼外，东南至故关为若水。'注云：'若水之生，非一所也。黑水之间，厥木所植，水出其下，故水受其称焉。'"）。有禺中之国，有列襄之国。有灵山，有赤蛇在木上，名曰蝡蛇，木食（郭璞注："言不食禽兽也，音如奭弱之奭。"吴任臣广注："《读书通》曰：'輭，通作蝡。'"汪绂注："不螫人，不伤物也。"）。

——［先秦］佚名《山海经·海内经》

大荒之中，有衡石山、九阴山、灰野之山。上有赤树，青叶赤华，名曰若木（郭璞注："生昆仑西，附西极，其华光赤下照地。"吴任臣广注："《楚辞》：'羲和之未扬，若华何光？'又曰：'折若木以拂日。'《淮南子》曰：'若木在建木西。末有十日，其华照下地。'注云：'若木端有十日，状如莲，华光照其下。'《吕览》云：'菜之美者，若木之华。'扬雄《甘泉赋》云：'饮若木之露英。'张平子赋：'抚若木而踟蹰。'阮籍诗：'若木耀四海，扶桑瞁瀛洲。'江淹诗：'属我嶷景半，赏尔若光初。'沈约《游仙》诗：'若华有余照，淹留且晞发。'王勃《南郊颂序》：'登若木以照临。'杨炯《浑天赋》：'扶桑临于海上，若木照于昆仑。'柳宗元《招海贾文》：'舳舻纷霏兮梢若木。'《〔山海经〕图赞》曰：'若木之生，昆仑是滨。朱华电照，碧叶玉津。食之灵智，为力为仁。'"）。有牛黎之国。有人无骨，儋耳之子。

——［先秦］佚名《山海经·大荒北经》

若木在建木西，末有十日，其华照下地（许慎注："木，端也。若木端有十日，状如莲华。华犹光也，光照其下也。"）

——［汉］刘安《淮南子·地形训》

《山海经》曰："南海之内、黑水之间，有木，名曰若木，若水出焉。"又云："灰野之山，有树焉，青叶赤华，厥名若木，生昆仑山西，附西极也。"《淮南子》曰："若木在建木西。木有十华，其光照下地。"故屈原《离骚·天问》曰"羲和未阳，若华何光"是也。然若木之生，非一所也。黑水之间，厥木所植，水出其下，故水受其称焉。若水沿流，间关蜀土。

——［北魏］郦道元《水经注·若水》

2　建木

有木，其状如牛，引之有皮，若缨、黄蛇（郭璞注："言牵之皮剥，如人冠缨及黄蛇状也。"）。其叶如罗（郭璞注："如绫罗也。"），其实如栾（郭璞注："栾，木名，黄本，赤枝，青叶，生云雨山。"），其木若蓲（郭璞注："蓲，亦木名，未详。"），其名曰建木（郭璞注："建木，青叶紫茎，黑花黄实。其下声无响、立无影也。"吴任臣广注："《淮南子》云：'建木在广都。'张衡《思玄赋》：'躔建木于广都兮，扳若华而踌躇。'马融《广成颂》：'珍林嘉树，建木丛生。'孙绰《天台山赋》：'建木灭景于千寻，琪树璀璨而垂珠。'江淹《遂古篇》：'建木千里乌易论兮。'庾信《赵将军墓铭》：'波分建木，派流玄沪。'敬括《建木赋》：'广都有建木焉。大五千围，生不知始；高八千尺，仰不见巅。'又：《〔山海经〕图赞》曰：'爰有建木，黄实紫柯。皮如蛇缨，叶有素罗。绝荫弱水，异人则过。'"），在窫窳西弱水上。

——［先秦］佚名《山海经·海内南经》

建木在都广（许慎注："建木，其状如牛，引之有皮，若璎黄蛇，〔其〕叶君〔如〕罗。都广，南方山名也。"），众帝所自上下。日中无景，呼而无响，盖天地之中也（许慎注："众帝之从都广山上天还下，故曰上下。日中时日直，人上无有晷，故曰盖天地之中。"）。

——［汉］刘安《淮南子·地形训》

3 灵寿木

西南黑水之间，有都广之野，后稷葬焉。爰有膏菽、膏稻、膏黍、膏稷，百谷自生，冬夏播琴，鸾鸟自歌，凤鸟自舞，灵寿实华（郭璞注："灵寿，木名也，似竹，有枝节。"），草木所聚。

——［先秦］佚名《山海经·海内经》

国之将兴，尊师而重傅。其令太师毋朝，十日一赐餐，赐太师灵寿杖（颜师古注："孟康曰：'扶老杖也。'服虔曰：'灵寿，木名。'师古曰：'木有枝节，长不过八九尺，围三四寸，自然有合杖制，不似竹须削治也。'"）。

——［汉］班固《汉书·孔光传》

其中则有巴菽巴戟、灵寿桃枝（刘逵注："灵寿，木名也，出涪陵县；桃枝，竹属也，出垫江县。二者可以为杖。"）。

——［晋］左思《蜀都赋》，载《六臣注文选》卷四

《山海经》曰："广都之野，灵寿实华。"《蜀都赋》云："灵寿桃枝。"注："灵寿木，出涪陵。"《郡国志》云："南乡峡西八十里，有巴乡村，溪中多灵寿木也。"

——〔明〕曹学佺《蜀中广记》卷六十一"方物记"

南乡峡，府治西五十里。《荆州记》："峡西八十里，有巴乡村，善酿酒。村旁有溪，曰龙洞溪，中有灵寿木。"

——〔明〕李光先修《四川总志》卷十四"夔州府"

灵寿木，产夔州府龙洞溪上。

——〔清〕许治修、张晋生编《四川通志》卷四十六"旧志器物谱"

4 机木

《北山经》之首，曰单狐之山，多机木（郭璞注："机木似榆，可烧以粪稻田，出蜀中，音饥。"）。

——〔先秦〕佚名《山海经·北山经》

《山海经》："单狐之山，多机木。"郭注："机似榆，可烧以粪稻田，出蜀中。"《丹铅录》以为即今之楷。《总志》云："楷，古称蜀木，成都为盛也。"《酉阳杂俎》："蜀中有木类柞，众木荣时枯栎，隆冬方萌芽布阴，蜀呼为楷木。"《方物略》云："楷木，民家莳之，不三年，材可倍常薪。疾种亟取，人以为利。"

——〔明〕曹学佺《蜀中广记》卷六十一"方物记"

5 邛竹

又东南一百三十里，曰龟山。其木多穀、柞、椆、椐。其上多黄金，其下多青雄黄，多扶竹（郭璞注："邛竹也，高节实中，中杖也，名之扶老竹。"）。

——［先秦］佚名《山海经·中次十二经》

武帝使张骞至大夏国，见邛竹蜀布，问所从来。曰："吾贾人从身毒国得之。"身毒国，蜀之西国，今永昌是也。

——［晋］常璩《华阳国志·南中志》

左思《赋》云："邛竹缘岭。"又云："邛杖传节于大夏之邑。"《山海经》云："邛崃山出邛竹杖。"又云："邛都高节竹，可为杖，所谓邛竹也。"

《拾遗录》云："老子当周之末，居山，与世人绝迹，惟有黄发友五人，手杖青筇之杖出入室中，与老子谈。"

《山海经补注》云："龟山多扶竹，邛竹也。高节实中，中杖，亦名扶老竹。"《归去来词》："策扶老以流憩。"即此。

——［明］曹学佺《蜀中广记》卷六十三"方物记"

邛竹，出邛州之邛崃山，即古临邛地也。汉张骞奉使西域，得高节竹还而植此，今人取以为杖，鹤膝者佳。又叙州亦出此竹。雅州复有一种，名罗汉竹，皆为杖之具。

——［明］何宇度《益部谈资》卷上

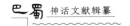

6 膏黍膏稷

《山海经》曰："西南黑水之间，有都广之野，后稷葬焉。爰有膏黍、膏稷。"《补注》云："蜀人种稷于深山中，以酿郫筒酒，间以作饭也。"

——［明］曹学佺《蜀中广记》卷六十四"方物记"

1 巴蛇

巴蛇食象，三岁而出其骨，君子服之，无心腹之疾（郭璞注：“今南方蚒蛇吞鹿，鹿已烂，自绞于树，腹中骨皆穿鳞甲间出，此其类也。《楚词》曰：‘有蛇吞象，厥大何如。’说者云‘长千寻’。”郝懿行笺疏：“今《楚词·天问》作‘一蛇吞象’，与郭所引异。王逸注引此经作‘灵蛇吞象’，并与今本异也。”）其为蛇，青黄赤黑。一曰黑蛇青首，在犀牛西。

——［先秦］佚名《山海经·海内南经》

北二百八十里，曰大咸之山，无草木，其下多玉。是山也，四方，不可以上。有蛇，名曰长蛇，其毛如彘豪，其音如鼓柝。

——［先秦］佚名《山海经·北山经》

有巴遂山，渑水出焉（吴任臣广注：“《水经注》：‘大度水经越巂大筰县入绳，南流分为二。其一东迳广柔县注于江，其一南迳旄牛道，至大筰与若水合。自下通谓之绳水矣。’即斯水也。渑，郦氏引经作绳。”汪绂注：“巴中有遂宁县，盖取此。”郝懿行笺疏：“迳《水经·若水》注云：‘绳水出徼外。’引此经亦作绳水。《〔汉书·〕地理志》云：‘蜀郡旄牛，若水出徼外，南至大筰入绳。’即斯水也。”）又有朱卷之国，有黑蛇，青首，食象。

——［先秦］佚名《山海经·海内经》

有荥山，荥水出焉。黑水之南，有玄蛇食麈（郭璞注：“今南山蚒蛇吞鹿，亦此类。"）。

——［先秦］佚名《山海经·大荒南经》

巴蛇食象，三岁而出其骨（郭璞注："今南方蚺蛇吞鹿，鹿已烂，自绞于树，腹中骨皆穿鳞甲间出，此其类也。《楚词》曰：'有蛇吞象，厥大何如？'说者云：长千寻。"吴任臣广注："《函史》：'《物性志》：巴蛇长十寻，备青黄赤黑色，食象，三岁而出其骨。'庾仲雍《江记》曰：'羿屠巴蛇于洞庭，其骨若陵。'《文心雕龙》注：'巴邱山，一名巴蛇冢。'是其地也。《〔明〕一统志》：'巴蛇冢，在岳州府城南。'《长沙风土记》云：'巴蛇吞象，空见于图书；鹏鸟似鸦，但闻于词赋。'左思《三都赋》：'屠巴蛇，出象骼。'虞世南《师子赋》：'碎随兕于断腭，握巴蛇于指掌。'李白诗：'修蛇横洞庭，吞象临江岛。'柳宗元《天对》云：'巴蛇腹象，足觌厥大。三岁遗骨，其修已号。'吴淑《蛇赋》云：'或乘彼龙星，或出夫象骼。'谓此也。《〔山海经〕图赞》曰：'象实巨兽，有蛇吞之。越出其骨，三年为期。厥大何如，屈生是疑。'罗良愿曰：'说巴陵者，以为巴蛇之死，其骨若陵。又有象骨山，以为象暴骨之所。'"）。君子服之，无心腹之疾，其为蛇青黄赤黑。一曰黑蛇青首，在犀牛西。

——［先秦］佚名《山海经·海内南经》

一蛇吞象，厥大何如（洪兴祖补注：《山海经》"南海内有巴蛇，身长百寻"。）？

——［战国］屈原《天问》

象实巨兽，有蛇吞之。越出其骨，三年为期。厥大何如，屈生是疑。

——［晋］郭璞《山海经图赞》

巴蛇千种毒，其最鼻塞蛇。掉舌翻红焰，盘身蹙白花。喷人竖毛发，饮浪沸泥沙。欲学叔敖瘗，其如多似麻。

——［唐］元稹《巴蛇》，载其《元氏长庆集》卷四

《武陵记》云："溪山高可万仞。山中有盘瓠石窟，可容万人。窟中有石，似狗形，蛮俗相传即盘瓠也。又有巴蛇，四眼，大十围，不知长几里。"

——［唐］李吉甫《元和郡县志》卷三十一

县之洞有二：一曰龙洞，《志》云："在西二百里吴垭乡。洞周围二十余丈，高三丈，深七尺，内有池殿，清莹湛然。"一曰蛇洞，《志》云："在北四百里南坝寺，唐建也。每岁端阳前后，有蛇自柱础间出，沿阶满室，大小颜色非一种，然不为害。昔人传三万四千尾，不可数也。"按此即巴蛇洞云。

——［明］曹学佺《蜀中广记》卷二十五"通江县"

巴蛇洞，在县北四百里。有南坝寺。每岁端阳前有蛇自柱础间出，累累不一，然不为害。

——［清］许治修、张晋生编《四川通志》卷二十三"通江县"

有人游瞿塘峡，时冬月，草木枯落，野火燎其峰峦，连山跨谷，红焰烛天。忽闻岩崖间鞫然有声，驻足伺之，见一物圆如大囷，堕于平地。近视之，乃一蛇也。遂剖而验之，蛇吞一鹿在于腹内，野火烧燃，堕于山下。所谓"巴蛇吞象"，信乎有之。

——［清］彭遵泗《蜀故》卷十九

② 猛豹（貘、貊、食铁兽）

又西百七十里，曰南山（郝懿行笺疏："即终南山，《诗》谓之南山，在渭水之南。"）。上多丹粟。丹水出焉，北流注于渭。兽多猛豹（郭璞注："猛豹，似熊而小，毛浅有光泽，能食蛇，食铜铁，出蜀中。豹或作虎。"汪绂注："又名白豹，能食铜铁。又谓之白泽，又谓之貘，貘即猛豹二字合音也，蜀中有之。"郝懿行笺疏："猛豹，即貘豹也。《尔雅》云：'貘，白豹。'郭注云：'似熊小，头庳脚黑，白驳，能舐食铜铁。'《说文》云：'貘似熊而黄黑色，出蜀中。'貘通作獏。《白〔氏六〕帖》引《广志》云：'貘大如驴，色苍白，舐铁消千斤，其皮温煖。'又通作貊。郭注《中次九经》崃山云：'山出貊。貊似熊而黑白驳，亦食铜铁。'是则貊即貘也。貘豹、猛豹声近而转。"），鸟多尸鸠。

——［先秦］佚名《山海经·西山经》

貘，白豹（郭璞注："似熊，小头庳脚，黑白驳，能舐食铜铁及竹。骨节强直，中实少髓，皮辟湿。或曰豹白色者，别名貘。"）。

——［秦］佚名《尔雅》卷下

九折坂，即严道山，王阳回车之所，与邓通所赐铜山相连，即邛崃山之西臂也。山有兽，名豹，似熊而斑，能食铜铁。自九折之岭望蜀中众山，累累如平地，常多风雨云雾，少有晴明。首夏犹冰，初秋即雪。本自邛莋而来，故名邛崃。

——［宋］乐史《太平寰宇记》卷七十七"雅州"

貘，食铁兽，似熊，黄黑色，一曰白豹。

——［宋］陈彭年《广韵》卷五

《蜀都赋》："戟食铁之兽。"注："貊兽，毛黑白臆，似熊而小，以舌舔铁，须臾便数十斤，出建宁郡。其皮毛粗厚，中蓐席。"《尔雅》"貘"即白豹。唐世多画作屏，白傅有《赞》序之。《抱朴子》东方识啖铁之兽，实赖神禹之书《大荒（经）》之籍矣。

——［明］曹学佺《蜀中广记》卷五十九"方物记"

食铁兽，似熊而小，以舌舔铁，须臾便数十斤，即《尔雅》所谓"貘"，谓其能舐食铜铁者也。貘，通作貊。

——［清］徐珂《清稗类钞·动物类》

3. 独狢

又北三百里，曰北嚣之山，无石。其阳多碧，其阴多玉。有兽焉，其状如虎而白身，犬首、马尾、彘鬣，名曰独狢（郭璞注："〔狢〕音谷。"吴任臣广注："《〔山海经〕图赞》云：'虎状马尾，号曰独狢。'《说文》云：'北嚣山有独狢兽，如虎，白身豕鬣，尾如马，余蜀切。'《骈雅》曰：'独狢如虎而马尾，猾裹如人而彘鬣。'《事物绀珠》云：'独狢如虎，白身犬首，马足豕鬣。'"汪绂注："此兽实野犬，类犬之性独。"毕沅新校正："〔《说文》〕又曰：'毅似牂羊，出蜀北嚣山中，犬首而马尾。'今经不载此兽，或古本有之。"）。

——［先秦］佚名《山海经·北次二经》

毅，似牂羊，出蜀北嚣山中，犬首而马尾。

——［汉］许慎《说文解字》卷十上

独，一曰独狢，兽名，如虎，白身、豕鬣、马尾，出北嚣山。狢，音欲。

——［宋］陈彭年《广韵》卷五

毂,案《说文》:"犬属,腰以上黄,腰已下黑,食母猴。或曰:毂似羘羊,出蜀北嚻山中,犬首而马尾。"又案:《说文》云:"北嚻山有独狢兽,如虎白身,豕鬣如马。"《山海经》云:"北嚻之山,有兽焉,状如虎,而白身、马尾、犬首、彘鬣,名曰独狢。"是独狢即毂也。《广韵》作毂,《集韵》音遘。

——[清]张澍《蜀典》卷九

4 石生鱼

《志》云:"瑞莲池,在府西南六十里马湖江侧。故老传云:江有石生鱼常游聚,渔者甚利之。一日获巨鲤,众分食之,翌日又至。俄见江中有三石室,各长丈许,广七尺,人咸异之。顾见对岸石亦有三穴,如凿去者,其长短与此无异。而向之食鱼者所居,皆陷没为池矣。巨鲤,盖龙子也。"

——[明]曹学佺《蜀中广记》卷十五"宜宾县"

5 猴玃

蜀山南高山上,有物如猕猴,长七尺,能人行健走,名曰猴玃,一名化,或曰猳玃。同行道妇女有好者辄盗之以去,人不得知。行者或每过其旁,皆以长绳相引,乃得免此。得男子气自死,故取女也。取去为室家,其年少者终身不得还。十年之后,形皆类之,意亦迷惑,不复思归。有子者,辄俱送还其家。产子皆如人,有不食养者,其母辄死,故无敢不养也。及长,与人不异,皆以杨为姓,故今蜀中西界多谓杨,率皆猳玃化之子孙,大约皆有玃爪者也。

——[晋]张华《博物志》卷三

蜀中西南高山之上,有物,与猴相类,长七尺,能作人行。善走逐人,名曰"猳国"，一名"马化"，或曰"玃猿"。伺道行妇女，有美者，辄盗取将去，人不得知。若有行人经过其旁，皆以长绳相引，犹故不免。此物能别男女气臭，故取女，男不取也。若取得人女，则为家室。其无子者，终身不得还。十年之后，形皆类之，意亦迷惑，不复思归，若有子者，辄抱送还其家。产子皆如人形。有不养者，其母辄死。故惧怕之，无敢不养。及长，与人不异，皆以杨为姓。故今蜀中西南多诸杨，率皆是猳国、马化之子孙也。

——〔晋〕干宝《搜神记》卷十二

多融山，《博物志》："蜀中西南高山有物，似猕猴，长七尺，能人行健走，名曰猳猵，一名马化，或曰玃。伺行道妇人，有美者盗之。能别女气，故取女，无子者终不得还。十年后，形皆类之人，意亦迷惑，不思归。有子者辄送其家，产子皆如人。不养者，其母辄死，长不异人，皆羊马性也。"

——〔宋〕乐史《太平寰宇记》卷七十五"晋源县"

夜叉穴，《博物志》云："蜀南沉黎高山中，有物似猴，长七尺，能人行，名曰玃。路见妇人，辄盗之入穴。"俗呼为夜叉穴，西蕃部落辄畏之。

——〔宋〕乐史《太平寰宇记》卷七十七"汉源县"

张华《博物志》云："蜀南沉黎高山中有物似猴，长七尺，能人行，名曰玃。路见妇人，辄盗之入穴。"俗呼为夜叉穴，西蕃部落最畏之。按《寰宇记》谓在汉源县境，或即邛崃山中耶？

——〔明〕曹学佺《蜀中广记》卷三十五"黎州"

夜叉穴，《博物志》："蜀南沉黎山有物似猴，长七尺，能人行，名曰玃，路见妇人，则盗之入穴。"西蕃部落最畏之，《寰宇记》云在庆历乡。山峡有一石洞，壁间有夜叉像，土人祠之，号穿崖将军洞。

——〔明〕李光先修《四川总志》卷十八"天全六番招讨使司"

6 夔牛（犪牛）

又东北三百里，曰岷山。江水出焉，东北流注于海。其中多良龟，多鼍。其上多金、玉，其下多白珉。其木多梅、棠。其兽多犀、象，多夔牛（郭璞注："今蜀山中有大牛，重数千斤，名为夔牛。晋太兴元年，此牛出上庸郡，人弩射杀，得三十八担肉，即《尔雅》所谓'犩'。"）。

——［先秦］佚名《山海经·中次九经》

魏牛，即犪牛也，如牛而大，肉数千斤，出蜀中。《山海经》曰："岷山多犪牛。"

——［秦］佚名《尔雅》卷下"马属"

西南巨牛，出自江岷。体若垂云，肉盈千钧。虽有逸力，难以挥轮。

——［晋］郭璞《山海经图赞》

夔州府，春秋时子国，秦汉巴郡地也。献帝初平中，置固陵郡，寻为巴东矣。唐初曰夔，天宝至德之载皆称云安郡。乾元以后，复称夔至今。按《山海经》："岷山多夔牛。"注："《尔雅》犩牛，即犪牛也，肉数千斤，出蜀山。"或地有此兽，或山形似之，如犍为之类。

——［明］曹学佺《蜀中广记》卷五十三

《尔雅》"麈牛"注云："麈，音麻，重千斤，出巴中。""犩牛"注云："牛之大者，出蜀中。"《山海经》曰："岷山，多犪牛、犀、象。"晋（永）兴元年，此牛出上庸，郡人弩杀之，得三十担肉。《博物志》曰："越巂国有牛，稍割取肉，经日必复生如故。"按《玄中记》云："割而复生，名曰反牛矣。"《庄子》云："牦牛，大若垂天之云。"注云："出荆、夔间，角向前，毛白如雪，今人常以为拂子。"《方物志》云："牦牛出西羌，尾长而动，中国以为缨。人或射之，则自断其尾，若左氏所谓雄鸡也。"阚骃《十三州志》云："旄牛县，属蜀郡，出旄牛。岁贡其尾，以为节旄。"

——［明］曹学佺《蜀中广记》卷五十九"方物记"

⑦ 王母鸟

又东北三百里，曰岷山……其鸟多翰、鷩（郭璞注："白翰、赤鷩。"吴任臣广注："翰雉，白鹎也，今谓之白鹇。鷩雉，华虫也，今谓之锦鸡。"）。

——［先秦］佚名《山海经·中次九经》

《墨庄漫录》云："中官陈彦和言：'宣和中，掌禽苑，见蜀中贡一鸟，状如燕，色绀翠，尾甚多而长，飞则尾开，袅袅如双旗，其名曰王母。'老杜《玄都坛歌》'王母昼下云旗翻'，即此。"《山海经》曰："岷山，其鸟多翰鷩。"郭注云："翰白鷩赤。"《汲冢（周书）·王会》云："巴人以比翼鸟，蜀人以文翰。文翰者，若皋鸡。"注："《尔雅》云：'翰，天鸡，赤羽也。文若翚雉，一名鶾风，周成王时蜀人献之。'"

——［明］曹学佺《蜀中广记》卷五十九"方物记第一"

杜诗注："宋中官陈彦和在宣和间掌苑禽，言蜀中贡玉母鸟，状如燕，色绀翠碧，尾甚长，飞则尾开颤，袅如两旗。"

——［清］张澍《蜀典》卷九

⑧ 窃脂

又东一百五十里，曰崌山。……有鸟焉，状如鸮而赤身白首，其名曰窃脂（郭璞注："今呼小青雀。此觜肉食者为窃脂，疑此非也。"），可以御火。

——［先秦］佚名《山海经·中次九经》

桑鳸窃脂（郭璞注："俗谓之青雀，觜曲食肉，好盗脂膏，因名云。"）。

——［秦］佚名《尔雅》卷下

《山海经》："崌山，江水出焉。有鸟，状如鸮而赤身白首，其名曰窃脂，可以御火。"郭璞注云："今呼小青雀，曲嘴而肉食者为窃脂。"疑非。按《本草》云："蜀徼有火鸦，能衔火是也，人家多避之。"《山海经》乃谓其"可以御火"，是必以焚灼之具而作威福于人者。

——［明］曹学佺《蜀中广记》卷五十九"方物记第一"

桑鳸，别名曰雇，曰鹠鳸，曰窃脂，曰腊觜雀，曰青雀。

——［清］饶应祺修《会理州志》卷十

9　杜鹃（子规）

《尔雅》："巂周，燕子。巂鸟出蜀中。"《说文》云："蜀王望帝化为子巂。"今谓之子归也。师旷《禽经》云："江左曰子归，蜀右曰杜宇，瓯越曰怨鸟。"又云："杜鹃出蜀中，状如雀鹞而色惨黑，赤口，有小冠。春暮即鸣，夜啼达旦，鸣必向北，至夏尤甚，昼夜不止。其声哀切，田家候之，以兴农事。惟食虫蠹，不能为巢，居他巢生子，冬月则藏蛰矣。"扬雄《蜀记》曰："望帝杜宇者，盖天精也。称王时，荆州有人化从井中出，名曰鳖灵，于楚身死，尸反溯流上，至汶山之阳，忽复生，乃见望帝，帝立以为相。其后巫山龙斗，雍江不流，蜀民垫溺。鳖灵乃凿巫山，开三峡，降丘宅土，民得陆居。蜀人住江南，羌住城北，始立木栅，周三十里。令鳖灵为刺史，号曰西州。后数岁，望帝以其功高，遂禅位焉，号开明氏。望帝修道，处西山而隐，化为杜鹃鸟。"或云化为杜宇鸟，亦曰子规鸟，至春则啼，闻者凄恻焉。

——［明］曹学佺《蜀中广记》卷五十九"方物记"

⑩ 嚣（鸮）

又北三百五十里，曰梁渠之山。……有鸟焉，其状如夸父，四翼、一目、犬尾，名曰嚣。其音如鹊，食之已腹痛，可以止衕（郭璞注："治洞下也，音洞。"）。

——［先秦］佚名《山海经·北次二经》

楚人命鸮曰服（裴骃集解："晋灼曰：《异物志》有山鸮，体有文色，土俗因形名之，曰服。不能远飞，行不出域。"司马贞索隐："邓展云：'似鹊而大。'《荆州记》云：'巫县有鸟如雌鸡，其雄为鸮，楚人谓之服。'《吴录》云：'服，黑色也；鸣，自呼其名。'"）。

——［汉］司马迁《史记·贾谊传》

盛弘之《荆州记》曰："巫县有鸟如雌鸡，其名为鸮。"

——［宋］乐史《太平寰宇记》卷九百二十七

《山海经》云："梁渠之山，有鸟焉，名曰嚣。其音如鹊，食之止衕。"郭注："治洞下也。"盛弘之《荆州记》曰："巫县有鸟如雌鸡，其名为鸮。"楚人谓之鵩。《青城外史》云："枭鸟昼不见泰山，夜则察秋毫，此往志所载也，灌县最多。枭，形如楚枭而小，遇五更则鸣，人鲜忌之。然昼则目明，夜则反暗。"此可以补记载之遗。

——［明］曹学佺《蜀中广记》卷五十九"方物记"

鸮非即鸱枭,《正义》已辨之矣。至以鸮为服,其说见《史记》及《巴蜀异物志》《荆州记》。

——[清]马瑞辰《毛诗传笺通释》卷十三

11 火兽

《游梁杂记》云:"僰夷有火兽,形如黑羊,两角尖举火,夜光烛夫,出没不常。僰人一见,即合村户鸣锣逐之。兽惊入井,即以犬血投入,迟则火从井中出,焰及禾苗田畦,屋舍尽成焦土,其地三年不植。"

——[明]曹学佺《蜀中广记》卷五十九"方物记"

12 果然兽(猓猭兽)

剑南人之采猓猭者,获一猓猭,则数十猓猭可尽得矣。何哉?其猓猭性仁,不忍伤类,见被获者,聚族而啼,虽杀之,终不去也。

——[唐]李肇《唐国史补》卷下

《山海经》曰:"果然兽似猕猴,以名自呼,色苍黑群行,老者在前,少者在后。得果食辄与老者,似有义焉。交趾诸山有之,獠人射之,以其毛为裘褥,甚温暖。"(编者按:今本《山海经》无)

《蜀地志》曰:"涪陵南界榛险中有果然兽,形如狗子,头似虎,其尾柔滑,白黑色,皮可为裘,轻暖可珍。"

——[宋]李昉《太平御览》卷九百十

《蜀地志》曰:"涪陵南界榛险中,有果然兽,形如狗子,头似虎,尾柔滑,白黑色,皮以为裘,轻煖可珍。其身不过三尺,尾长四尺,余胁边皆斑。集十皮可得一褥,繁纹丽好,细厚柔泽。"段氏《游蜀记》云:"戎州进果然褥，皂、褐、碧三色相间，云出马湖江、石门两路蛮界内。"宋乐史子正作《蜀中诗》云："又闻猓然兽，死不相弃遗。"按《国史补》："得一猓然，则数十可得。盖此兽不忍伤其类，虽杀之不去，兽状而人心者也。"

——［明］曹学佺《蜀中广记》卷五十九"方物记"

13 鮔鱣

《（古今）韵会》云："鲔鱼，蜀曰鮔鱣，出巩山穴中。三月溯河上，能度龙门则为龙。"李奇注《子虚赋》："周洛曰鲔，蜀曰鮔。"《毛诗义疏》曰："鲔似鳣而色青黑，头小而尖如铁兜鍪，口在颔下。大者七八尺，益州人谓之鲔鮥。大者王鲔，小者叔鲔也。"注："《尔雅》曰：'鳣，大鱼也。似鲟而短鼻，口在含下，体有邪行甲，无鳞，肉黄，大者长二三丈，江东人呼为黄鱼。'"《酉阳杂俎》曰："蜀中每杀黄鱼，天必阴雨。"

——［明］曹学佺《蜀中广记》卷六十"方物记"

14 鼍

又东北三百里，曰岷山。江水出焉，东北流注于海。其中多良龟，多鼍（郭璞注："似蜥蜴，大者长二丈，有鳞彩，皮可以冒鼓。"吴任臣广注："《博物志》名土龙，《本草》谓之鮀鱼。苏颂曰：'形似守宫，鲮鲤其声。夜鸣应更，号曰鼍更。'《埤雅》云：'鼍，身十二生肖肉，惟蛇肉在尾，最毒。'"汪绂注："〔鼍〕四足，能横飞不能直腾，能作雾不能为雨。善崩岸，健啖鱼，善睡，夜鸣应更漏，皮可冒鼓。"郝懿行笺疏："《说文》云：'鼍，水虫，似蜥易长大。'陆玑《诗疏》云：'鼍，似蜥蜴长丈余，其甲如铠，皮坚厚，可冒鼓。'是郭所本也。"）。

——［先秦］佚名《山海经·中次九经》

《山海经》曰："岷山，江水出焉。其中多鼍。"郭注："鼍似蜥蜴，大者长二丈，有鳞彩，皮可以冒鼓。"《元和郡县志》："利州绵谷县穿山，一名胡头山。有山鼍伏于空处，皮可为甲，刀箭所不能入。"

——［明］曹学佺《蜀中广记》卷六十"方物记"

🔢 金蚕

金蚕，蚕金色，食以蜀锦。取其遗粪置饮食中，毒人必死。喜能致他财，使人暴富，遣之极难，虽水火兵刃不能害。多以金银藏箧，置蚕其中，投之路隅，人或收之以去，谓之嫁金蚕。

——［宋］鲁应龙《闲窗括异志》

蔡绦《丛话》云："金蚕始于蜀中，近及湖广，闽粤浸多。状如蚕，金色，日食蜀锦四寸。南人畜之，取其粪置饮食中以毒人，人即死也。蚕得所欲，日置他财，使人暴富，然遣之极难，水火兵刃所不能害，必倍其所致。金银锦物，置蚕于中，投之路旁，人偶收之，蚕随以往，谓之嫁金蚕。不然，能入人腹，残啮肠胃，完然而出，如尸虫也。"

——［明］李时珍《本草纲目·虫部》

《本草》："金蚕始于蜀中，状如蚕，金色，日食蜀锦四寸。"《寰宇记》："成都圣寿寺有青衣神祠，神即蚕丛氏也。相传蚕丛氏始教人养蚕，时家给一金蚕，后聚而弗给，瘗之江上，为蚕墓。"宋鲁应龙《闲窗括异（志）》云："金蚕，色如金，食以蜀锦，取其遗粪置饮食中，毒人必死。善能致他财，使人暴富，遣之极难，虽水火兵刃不能害。多以金银藏箧置其中，投之路隅。人或收之以去，谓之嫁金蚕也。"

——［明］曹学佺《蜀中广记》卷六十"方物记"

附：主要引用书目

（以汉语拼音字母为序）

A

《安县志》（乾隆）

　　［清］杨英灿纂修，清嘉庆十七年刻本

B

《抱朴子》

　　［晋］葛洪撰，道藏辑要本

《博物志》

　　［晋］张华撰，［宋］周日用注，续四部丛刊本

《补史记·三皇本纪》

　　［唐］司马贞撰，武英殿刻本，附《史记》后

《北堂书钞》

　　［唐］虞世南撰，清四库全书本

《补续全蜀艺文志》

　　［明］杜应芳辑，明万历刻本

《本草纲目》

　　［明］李时珍撰，清顺治十二年刻本

《保宁府志》

　　［清］黎学锦撰，清道光刻本

《本草纲目拾遗》

　　［清］赵学敏编，清同治十年吉心堂刻本

C

《楚辞》

　　［汉］王逸章句，［宋］洪兴祖补注，汲古阁宋刻洪校本

《初学记》

　　［唐］徐坚撰，清四库全书本

《词品》

　　［明］杨慎撰，明刻本

《赤雅》

　　［明］邝露撰，清四库全书本

《池北偶谈》

　　［清］王士禛撰，清四库全书本

《茶香室丛钞》

　　［清］俞樾撰，清光绪二十五年刻春在堂全书本

《苍溪县志》（乾隆）

　　［清］丁映奎纂修，清乾隆四十八年刻本

D

《大戴礼记》

　　［汉］戴德撰，［北周］卢辩注，景无锡孙氏小绿天藏明袁氏嘉趣堂刊本

《帝王世纪》

　　［晋］皇甫谧撰，清光绪贵筑杨氏刻训纂堂丛书本

《洞玄灵宝真灵位业图》

　　［南朝梁］陶弘景纂，道藏辑要本

《琱玉集》

　　〔唐〕佚名撰，清古逸丛书景日本旧钞卷子本

《杜工部集》

　　〔唐〕杜甫撰，玉钩草堂本

《洞天福地岳渎名山记》

　　〔唐〕杜光庭撰，道藏辑要本

《道教灵验记》

　　〔唐〕杜光庭撰，正统道藏本

《独异志》

　　〔唐〕李冗撰，明万历稗海本

《对床夜语》

　　〔宋〕范晞文著，民国五年铅印本

《读山海经》

　　〔清〕俞樾撰，清光绪九年春在堂全书重订本

《大清一统志》（嘉庆重修）

　　〔清〕仁宗敕撰，四部丛刊续编本

《读史方舆纪要》

　　〔清〕顾祖禹撰，清稿本

《大邑县志》（乾隆）

　　〔清〕宋载纂修，清乾隆十四年刻本

《大邑县乡土志》

　　〔清〕绍曾修、查体仕纂，清光绪三十一年抄本

《德阳县乡土志》

　　〔清〕佚名编纂，清末抄本

《大云山房文稿》

　　〔清〕恽敬撰，景上海涵芬楼藏同治刊本

E

《尔雅》

　　［先秦］佚名撰，［晋］郭璞注，景常熟瞿氏铁琴铜剑楼藏宋刊本

《蛾术编》

　　［清］王鸣盛撰，清道光二十一年世楷堂刻本

F

《风俗通义》

　　［汉］应劭撰，景常熟铁琴铜剑楼瞿氏藏元刊本

《分类补注李太白诗》

　　［唐］李白撰，［元］杨齐贤集注，景萧山朱氏藏明郭云鹏刊本

《分门集注杜工部诗》

　　［唐］杜甫撰，［宋］阙名集注，景南海潘氏藏宋刊本

《法苑珠林》

　　［唐］释道世撰，明万历刊本

《方舆胜览》

　　［宋］祝穆撰，清四库全书本

《富顺县志》（乾隆）

　　［清］毛永柏修、李芝纂，清光绪八年重刻乾隆四十二年本

《涪州小学乡土地理志》

　　［清］贺守典修、熊鸿谟纂，清光绪三十一年涪州小学堂刊本

G

《国语》

　　［春秋］左丘明撰，［三国吴］韦昭解，景杭州叶氏藏明嘉靖翻宋本

《广雅》

　　［三国魏］张揖撰，清四库全书本

《广黄帝本行记》

　　［唐］王瓘撰，正统道藏本

《广韵》

　　［宋］陈彭年等重修，景海盐张氏涉园藏宋刊巾箱本

《古文苑》

　　［宋］阙名编，章樵注，景常熟瞿氏铁琴铜剑楼藏宋刊本

《广博物志》

　　［明］董斯张撰，清四库全书本

《古今图书集成》

　　［清］陈梦雷编，清雍正铜活字本

《广安州志》（乾隆）

　　［清］关学优修、邓时敏纂，清乾隆三十四年刻本

《纲鉴二十四史通俗演义》

　　［清］吕抚撰，清光绪石印本

《陔余丛考》

　　［清］赵翼撰，清乾隆五十五年湛贻堂刻本

H

《韩非子》

　　［战国］韩非撰，阙名注，景上海涵芬楼藏景宋钞校本

《淮南子》

　　［汉］刘安撰、许慎注，景上海涵芬楼藏景钞北宋本

《汉书》

　　［汉］班固撰，［唐］颜师古注，武英殿本

《华阳国志》

　　［晋］常璩撰，四部丛刊本

《后汉纪》

　　［晋］袁弘撰，清四库全书本

《后汉书》

　　［南朝宋］范晔撰，［唐］章怀太子李贤注，武英殿本

《混元圣纪》

　　［宋］谢守灏撰，道藏辑要本

《汉丞相诸葛忠武侯集》

　　［明］诸葛义基编，清刻本

《会理州志》（同治）

　　［清］饶应祺修、吴钟仑纂，清同治九年刊本

《汉书地理志补注》

　　［清］吴卓信撰，清道光二十八年包慎言刻本

《汉唐地理书钞》

　　［清］王谟辑，中华书局影印本

《汉州志》（嘉庆）

　　［清］戴肇辰修、侯肇元纂，清嘉庆十七年刊本

《洪北江诗文集》

　　［清］洪亮吉撰，景上海涵芬楼藏北江遗书本

《华阳县志》（嘉庆）

　　［清］吴巩、董淳纂修，清嘉庆丙子年刻本

J

《焦氏易林》

　　［汉］焦赣撰，［汉］阙名注，景北京图书馆藏元刊本

《旧唐书》

　　［后晋］刘昫撰，武英殿本

《晋书》

　　［唐］李世民、房玄龄等撰，续四部丛刊本

《经典释文》

　　［唐］陆德明撰，景上海涵芬楼藏通志堂刊本

《鉴诫录》

　　［五代］何光远撰，清乾隆道光知不足斋丛书本

《锦里新编》

　　［清］张邦伸撰，国图方志合集本

《井蛙杂记》

　　［清］李调元撰，清光绪函海本

《江津县志》（乾隆）

　　［清］方家驹修、王家驹纂，清乾隆三十三年刻本

《江津县乡土志》（光绪）

　　［清］佚名编，清光绪末抄本

《筠廊偶笔》

　　［清］宋荦撰，清康熙刻本

《坚瓠集》

　　［清］褚人获撰，清康熙刻本

《金堂县乡土志》（光绪）

　　［清］刘肇烈纂修，清光绪末抄本

K

《困学纪闻》

　　［宋］王应麟撰，清四库全书本

《康熙字典》

　　［清］张玉书等编，清四库全书本

L

《列子》

    〔战国〕列御寇撰，〔晋〕张湛注，续四部丛刊本

《吕氏春秋》

    〔战国〕吕不韦撰，〔汉〕高诱注，景上海涵芬楼藏明刊本

《礼记》

    〔汉〕戴圣撰、郑玄注，〔唐〕陆德明音义，景上海涵芬楼藏宋刊本

《列女传》

    〔汉〕刘向撰，清四库全书本

《列仙传》

    〔汉〕刘向撰，正统道藏本

《论衡》

    〔汉〕王充撰，景上海涵芬楼藏明通津草堂刊本

《六臣注文选》

    〔南朝梁〕萧统编，〔唐〕李善、吕延济、刘良、张铣注、吕向、李周翰注，景上海涵芬楼藏宋刊本

《录异记》

    〔唐〕杜光庭撰，明崇祯毛氏刻津逮秘书第十一集本

《李长吉歌诗》

    〔唐〕李贺撰，〔清〕王琦汇解，清乾隆二十五年刊本

《路史》

    〔宋〕罗泌撰，罗苹注，四部备要本

《历世真仙体道通鉴》

    〔元〕赵道一撰，正统道藏本

《留青日札》

    〔明〕田艺衡撰，明万历三十七年刻本

《龙安府志》（道光）

　　［清］邓存咏纂修，清道光二十二年刻本

《阆中县志》（咸丰）

　　［清］徐继镛撰，清咸丰元年刻本

M

《蛮书》

　　［唐］樊绰撰，清四库全书本

《茅亭客话》

　　［宋］黄休复撰，清四库全书本

《梦溪笔谈》

　　［宋］沈括撰，明崇祯马元调刊本

《茅山志》

　　［元］刘大彬编撰，正统道藏本

《明一统志》

　　［明］李贤等撰，清四库全书本

《冕宁县志》（咸丰）

　　［清］李英粲修、李昭纂，林骏元续修、林茂光续纂，清光绪十七

　　年据咸丰七年刻版增刻本

《茂州志》（道光）

　　［清］杨迦怿修，清道光十一年刻本

《茗斋集》

　　［清］彭孙贻撰并辑明诗，海盐张氏涉园藏刊本手稿本及钞本

《毛诗传笺通释》

　　［清］马瑞辰撰，南菁书院续经解本

N

《农书》

　　［元］王祯撰，清乾隆武英殿刻本

《疑耀》

　　［明］张萱撰，清四库全书本

《南村辍耕录》

　　［明］陶宗仪撰，元明史料笔记丛刊本

《南岳志》（光绪）

　　［清］李元度重修，清光绪九年刻本

《南部县乡土志》（光绪）

　　［清］王道履编，清光绪三十二年抄本

《纳溪县志》（嘉庆）

　　［清］贺澍恩修、陈廷钰纂，清嘉庆十八年修民国二十六年铅字重印本

P

《郫县志书》（乾隆）

　　［清］李馨纂修，清乾隆十六年刻本

《郫县志》（嘉庆）

　　［清］朱鼎臣等修，盛大器等纂，嘉庆十八年版道光二十四年墨韵堂补刊本

《郫县志》

　　［民国］李之青修，民国三十七年铅印本

Q

《禽经》

　　［春秋］师旷撰，清四库全书本

《潜夫论》

〔汉〕王符撰，景江南图书馆藏述古堂景宋精写本

《全蜀艺文志》

〔明〕周复俊编，清四库全书本

《情史》（《情天宝鉴》）

〔明〕詹詹外史撰，立本堂藏板

《奇姓通》

〔明〕夏树芳撰，明天启四年夏氏宛委堂刻本

《全上古三代秦汉三国六朝文》

〔清〕严可均辑，清光绪二十年黄冈王氏刻本

《全唐诗》

〔清〕官修，清光绪十三年上海同文书局石印版

《群书拾补》

〔清〕卢文弨撰，清抱经堂丛书本

《青城山记》

〔清〕彭洵编，道藏辑要本

《清嘉录》

〔清〕顾禄撰，清道光刻本

《清稗类钞》

〔清〕徐珂撰，民国排印本

R

《入蜀记》

〔宋〕陆游撰，清四库全书本

《荣县志》（乾隆）

〔清〕黄大本纂修，清乾隆二十一年刻二十八年增修本

S

《世本》

〔战国〕佚名撰，〔清〕张澍稡集补注本

《世本》

〔先秦〕佚名撰，〔清〕秦嘉谟辑，清嘉庆二十三年琳琅仙光馆刻本

《尚书》

〔战国〕伏生撰，〔汉〕孔安国传，〔唐〕陆德明音义，景乌程刘氏嘉业堂藏宋本

《史记》

〔汉〕司马迁撰，〔南朝宋〕裴骃集解，〔唐〕司马贞索隐，张守节正义，武英殿本

《说文解字》

〔汉〕许慎撰，〔宋〕徐铉等校定，景日本岩崎氏静嘉堂藏北宋刊本

《说苑》

〔汉〕刘向撰，景平湖葛氏传朴堂藏明钞本

《山海经传》

〔晋〕郭璞撰，影印宋淳熙七年池阳郡斋尤袤刻本

《拾遗记》

〔晋〕王嘉撰，清四库全书本

《搜神记》

〔晋〕干宝撰，清四库全书本

《神仙传》

〔晋〕葛洪撰，清四库全书本

《三国志》

〔晋〕陈寿撰，〔南朝宋〕裴松之注，武英殿本

《宋书》

〔南朝梁〕沈约撰，续四部丛刊武英殿本

《述异记》

　　［南朝梁］任昉撰，明刻汉魏丛书本

《水经注》

　　［北魏］郦道元撰，景上海涵芬楼藏武英殿聚珍版本

《十三州志》

　　［北魏］阚骃撰，［清］张澍辑，丛书集成新编本

《十六国春秋》

　　［北魏］崔鸿撰，汉魏丛书本

《苏氏演义》

　　［唐］苏鹗撰，清四库全书本

《说文解字系传》

　　［唐］徐锴撰，述古堂影宋钞本

《三洞群仙录》

　　［宋］陈葆光撰，道藏辑要本

《蜀梼杌》

　　［宋］张唐英撰，清四库全书本

《山海经补注》

　　［明］杨慎撰，清光绪元年湖北崇文书局刻本

《山海经释义》

　　［明］王崇庆撰，明万历二十五年大业堂刻本

《蜀中广记》

　　［明］曹学佺撰，清四库全书本

《四川总志》（万历）

　　［明］李光先修、郭棐纂，明万历刻本

《三才广志》

　　［明］吴琬撰，明刻本

《三教源流搜神大全》

    〔明〕佚名撰，清郋园刻本

《搜神记》

    〔明〕佚名撰，明万历续道藏本

《升庵集》

    〔明〕杨慎撰，清四库全书本

《唐诗镜》

    〔明〕陆时雍编，清四库全书本

《说郛》

    〔明〕陶宗仪编，清四库全书本

《蜀都杂钞》

    〔明〕陆深撰，明刻广百川学海本

《少室山房笔丛》

    〔明〕胡应麟撰，明万历刻本

《山海经广注》

    〔清〕吴任臣撰，清乾隆五十一年金阊书业堂刻本

《山海经存》

    〔清〕汪绂撰，清光绪二十一年立雪斋石印本

《山海经新校正》

    〔清〕毕沅撰，清光绪三年浙江书局据毕氏灵岩山馆本校刻本

《山海经笺疏》

    〔清〕郝懿行撰，清同治四年郝联薇郝氏遗书刊本

《四川通志》（雍正）

    〔清〕许治修、张晋生编纂，清四库全书本

《石泉县志》（乾隆）

    〔清〕姜炳璋纂修，清乾隆三十三年刻本

《蜀典》

　　〔清〕张澍撰，清道光十四年张氏安怀堂刻本

《蜀都碎事》

　　〔清〕陈祥裔撰，明刻广百川学海本

《蜀故》

　　〔清〕彭遵泗撰，清乾隆刻补修本

《晒书堂集》

　　〔清〕郝懿行撰，清光绪十年东路厅署刻本

《书隐丛说》

　　〔清〕袁栋撰，清乾隆刻本

《双流县志》（民国）

　　〔民国〕王德乾修，刘咸荣纂，民国十年修二十六年重刊本

《宋代蜀文辑存》

　　〔民国〕傅增湘纂辑，龙门书店 1971 年影印本

T

《唐国史补》

　　〔唐〕李肇撰，清四库全书本

《太平寰宇记》

　　〔宋〕乐史撰，清四库全书本

《太平广记》

　　〔宋〕李昉撰，民国景印明嘉靖谈恺刻本

《太平御览》

　　〔宋〕李昉等撰，中华学艺社借照日本帝室图书寮京都东福寺东京
　　静嘉堂文库藏宋刊本

《通志》

　　〔宋〕郑樵撰，清四库全书本

《通志略》

　　［宋］郑樵撰，续四部丛刊本

《唐文粹》

　　［宋］姚铉编，景上海涵芬楼藏明嘉靖本

《图画闻见志》

　　［宋］郭若虚撰，清四库全书本

《通鉴纪事本末前编》

　　［明］沈朝阳撰，明万历四十五年唐世济刻本

《天中记》

　　［明］陈耀文撰，清四库全书本

《天下郡国利病书》

　　［清］顾炎武撰，钱邦彦撰附录，昆山图书馆藏稿本

《听雨楼随笔》

　　［清］王培荀撰，清道光二十五年刻本

W

《吴越春秋》

　　［汉］赵晔撰，［元］徐天祜音注，景上海涵芬楼藏明弘治邝璠刊本

《文选》

　　［南朝梁］昭明太子撰，［唐］李善注，鄱阳胡氏重校刊本

《吴船录》

　　［宋］范成大撰，清四库全书本

《五代史补》

　　［宋］陶岳撰，清四库全书本

《汶志纪略》（嘉庆）

　　［清］李锡书撰，国图方志合集本

X

《荀子》

[战国]荀况撰，[唐]杨倞注，景上海涵芬楼藏黎氏景宋刊本

《新语》

[汉]陆贾撰，景上海涵芬楼藏明弘治刊本

《仙苑编珠》

[唐]王松年撰，正统道藏本

《玄经原旨发挥》

[宋]杜道坚撰，正统道藏本

《闲窗括异志》

[宋]鲁应龙撰，明刻盐邑志林本

《续文献通考》

[明]王圻撰，明万历三十一年曹时聘等刻本

《姓汇》

[明]陈士元撰，明万历间自刻归云别集本

《新搜神记》

[清]李调元撰，清嘉庆六年续函海本

Y

《异苑》

[南朝宋]刘叔敬撰，清四库全书本

《元和郡县志》

[唐]李吉甫撰，清刻武英殿聚珍版丛书本

《元和姓纂》

[唐]林宝撰，清四库全书本

《墉城集仙录》

[唐]杜光庭撰，正统道藏本

《元氏长庆集》

　　［唐］元稹撰，清四库全书本

《云笈七签》

　　［宋］张君房撰，正统道藏本

《舆地广记》

　　［宋］欧阳忞撰，清四库全书本

《元丰九域志》

　　［宋］王存撰，清四库全书本

《乐府诗集》

　　［宋］郭茂倩辑，四部丛刊本汲古阁刊本

《益州名画录》

　　［宋］黄休复撰，清刻函海本

《夷坚志》

　　［宋］洪迈撰，清四库全书本

《渊类吴先生文集》

　　［元］吴莱撰，四部丛刊初编本

《益部谈资》

　　［明］何宇度撰，清四库全书本

《云阳县志》（嘉靖）

　　［明］杨鸾纂，明嘉靖刻本

《野获编》

　　［明］沈德符撰，清道光七年姚氏刻同治八年补修本

《绎史》

　　［清］马骕撰，清四库全书本

《养素堂文集》

　　［清］张澍撰，清道光十五年枣华书屋刻本

《渔洋山人精华录训纂》

〔清〕王士祯撰，红豆斋刊本

《雅州府志》（乾隆）

〔清〕陈麟修、曹抡翰纂，清乾隆四年刊本

《渊鉴类函》

〔清〕张英撰，清四库全书本

《于潜县志》（光绪）

〔清〕程兼善纂修，民国二年谢青翰石印本

《盐亭县志》

〔清〕董梦曾纂修，清乾隆二十八年刻本

《荥经县志》

〔民国〕吴永立修、张赵才纂，民国四年刊本

《颐道堂诗选》

〔清〕陈文述撰，清嘉庆十二年刻道光增修本

Z

《竹书纪年》

〔东周〕佚名撰，〔南朝梁〕沈约注，景上海涵芬楼藏明天一阁刊本

《左传》（《春秋经传集解》）

〔战国〕左丘明传，〔晋〕杜预注，〔唐〕陆德明音义，景玉田蒋氏
藏宋刊巾箱本

《庄子》

〔战国〕庄周撰，〔晋〕郭象注、〔唐〕陆德明音义，明世德堂本

《战国策》

〔汉〕刘向撰，高诱注，士礼居黄氏覆剡川姚氏本

《真诰》

〔南朝梁〕陶弘景著，道藏辑要本

《渚宫旧事》

　　［唐］余知古撰，清四库全书本

《中华古今注》

　　［唐］马缟撰，丛书集成初编本

《资治通鉴外纪》

　　［宋］刘恕撰，景上海涵芬楼藏明刊本

《资治通鉴音注》

　　［宋］胡三省撰，清嘉庆二十一年胡克家刻本

《增广笺注简斋诗集》

　　［宋］陈与义撰，［宋］胡稚笺注，景常熟瞿氏铁琴铜剑楼藏宋刊本

《朱子语类》

　　［宋］黎靖德辑，明成化九年陈炜刻本

《正字通》

　　［明］张自烈撰，清康熙二十四年清畏堂刻本

《昭代典则》

　　［明］黄光升撰，明万历二十八年周曰校万卷楼刻本

《梓潼县志》（咸丰）

　　［清］程大夏修、杨曦纂，清咸丰八年刊本

《增修灌县志》（光绪）

　　［清］庄思恒等修，清光绪刻本